Essai Sur La Formation Du Dogme Catholique, Volume 2

Cristina Trivulzio Belgiojoso

Nabu Public Domain Reprints:

You are holding a reproduction of an original work published before 1923 that is in the public domain in the United States of America, and possibly other countries. You may freely copy and distribute this work as no entity (individual or corporate) has a copyright on the body of the work. This book may contain prior copyright references, and library stamps (as most of these works were scanned from library copies). These have been scanned and retained as part of the historical artifact.

This book may have occasional imperfections such as missing or blurred pages, poor pictures, errant marks, etc. that were either part of the original artifact, or were introduced by the scanning process. We believe this work is culturally important, and despite the imperfections, have elected to bring it back into print as part of our continuing commitment to the preservation of printed works worldwide. We appreciate your understanding of the imperfections in the preservation process, and hope you enjoy this valuable book.

ESSAI

SUR LA FORMATION

DU

DOGME CATHOLIQUE

Imprimerie de H. FOURNIER et Cᵉ, rue Saint-Benoit, 7.

ESSAI

SUR LA FORMATION

DU

DOGME CATHOLIQUE

TOME SECOND

PARIS ET LEIPSIG

JULES RENOUARD ET Cie, LIBRAIRES

1842

CHAPITRE PREMIER.

RÉACTION PAÏENNE.

Pendant que le christianisme procédait rapidement à son œuvre régénératrice, l'esprit païen de la société antique se modifiait selon le temps et les peuples, subissait l'influence des idées nouvelles et des dogmes vieillis, travaillait stérilement sur lui-même et s'agitait comme étonné de son délaissement. Il était soumis à la loi qui renverse les plus belles doctrines que de grands hommes ont fondées, lorsque d'autres hommes aussi grands ne viennent pas de temps en temps les ranimer.

L'esprit curieux, subtil et raisonneur des Grecs avait successivement enfanté une série de systèmes tous remarquables par la hardiesse de leurs principes et par la rigueur de leurs déductions, mais presque tous manquant de grandeur et de justesse. Chaque disciple des philosophes grecs remarquait les défauts du système de son maître, et se l'appropriait en y introduisant quelque nouveauté. De là ce grand nombre d'écoles et cette foule de dialecticiens sans cesse occupés à combattre dans leurs détails les divers systèmes, artisans infatigables d'arguments destinés tour à tour à se réfuter ou à se prouver eux-mêmes.

Ces travaux avaient pris un plus grand caractère, et avaient eu de plus dignes objets par l'heureuse intervention de trois beaux génies. Socrate, Platon et Aristote furent produits par leurs devanciers contre lesquels ils opérèrent en même temps une puissante réaction. Ils profitèrent des découvertes déjà faites, des hypothèses hasardées et du mouvement imprimé aux esprits de leur temps. Ils attaquèrent les sophistes par le raisonnement, et essayèrent de prouver certaines vérités magnifiques supérieures à toute démonstration. Outre toutes les qualités de leur nation et de leur temps, ils en avaient d'autres encore qui leur étaient propres. Ils vivaient au milieu des Grecs, avaient des Grecs pour adversaires et des Grecs pour disciples, mais les grands génies comme eux n'ont pas de patrie; c'est à peine si le monde pourrait les réclamer.

Bientôt après les avoir perdus, la Grèce revint

à ses habitudes de discussion minutieuse et de controverse. Elle analysa les doctrines que ces grands philosophes lui avaient laissées ; et, après les avoir plus que suffisamment développées, elle les répandit.

Apportées à Rome par les députés athéniens qui vinrent se soumettre à la république victorieuse, toutes n'y prirent pas racine. L'esprit romain se refusait également aux abstractions de la métaphysique et aux subtilités de la dialectique. Simple, positif et borné, invinciblement porté vers l'utile, il ne pouvait comprendre et par conséquent il méprisait les spéculations qui ne se réalisent point ici bas, et les discussions qui n'ont ni un fait pour sujet ni un moyen pour but. Tout ce qui ne tendait pas directement à augmenter la tranquillité ou la force de l'État, paraissait aux Romains de peu d'importance. Aussi en général s'attachèrent-ils de préférence aux doctrines de Zénon et d'Épicure, moralistes et matérialistes, qui bornaient leurs études à la vie, et leurs recherches au bonheur. Ils enseignaient le moyen d'être vertueux et par là satisfait ; car la paix intérieure, résultat d'une bonne conscience, leur paraissait le seul bonheur auquel il fût convenable de prétendre. Leur Dieu était une source, une cause, une loi. La vie future un appât, dont il était utile de flatter les simples, une chimère dont il était superflu de bercer les sages. Pour eux, les plaisirs coupables n'étaient que des illusions, et ils n'admettaient point de souffrances pour l'homme vertueux, car la vertu ne leur paraissait complète que si elle apportait le bonheur. Reconnaissant donc la loi de morale universelle qui rend la dégradation douloureuse, ils n'avaient pas sondé plus avant dans les grandes vérités, et, renfermant dans un cercle étroit les destinées humaines, ils avaient réduit leur loi de sacrifice à une sorte d'hygiène de l'âme.

A part Cicéron qui connut et mêla les doctrines des diverses écoles de la Grèce, les autres Romains, tels que Lucrèce, Proculus, Musurius Sabinus, Musonius Rufus, Annæus Cornutus, Chérémon, Sénèque et enfin Marc-Aurèle, apprirent ou professèrent les doctrines épicuriennes et stoïciennes. Chacun d'eux y apporta les dispositions de son esprit et les impressions que le temps produisait sur lui. Franchement matérialiste, cultivé, agréable et fin dans les derniers jours de la république et sous le règne d'Auguste; distrait par les préoccupations de la crainte sous les empereurs qui lui succédèrent; ramené bientôt par la fatigue et par une sorte de réaction vers les pensées consolantes de la philosophie, l'esprit romain reçut alors une nouvelle et plus haute direction. Sénèque d'abord, et plus tard Marc-Aurèle, tous deux stoïciens, se refusèrent à ne considérer dans la vertu qu'une combinaison harmonique et salutaire. Marc-Aurèle sentait son cœur ému de ce sentiment nouveau que le christianisme avait apporté et que lui-même éprouvait sans en reconnaître l'origine. Son langage est plus doux, son expression plus tendre, son espoir plus grand. Il est encore stoïcien, mais il tempère la sécheresse de sa doctrine, et il donne à sa loi une sanction surnaturelle. Son Dieu intervient dans les affaires humaines, et son âme, formée d'une autre substance que le corps, recevra peut-être ailleurs qu'en cette vie le prix de ses actions. Marc-Aurèle ne fut pas le seul qui introduisit ces nouvelles doctrines dans la philosophie de Zénon. Le règne du matérialisme était passé. Il se voyait maintenant repoussé des écoles même qui lui devaient l'existence, et des pays auxquels il avait si longtemps convenu.

Alexandrie, ville grecque sur le sol et sous le climat africain, colonie ouverte à toutes les nations, port fréquenté par tous les étrangers, possédait une école de philosophie. Platon et Aristote lui vinrent de Grèce. Les Orientaux s'y sentirent attirés vers les doctrines de Pythagore, chez lequel ils retrouvaient une partie de leurs dogmes. Le juif Philon essaya dans l'intérêt du Mosaïsme de faire concorder ensemble la Genèse, Pythagore, Aristote et surtout Platon. Cette tentative trouva de nombreux imitateurs. Plotin, disciple d'Ammonius, crut trouver dans Platon l'explication philosophique des idées orientales. Il fonda un système qu'il plaça sous la protection de Platon, n'ayant pas le courage de s'en déclarer l'auteur, car l'esprit philosophique de ce temps sentait sa faiblesse, et cachait ses propres créations sous le titre modeste de commentaires des grands maîtres.

Le but de la philosophie de Plotin était la connaissance de l'unité ou de l'absolu ou de Dieu; le moyen qu'il indiquait pour y parvenir était la contemplation. De l'unité première émanait selon Plotin l'intelligence, qui, considérant sans cesse l'unité, devenait semblable à elle, car la nature nécessaire ou l'essence de l'intelligence étant de comprendre, l'intelligence qui contemple et qui comprend sans cesse l'unité, parvient presque à s'identifier avec elle. Et pourtant l'intelligence qui contemple existe avant de contempler; elle est séparée de l'unité et forme la dualité. En sa qualité d'être, l'intelligence donne la vie à l'âme du monde. Celle-ci, lumière réfléchie, principe du mouvement dans le monde extérieur, force productrice de l'âme humaine et de la nature organique, ne voit les objets que dans l'intelligence et au moyen de la contemplation, qui attire ses regards d'elle-même.

La matière était pour Plotin la privation en même temps que la condition nécessaire de la forme ou de l'âme organique. Les ténèbres sont ainsi la privation et la condition nécessaire de la lumière, l'espace l'est des corps et le corps de l'âme.

L'intelligence était à son tour l'âme d'un monde fait par elle et pour elle. Le monde des sens ou le monde matériel, ordonné par la seconde émanation de l'absolu, s'efforçait d'imiter l'arrangement et les révolutions du domaine intellectuel. Plotin le nommait ainsi : une idée amenée à la vie.

Les efforts de Plotin avaient eu pour but de mettre d'accord l'Orient avec Platon et Aristote. Son système, résultat de cette alliance et de cette fusion, ne s'attachait particulièrement à aucun dogme religieux. De même que Longin, autre disciple d'Ammonius, Plotin était philosophe et déiste. Il croyait à un Dieu qu'il fallait connaître, mais qu'il n'était pas nécessaire d'adorer; à un Dieu qui ne se révélait qu'à ceux que le monde appelle de grands génies; à un Dieu indifférent qui laissait agir ses ministres; à un Dieu enfin purement métaphysique,

Déjà nous avons vu Philon, que Joseph et Numénius imitèrent, s'efforcer de faire rendre à Platon témoignage en faveur du mosaïsme. Nous venons de voir Plotin et Longin lui demander la confirmation de leur système philosophique et de certaines doctrines orientales. Nous allons assister maintenant à de nouvelles exigences et à de nouveaux efforts.

Quelques chrétiens, d'une part, crurent trouver dans Platon l'annonce mystérieuse de leurs dogmes. Ils profitèrent des travaux de Philon pour expliquer les livres de Moïse, et s'en rapportèrent à leurs propres lumières pour soulever le voile qui cachait le christianisme de Platon. Quelques Orientaux eurent recours aux livres de Plotin pour faire passer leurs anciennes doctrines dans la philosophie de Platon et de là dans la religion nouvelle. Les auteurs de ce mélange arbitraire devaient nécessairement se séparer de l'église catholique. Plus ou moins attachés aux idées orientales, à la philosophie grecque, à la foi juive ou à la religion du Christ, selon leur pays et leurs habitudes, ils formèrent des sectes nombreuses connues sous le nom de Gnostiques. Condamnés par l'Église, ils l'agitèrent longtemps, et finirent peu à peu par se soumettre et par disparaître. D'autre part, les disciples de Plotin ne se bornèrent pas aux idées générales de leur maître. Pressés par le besoin alors si commun de soutenir l'esprit au moyen de croyances surnaturelles, ils appliquèrent le système de Plotin et la philosophie de Pythagore, de Platon et d'Aristote aux fables du paganisme. Le célèbre Porphire, Jamblique de Chalcis, Dexippe, Sopater d'Apamée, Ædesius,

Eustathe, Maxime d'Éphèse, Chrysanthe et Eunape de Sardes, trouvèrent dans les philosophes, dont ils faisaient leur principale étude, l'explication tantôt physique et tantôt métaphysique des récits de la mythologie. Rien ne leur paraissait superflu dans la composition du paganisme. Les Dieux étaient les diverses forces du monde; leurs aventures représentaient les rapports de ces forces entre elles; les cérémonies du culte cachaient au vulgaire de mystérieuses significations, et donnaient aux adeptes le moyen de communiquer avec les puissances surnaturelles.

Cette philosophie, ou pour mieux dire cette méthode qui pouvait s'appliquer à tout et s'étendre indéfiniment, eut un succès considérable. Elle convenait au temps où elle prit naissance. On voulait alors se reposer dans la foi des longues fatigues du doute; on voulait arriver à l'espérance autrement que par la logique; on éprouvait une sorte de regret à se séparer des anciennes croyances, et on essayait de les rapprocher de la religion nouvelle dont l'incontestable puissance parlait à tous les esprits; on conservait une vénération presque superstitieuse pour Platon et pour Aristote, qui avaient d'ailleurs habitué les intelligences à exercer une critique sévère, et à ne se rendre qu'après mûr examen.

L'école néoplatonicienne comprit tous ces besoins ; car elle les partageait. Elle essaya de les satisfaire, et, si elle ne put y parvenir, du moins contribua-t-elle à ramener les esprits vers la source commune de toutes les philosophies et de toutes les religions, vers Dieu. Destinée à rendre moins vivantes, et par conséquent moins populaires, les fables mythologiques qu'elle réduisait en symboles, l'école néoplatonicienne se crut un moment appelée, sous Julien, à remplacer l'ancienne et la nouvelle foi; mais, malgré les promesses de son élève couronné, elle s'évanouit après avoir apporté au christianisme les restes de l'esprit philosophique.

Issu de la famille des Constantin, témoin des tragiques passions qui l'agitèrent, arraché tout enfant à son père et à ses parents assassinés, sans cesse en butte à la haine et aux soupçons, menacé du même supplice qui lui avait enlevé son frère, Julien acquit de bonne heure un esprit concentré et réfléchi, un caractère prudent et dissimulé. Il considérait tristement les dérèglements et les cruautés de la cour impériale; il voyait Constance, son oncle, continuellement occupé des discordes ecclésiastiques, persécuter les uns, prêter mainforte aux autres, suivre les conseils des évêques, et agir toujours contrairement à la justice et à l'humanité. La splendide grossièreté de l'empereur le révoltait. Il assistait avec peine aux magnifiques festins où les grands de la cour, surchargés d'or et de pierreries, se réunissaient journellement. Il blâmait l'usage que l'empereur faisait de ses immenses richesses, en les accumulant sur ses favoris qu'il choisissait d'ailleurs parmi les hommes illettrés et barbares. Son dégoût naturel et les dangers qu'il courait le poussaient à se chercher une retraite aussi éloignée que différente de la cour impériale. Il vécut, aussi longtemps qu'il en eut la permission, en Asie et en Grèce. Là, fréquentant les écoles de philosophie, il s'éprit de Pythagore, de Platon, d'Aristote, de Plotin, et il reçut avec transport la doctrine qui faisait de ces grands philosophes des commentateurs du paganisme. Il jugea la vie des savants et des philosophes de son temps d'après la vie des grands penseurs de l'antiquité, et, la comparant à celle des courtisans chrétiens, il fit hommage à la vieille religion des vertus des uns, et il attribua à la nouvelle les vices des autres. L'étude de la théurgie, vers laquelle il fut entraîné par la force minutieuse de son esprit, rendit celui-ci encore moins propre à l'élever à l'intelligence des grandes choses en le tenant sans cesse occupé à la recherche de petits moyens. Plus érudit que judicieux, sachant beaucoup et mal, ou pour mieux dire sachant plus qu'il ne connaissait, il pliait sous le fardeau de tout ce qu'il avait lu et écouté. Manquant de discernement et de véritable enthousiasme, il prodiguait à Ædesius, à Themistius, au troisième Jamblique, à Eunape de Sardes, à Libanius, à Maxime d'Éphèse, à Priscus et à Salluste, les mêmes éloges qu'à Platon et à Aristote, ne craignant point d'ailleurs d'épuiser la pompeuse admiration de son cœur toujours froid. Ces rhéteurs et ces professeurs de philosophie, peu accoutumés aux caresses du pouvoir, entouraient cet unique rejeton des Constantin, et exaltaient sa jeune sagacité qui avait apprécié leur mérite. La vie que Julien menait au milieu d'eux lui paraissait d'autant plus délicieuse qu'il craignait à chaque instant de la voir interrompue. Constance redoutait son neveu, et ne voulait lui permettre ni de développer ses penchants, ni de suivre ses goûts, ni de former son caractère, ni de se faire des amis et des partisans. Dès qu'il le savait agréablement établi quelque part, il lui envoyait l'ordre de se transporter ailleurs. Dès qu'il apercevait ses progrès dans quelque étude ou dans quelque science, il le forçait à se livrer à d'autres occupations. Il ne négligeait rien enfin pour le séparer de ceux qu'il aimait, et pour l'entourer d'espions et d'ennemis. Mais Julien possédait un de ces esprits étroits et fermes, d'autant plus opiniâtres qu'ils sont contraints, et qu'étant froids ils se croient raisonnables. Le choix de Julien était fixé. Il regardait le christianisme comme la croyance des ignorants et comme la loi qui autorisait tous les crimes. Le paganisme, expliqué par la philosophie néoplatonicienne, lui semblait au contraire la doctrine des sages et la source féconde des vertus tranquilles et de la paix intérieure. Julien n'était jamais poussé par cette audace morale, par ce courage de l'esprit qui fait choisir de sang-froid le parti le plus dangereux et aller au-devant du blâme et de la controverse. Il savait ne pas céder, mais il savait aussi dissimuler et feindre. Déjà lié par des serments et des honneurs au culte païen, il assistait à toutes les cérémonies chrétiennes, et il prit même un rang dans l'église qu'il fréquentait assidûment. Victime peu oublieuse de l'ambition de Constance, il appelait à son secours tout l'art de la rhétorique pour lui composer des éloges et lui exprimer sa reconnaissance. Il cachait ses amitiés comme ses haines, et il ne laissa paraître son goût pour la philosophie qu'autant qu'il crut par-là désarmer la méfiance de l'empereur.

L'influence que l'impératrice Eusébie exerçait sur son mari lui fut extrêmement favorable. Attachée à Julien par on ne sait quels sentiments, la jeune et belle Eusébie obtint d'abord qu'on lui conservât la vie, et ensuite qu'on lui permît de s'établir à Athènes. Connaissant ses goûts et ses besoins, elle lui envoya une riche et précieuse bibliothèque qui le suivit depuis dans tous les voyages que Constance l'obligeait à exécuter. Ne perdant jamais de vue ses projets et son protégé, Eusébie parvint à convaincre l'empereur qu'il fallait se donner un appui dans un héritier et s'attacher par des bienfaits le seul parent qui lui restât. Constance manda Julien auprès de lui, et, l'ayant créé César, il lui assigna les Gaules et l'y envoya à la tête d'une armée pour les pacifier et les contenir. Ce fut avec un sentiment de profonde tristesse que Julien reçut ces faveurs si nouvelles. Dans les remercîments emphatiques qu'il adressa à Constance, on voit percer les doux et mélancoliques regrets que lui arrache le souvenir de sa vie studieuse; et, certes, l'empereur dut se sentir rassuré en voyant les goûts modestes de son neveu triompher même de l'ambition satisfaite.

Mais l'empereur et Julien se trompaient également; Eusébie seule avait bien jugé son neveu. Dans la vie active des camps, dans l'agitation tumultueuse des combats et dans la décision forcée du commandement, Julien trouva de ces inspirations que l'ardeur seule donne et qui lui avaient manqué jusque-là. Toujours ramené à la prudence par les piéges et les obstacles que lui préparait Constance; tour à tour excité et retenu, il se trouva placé dans une de ces positions heureusement combinées qui animent et n'aveuglent pas; positions qui gênent les grands génies, mais qui servent les médiocres. Par sa sobriété, Julien se fit estimer des soldats; par la douceur de son caractère, il s'en fit chérir; par l'heureux succès de ses entreprises, il s'en fit obéir. Aussi, lorsque après avoir conduit en capitaine habile et courageux une guerre difficile, Constance voulut lui retirer une partie de ses troupes, celles-ci se révoltèrent et proclamèrent leur César empereur. Aussitôt les incertitudes et le dégoût de Julien reparurent. Il se refusa longtemps au pouvoir, soupira après une retraite tranquille, se plaignit à ses amis, et supplia Constance de pardonner aux soldats et de recevoir sa soumission. Il proposait pourtant quelques conditions qui lui paraissaient nécessaires au rétablissement de l'ordre dans l'armée, et qui indignèrent l'orgueil de Constance. Celui-ci lui envoya des députés chargés de faire exécuter ses ordres ou de déclarer la guerre à Julien. Le nouvel empereur les reçut entouré de ses soldats, et, lorsqu'il s'entendit reprocher l'ingratitude dont il payait les soins que Constance avait prodigués à son enfance abandonnée : — « Et qui donc si ce n'est lui, s'écria-t-il, se dépouillant enfin de sa longue dissimulation, qui donc a fait de moi un orphelin? » Puis, congédiant les députés, il accepta la lutte et l'autorité.

En changeant de position, il changea de langage. Il écrivit son fameux manifeste au peuple d'Athènes et à quelques autres villes, où il se plaint de son oncle et fait connaître toute l'amertume de sa vie passée. Il rassembla les troupes qui accouraient à lui, et marcha rapidement contre Constance. Mais, au moment de le joindre, la mort l'en débarrassa et l'empire le reconnut pour maître.

Julien trouva la lutte établie entre l'ancienne et la nouvelle foi. Rome, destinée toujours à exercer un pouvoir politique, n'avait point embrassé les croyances récentes, ni suivi les tendances spirituelles du christianisme. La religion païenne faisait partie de la constitution romaine, tandis que la religion chrétienne en était séparée. Cet ensemble puissant, qui avait permis la conquête et opéré l'arrangement nouveau du monde, devait périr tout entier et ne pouvait se dissoudre. Plus tard la société chrétienne et moderne choisit Rome pour son centre et sa capitale, rendant ainsi témoignage de sa destinée organisatrice. Mais, sous le règne de Constantin, l'état romain vieilli et affaibli existait encore dans toutes ses parties, et n'était pas arrivé à la ruine dont il devait ressortir sous une autre forme.

L'illustre Symmaque, élevé à Antioche par le sophiste Libanius, avait rapporté à Rome les idées et les sentiments de son maître. Pour lui, le paganisme n'était pas seulement une institution;

c'était la vérité. Il croyait à sa durée, ou plutôt il voulait y croire, mais il reconnaissait malgré lui les symptômes d'une fin prochaine, et il en était profondément affligé. Comme tous ceux que la passion aveugle sur le mérite des choses, il attribuait aux hommes les maux qu'ils ne pouvaient conjurer. Il allait à tous ses amis et aux hommes influents de la ville, leur demandant raison de leur tiédeur, tandis qu'il ne devait la demander qu'à leur religion elle-même, insuffisante et inanimée. Il adressait souvent de tristes et douloureux reproches à son ami Prétextat. Celui-ci sorti d'une famille patricienne, ayant toujours habité Rome, et s'étant vu de bonne heure élevé aux honneurs du sacerdoce, ne comprenait pas le découragement passionné de Symmaque; il n'avait pas parcouru les provinces de l'Empire Il n'avait pas été témoin des triomphes du christianisme. La religion païenne lui paraissait quelque chose comme le sénat et le consulat. Elle existait puisque il y avait des temples, des grands prêtres et des pontifes. Du reste partageant la tranquille imprévoyance qui s'empare des clases privilégiées et leur fait méconnaître les révolutions imminentes, Prétextat jouissait sans trouble des derniers beaux jours accordés à sa religion. Établi dans une magnifique maison de plaisance peu éloignée de Rome, entouré de ses amis et de sa famille, honoré de ses concitoyens, possesseur d'une immense fortune et portant un nom des plus illustres, le prêtre païen, le noble romain accomplissait rigoureusement les devoirs de son culte et répondait par une douce moquerie aux tristes prévisions de Symmaque.

L'histoire bien connue du rhéteur Victorinus, montre l'action cachée du christianisme et la puissance des préjugés païens. Ce professeur fort en vogue à Rome, renonça secrètement au paganisme pour se faire chrétien. Ses nouveaux amis blâmaient sa dissimulation. Ils lui reprochaient sa timidité, et le pressaient de donner un éclatant exemple de dévouement et de foi courageuse. Victorinus céda, et fixa un jour pour faire publiquement son abjuration. La foule se porta à l'église pour voir ce prodigieux changement, ne pouvant en croire les bruits qui circulaient. Victorinus pourtant parut à l'heure indiquée, monta en chaire, et prononça d'une voix forte devant la multitude étonnée et mécontente sa nouvelle profession de foi.

Quoi qu'on en ait dit, Victorinus ne fut point inquiété par l'autorité. Il continua de professer la rhétorique, mais il cessa de plaire. Sa faveur décrut rapidement, et il se vit bientôt forcé de fermer son école déserte.

Le christianisme dominait en Grèce, en Asie et

en Afrique, mais ses succès lui avaient nui plus que son abaissement. Des sectes nombreuses le divisaient, et s'acharnaient sur des mots dont elles ne comprenaient pas toute la portée. Des jalousies et des haines, s'ajoutant à ces subtiles discussions, achevaient de dénaturer l'esprit et le sentiment chrétiens. Les conciles étaient devenus des tribunaux devant lesquels on s'accusait et on se condamnait mutuellement. Les églises souvent ensanglantées par des luttes brutales étaient ouvertes ou fermées selon le caprice du gouverneur ou du préfet.

Le paganisme au contraire avait hérité des vertus que donne l'oppression peu prolongée. L'abattement n'est d'abord que de la patience, et les dissentiments intérieurs sont interrompus par les premiers coups du malheur commun. En désertant la religion païenne les masses l'avaient dépouillée de sa grossièreté. Il lui restait l'imposant prestige de sa longue existence, et le lustre que versaient encore sur elle quelques hommes tels que Libanius, Thémistius, Jamblique, Priscus, Ædesius, Maxime d'Ephèse, Ammien Marcellin, Ausone et plusieurs autres qu'il serait trop long d'énumérer.

Julien n'avait point l'esprit assez vaste pour être juste. Il s'exagérait les fautes des uns et la sagesse des autres. Mais s'il jugeait mal, ce n'était point faute de savoir, car son paganisme ne ressemblait pas à l'ignorance superstitieuse du vulgaire. Il admettait la triade de Plotin, mais au lieu de lui donner les noms d'absolu, d'intelligence et de vie, il la considérait comme formée de trois soleils qui émanaient les uns des autres. Le premier tout-puissant, un et incompréhensible, avait engendré la raison intelligente ou le second soleil. Celle-ci, après avoir donné naissance au monde intellectuel, avait engendré le troisième soleil, qu'elle plaça dans le monde visible pour y présider.

Ce soleil qui est le nôtre avait d'abord donné la vie ou l'arrangement aux astres et aux divinités secondaires ; puis, il avait animé le monde des sens, et il continuait toujours à lui conserver l'existence. Rien ne pouvait être vu sans la lumière, Julien prétendait que rien n'était en réalité que par elle. Tous ces êtres non créés, mais engendrés les uns par les autres depuis la cause première ou le premier soleil jusque à l'homme et plus bas encore, avaient entre eux de mystérieux rapports. Les connaître était le but de la théurgie. Les cérémonies du paganisme en étaient le moyen. Par elles on communiquait avec les divinités secondaires qui étaient la personnification réelle et non pas symbolique des forces diverses ou des lois raisonnables, directrices et productrices du monde. L'âme humaine, émanation du troisième soleil, voit en lui, c'est-à-dire par la lumière, les objets que le soleil à son tour aperçoit dans l'intelligence et qu'il réfléchit à nos yeux. Cette âme, pur rayon égaré dans un monde qui sans être mauvais ne lui est pas semblable, ira, en sortant du corps, prendre place auprès des divinités dont elle s'est le plus rapprochée pendant la vie par ses désirs et ses actions.

Ici Julien, manquant de logique pour rentrer ou pour demeurer dans le vrai, niait qu'il y eût des divinités malfaisantes ou que ces divinités fussent heureuses. Qu'était-ce que le mal? Quelle était la force qui entraînait les hommes vers lui? Qui se chargeait de les punir? En quoi consistait cette punition? Julien ne se posait pas ces questions, et il y eût probablement répondu confusément et dogmatiquement. Mais il affirmait avec confiance et avec raison, quoique sans raisonner, que la vertu est nécessaire au bonheur futur et éternel de l'homme. Où prenait-il ses préceptes et ses modèles? Ce n'était pas certainement dans les fables mythologiques qu'il n'admettait d'ailleurs qu'en qualité de symboles. Ce n'était pas dans les mœurs de ceux qui avaient les premiers professé le paganisme, et qui avaient reçu les révélations divines les plus directes. Julien était doux, j'allais dire charitable. Il ne haïssait point ses ennemis, et se gardait même de tirer d'eux aucune vengeance. Les méchants ne lui faisaient pas horreur, mais pitié, et il recommandait qu'on les secourût, car, disait-il, « c'est à l'homme et non « à ses mérites que nous faisons l'aumône. » Il était sobre et aimait la pauvreté. Son rang ne lui inspirait aucun orgueil, et il s'estimait heureux lorsqu'il recevait une marque d'affectueux souvenir de ses anciens amis et maîtres. Marié fort jeune à Hélène, sœur de Constance, il n'en eut qu'un enfant qui mourut en bas âge, et qui fut bientôt suivi par sa mère, tous deux, dit-on, par l'ordre de l'impératrice Eusébie. Il les pleura longtemps et ne les oublia jamais. Malgré sa jeunesse, les conseils de ses amis et l'intérêt de l'empire, il ne voulut point se remarier, et vécut toujours de la manière la plus chaste. Sa fortune ne l'éblouit point, et il était si peu attaché à la vie que lorsqu'à la fleur de l'âge il fallut la quitter, il en remercia les Dieux et se déclara satisfait.

Tel était le système philosophique et la morale de l'empereur Julien. Celle-ci paraissait répondre de la bonté de celui-là. Mais la faute était dans le lien qui les rattachait, dans le raisonnement qui faisait dépendre l'une de l'autre. Malgré les répugnances de Julien, il fut invinciblement entraîné à son insu vers la morale du Christ, et il fut par là plus véritablement chrétien que les empereurs auxquels il succédait.

Dès qu'il se vit maître de sa conduite et de ses affections, il entreprit de rétablir entièrement le paganisme et de perdre la religion chrétienne. Les moyens qu'il employa furent habiles et témoignèrent de cet esprit de détail qu'il possédait à un si haut degré. Il commença par faire rouvrir les temples et par recevoir le titre de souverain pontife, dont il se tenait honoré plus même que de celui d'Auguste. Voulant encourager par son propre exemple la piété publique, il offrait chaque jour les sacrifices, immolait les victimes et en examinait les entrailles. Il rendit aux pontifes les honneurs, les priviléges et les immunités dont ils avaient été dépouillés, ordonnant que chacun leur cédât le pas, leur accordant des distributions et assignant aux temples des revenus dont eux-mêmes jouissaient. Mais il ne se borna pas à les combler de faveurs; il voulut les en rendre dignes. Il leur défendit d'assister aux spectacles et aux fêtes du cirque. Il leur recommanda la douceur, la gravité, l'aumône et l'hospitalité. Il fit suspendre de ses fonctions pendant trois mois un prêtre, pour avoir frappé un de ses serviteurs. Il fit plus, car il voulut organiser parmi les siens les mêmes bienfaits qui signalaient ses adversaires à la reconnaissance publique. Il institua des écoles dans chaque ville où, après avoir lu les auteurs païens, on expliquait les institutions morales et les mystères religieux. Il voulut établir dans les temples des lecteurs et des prédicateurs, y faire chanter des prières. Les peines devaient être selon lui proportionnées aux fautes volontaires ou involontaires. Il essaya de fonder des hôpitaux et des monastères pour les hommes ou pour les vierges. Enfin, il voulut imiter l'usage établi chez les chrétiens, qui se donnaient entre eux des lettres de recommandation et de communion, au moyen desquelles chaque étranger était reçu comme un frère par les fidèles de la ville où il se rendait.

Toutes ces mesures étaient non-seulement sages, mais elles étaient excellentes, car la loi du Christ n'est point exclusive ou jalouse, et lors même qu'elle ne peut répandre son dogme, elle ne refuse pas de prêter sa morale.

Mais en même temps qu'il s'efforçait d'ennoblir le paganisme, Julien tâchait aussi d'abaisser la religion chrétienne. Trop doux pour employer la violence, il employa la ruse et l'adresse. Il accorda d'abord à tous ses sujets la plus grande liberté de conscience. Les schismatiques, les hérétiques et les orthodoxes furent rappelés de leur exil et réintégrés dans leurs églises. Toute secte nouvelle était immédiatement protégée; toute dissension fomentée. La persécution des empereurs avait contribué aux mérites du Christianisme, leur protection à sa force : Julien essaya de le livrer à lui-même et à l'esprit de discorde qui s'y était introduit, espérant l'amener à sa perte par ses fautes. Il comblait d'honneurs tous ceux qui revenaient au paganisme, et laissait les chrétiens dans un oubli qu'il espérait rendre humiliant. Il renvoya les officiers chrétiens qui avaient servi sous Constance, et ne voulut plus en admettre à sa cour ni dans ses armées, exigeant des soldats leur démission ou des sacrifices aux dieux. Craignant que quelques-uns d'entre eux n'éludassent cette loi, et ayant à leur distribuer de l'argent, il se plaça sur son trône, fit mettre auprès un autel, du feu et de l'encens, et ordonna que l'argent ne fût donné qu'aux soldats qui auraient jeté de l'encens sur le feu. Il se fit peindre couronné par Jupiter, entouré de Mars et de Vénus, et fit placer son image dans les villes pour qu'elle y fût honorée, espérant ainsi partager avec ces dieux les hommages qui lui étaient rendus. Des villes entières éprouvèrent les déplorables effets de sa partialité, car les unes, entièrement converties au Christianisme, se virent dépouiller de leurs droits et de leurs priviléges pour en favoriser les cités restées fidèles au paganisme.

Après s'être permis de pervertir les consciences

et en fit périr un grand nombre. Julien en réprimanda son oncle et se plaignit amèrement de cette infraction à son plan habile et modéré. Mais Julien oubliait qu'en nourrissant sa haine il s'était rendu incapable de la cacher, et qu'en la montrant il avait perdu le droit et les moyens d'imposer des bornes à celle des autres. Aussi, sous le prétexte de faire restituer aux évêques toutes les richesses enlevées aux temples païens et toutes celles accordées aux églises par Constantin et par ses fils, quelques gouverneurs eurent recours aux tourments et aux dernières violences. Plusieurs évêques, effrayés ou maltraités, cherchèrent dans la fuite et le désert un abri solitaire et tranquille.

D'autres soins occupaient en même temps l'infatigable Julien. Entretenant une correspondance élégante et étudiée avec chacun de ses amis et de ses maîtres, il leur écrivait avec exagération et sans tendresse, composait ses épîtres de petites pensées qui ne touchaient personne, et se vantait quelquefois d'avoir écrit toute une lettre, assez longue à la vérité, en une seule nuit. Il rédigeait lui-même ses édits et ses sentences, où souvent l'impatience, jamais l'indignation, prenait la place de la justice. Mécontent, et à plus d'un titre, des habitants d'Antioche, il ne les punit que par un discours, mais il ne leur pardonna jamais. Ceux-ci purent d'abord s'estimer heureux de voir l'empereur témoigner sa colère par la raillerie fine et peu piquante du Misopogon, mais bientôt ils purent s'apercevoir que Julien n'oubliait pas, et ils eurent peut-être raison de craindre une punition qui eût été d'autant plus longue qu'elle aurait tardé davantage. Enfin Julien voulut aussi prêter à ses dieux mourants l'inutile secours de sa rhétorique. Il accumula pour les défendre des arguments et des récits trop souvent répétés, et il attaqua leurs adversaires avec une vivacité qu'on a pu prendre pour de la chaleur. Il savait que les animosités sont grandes entre les partis dont les différences sont moindres, car les hommes alors sont en jeu sous prétexte des choses, et il opposa les juifs aux chrétiens. Déjà il avait essayé de démentir les prophéties en faisant rebâtir le temple des juifs. Plus tard, dans son discours en faveur du paganisme, il affecta de traiter avec quelque considération la loi et les doctrines de Moïse, paraissant connaître à peine une secte appelée les Galiléens.

Au milieu de ces occupations si nombreuses, Julien ayant achevé ses préparatifs pour la guerre de Perse, partit avec son armée. Ses premiers travaux et ses premiers succès lui rendirent l'ardeur qu'il avait montrée jadis dans les Gaules, et que les combats ne lui refusaient jamais. Mais il n'avait plus en Perse de ménagements à garder. Constance et sa perfidie n'étaient plus; et Julien s'était débarrassé de la circonspection que les circonstances lui avaient imposée et qui remplaçait en lui la prudence du génie. Malgré les conseils et les prières de ses généraux, malgré la diminution des vivres et malgré la saison brûlante, Julien voulut s'avancer dans le pays ennemi. Il fit plus : craignant de céder aux instances de ses officiers ou à une révolte de ses soldats, il voulut s'en ôter les moyens, et il brûla ses vaisseaux qui le suivaient en remontant le fleuve.

Peu d'heures s'écoulèrent avant qu'il connût sa faute. Il essaya de la réparer en se décidant à la retraite, mais il rencontra des difficultés presque insurmontables, des ennemis acharnés, et le dard enfin qui lui arracha la vie.

Sa mort fut plus belle qu'il ne devait l'attendre; car il vécut en homme habile, et mourut en sage. A ses derniers instants il se rappela et la droiture de ses intentions et la douceur de ses mesures, sa chasteté, son amour des dieux, sa sobriété, ses goûts studieux, son respect pour les philosophes, et il se rassura. Se souvint-il aussi des taches qui obscurcirent sa vie? Si sa mémoire lui rendit ce triste service, elle ne parvint point à troubler la sérénité de son âme. Chacun connaît les admirables paroles qu'il prononça en mourant, et auxquelles on ne peut reprocher qu'un peu de langueur et d'apprêt. Il s'humilia devant la pensée de ce qu'il aurait pu faire et il se confia dans la bonté du Dieu universel. Jeune et puissant, il rendit la vie sans murmurer au maître qui la lui redemandait. Il en adora les décrets qui le frappaient et qu'il ne comprenait pas. Le Dieu qui inspirait de tels sentiments pouvait-il ne pas être le Dieu des chrétiens?

La mort de Julien consterna tous les amis de l'ancienne religion. Quelques-uns trouvèrent dans la solitude et l'inaction un port assuré contre les orages qui grondaient au dehors. D'autres, comme Maxime d'Éphèse, plus ambitieux et plus remuants, voulurent soutenir une lutte désespérée et succombèrent. Dans le ve et le vi^e siècle, Proclus, Damascius, Isidore de Gaza et Olympiodore, et d'autres plus obscurs, poursuivirent les études d'Ædesius, de Chrysanthe et de Maxime, mais plus faibles à mesure qu'ils se succédaient, les uns comme les autres crurent faire marcher la philosophie en commentant sans relâche Pythagore, Platon, Aristote et Plotin. En 529 enfin, l'empereur Justinien fit fermer toutes les écoles de philosophie, sans excepter même l'école d'Athènes, et il ne laissa au paganisme que les traditions mortes et délaissées du vulgaire, et les efforts isolés de quelques érudits.

Ainsi s'éteignirent ces croyances séculaires et ces doctrines savantes dont le règne tardif d'un empereur païen put à peine retarder la ruine.

CHAPITRE II.

SAINT AMBROISE.

Si l'Asie a enrichi la société chrétienne de profonds et de hardis penseurs, si la Grèce l'a dotée d'orateurs brillants et de logiciens subtils, l'Occident lui a fourni des ouvriers sages, prudents, actifs, dont le caractère plein de force et de grandeur semble presque pouvoir se passer de génie. Ils n'ont pas la supériorité de l'intelligence, mais ils ont celle de la conduite. Leur mérite est admirablement approprié au rôle qui leur était destiné dans la fondation du christianisme. C'était en Occident que le christianisme, s'éloignant des pensées abstraites, allait former un état qui après avoir grandi à côté du pouvoir impérial devait enfin le remplacer. Et c'était aussi en Occident que se succédaient les Hilaire, les Eusèbe, les Martin, les Ambroise, les Ascole, les Innocent, les Paulin, infatigables missionnaires de la Providence, apportant dans la vie l'influence de leurs grandes vertus, laissant au monde l'empreinte des sentiments qui leur venaient de Dieu, s'efforçant de mériter le ciel par leurs œuvres, et croyant avoir fait peu de chose, s'ils n'avaient que prié, souffert, appris et adoré. Ambroise, dont nous allons raconter la vie, nous paraît le représentant admirable des chrétiens d'Occident. Nous craignons seulement que trop faible pour retracer tant d'héroïsme, notre fatigue ne ressemble à de la froideur, et que nous ne rendions d'une manière monotone la sublime uniformité de cette vie.

Saint Ambroise naquit à Trèves, en 340, de parents romains. Son père était préfet du prétoire des Gaules, et avait trois enfants dont Ambroise était le dernier. Sa mort ramena bientôt sa famille à Rome. Satyrus et son frère Ambroise grandirent sous la direction de leur mère et de leur sœur Marceline, qui déjà vouée à la virginité vivait en la compagnie d'une autre vierge comme elle. L'exemple donné par ces femmes pieuses frappa de bonne heure l'esprit des deux enfants, mais ne les porta pas à embrasser le même genre de vie. Peut-être se défiaient-ils de leurs propres forces; peut-être aussi voulaient-ils soutenir l'éclat de leur nom et la grandeur de leur famille; et d'ailleurs l'émulation attachée aux études publiques les retenant au milieu de leurs compagnons, ils se sentaient attirés vers les succès, et ils espéraient se les faire pardonner en les employant au service de Dieu. A la fin de leurs études, Satyrus et Ambroise entrèrent au barreau. Satyrus plaida avec éclat dans la préfecture, et obtint bientôt le gouvernement d'une province. Ambroise de son côté se fit entendre à Milan dans l'auditoire de Probus, préfet du prétoire, qui le choisit presque sur-le-champ pour son conseiller ou son assesseur. Il passa peu de temps après de cette dignité déjà considérable à celle de gouverneur de la Ligurie, c'est-à-dire de Turin, de Gênes, de Boulogne, de Ravennes et de tout le pays compris aujourd'hui dans l'archevêché de Milan.

Les chrétiens de ce diocèse gémissaient depuis longtemps sous la tyrannie d'Auxence, évêque arien, lorsque la mort les en délivra, en 374. Les évêques de la Ligurie s'étant assemblés à Milan pour lui nommer un successeur, écrivirent à ce sujet à l'empereur Valentinien, alors dans les Gaules. Celui-ci leur répondit en les engageant à choisir un homme aussi vertueux qu'éclairé, tel que les peuples pussent le prendre pour modèle, « et que « nous-mêmes, disait-il, qui sommes chargés du « gouvernement de l'empire nous puissions lui sou- « mettre nos têtes avec une entière confiance, et

« recevoir avec une humble soumission les re-
« mèdes salutaires de ses réprimandes. Car, étant
« homme comme nous sommes, il ne se peut pas
« que nous ne commettions beaucoup de fautes. »

Des recommandations aussi sages embarras-
sèrent les évêques, qui craignaient de rester dans
leur choix au-dessous du beau modèle tracé par
l'empereur. Ils lui écrivirent donc une seconde
fois en le priant de vouloir bien leur désigner
celui qu'il regardait comme le plus digne de leurs
suffrages. Mais l'empereur déclina cet honneur, et
déclara aux évêques que « l'entreprise dont ils
voulaient le charger était au-dessus de ses forces. »
Contraints de décider par eux-mêmes, les évêques,
le clergé et le peuple se réunirent à plusieurs
reprises sans pouvoir rien résoudre. Le parti arien
et le parti catholique s'excluaient tour à tour,
et donnaient pour raison de leurs répugnances
d'odieuses accusations. Enfin, après avoir passé
des injures aux menaces, et l'irritation ne faisant
qu'augmenter, on eut recours à l'intervention du
gouverneur, qui seul pouvait s'opposer à la sédition imminente. Ambroise accourut. S'adressant
au peuple assemblé dans l'église, il l'engageait
à procéder avec calme à l'élection de son pasteur,
lorsqu'un enfant s'écria tout à coup : « Ambroise
« évêque ! » et la multitude comme inspirée répéta
ce cri inattendu.

A peine catéchumène, et se croyant bien loin de posséder les vertus épiscopales, saint Ambroise refusa obstinément la dignité qu'on voulait lui imposer. Ne pouvant plus faire entendre ses paroles au peuple emporté, il monta sur son tribunal et fit donner la question à quelques accusés, voulant montrer que sa cruauté le rendait indigne de recevoir le gouvernement des âmes. Personne ne se méprit sur l'intention de saint Ambroise, et ceux-là mêmes qui venaient de le proclamer évêque, s'écrièrent : « Que votre péché « retombe sur nous. » Saint Ambroise rentra chez lui dans le plus grand trouble, et déclara qu'il voulait professer la vie monastique. Le peuple pourtant qui entourait sa maison ne lui permettant pas d'accomplir son dessein, il prit le parti de faire entrer chez lui des femmes de mauvaise vie, mais le même cri « que votre péché retombe « sur nous, » vint apprendre à saint Ambroise que rien ne pouvait ébranler la confiance du peuple dans ses vertus. La nuit étant survenue et la foule s'étant dispersée, saint Ambroise sortit secrètement de sa maison et de la ville, déterminé à aller cacher dans des pays lointains le dangereux éclat de son mérite. Il marcha, dit-on, toute la nuit, préoccupé des événements qui s'étaient passés, réfléchissant sur ceux qui l'attendaient encore. Aux regrets que lui causaient la carrière qu'il allait abandonner et le monde qu'il quittait, venaient se joindre l'incertitude de l'avenir et les hésitations de sa conscience qui combattait pourtant la pensée d'un danger prochain. Le jour qui le surprit fuyant à pas précipités et évitant les chemins tracés, lui montra à peu de distance les murs d'une grande ville. Cette ville, c'était Milan, et la longue course du saint l'avait reconduit au lieu qu'il voulait quitter, et où devait au contraire se dérouler le magnifique enchaînement de ses aventures. Les habitants, qui commençaient à sortir de la ville, reconnurent leur fugitif gouverneur, l'arrêtèrent, le conduisirent dans sa maison et lui donnèrent des gardes, tandis que le peuple et le clergé écrivirent à l'empereur pour lui demander la ratification de leur choix. Pendant qu'on attendait la réponse de Valentinien, Ambroise parvint encore à prendre la fuite, et se retira chez un Milanais, nommé Léonce. Mais l'empereur ayant témoigné toute sa satisfaction de ce qu'on avait choisi pour l'épiscopat celui-là même auquel il avait confié le gouvernement d'une province, et le vicaire impérial ayant fait publier une ordonnance contre tous ceux qui ne découvriraient pas la retraite d'Ambroise, Léonce s'empressa de le dénoncer.

Une plus longue résistance n'eût plus été que folie ou ostentation. Saint Ambroise le comprit et se résigna. Il demanda seulement qu'on lui accordât le temps nécessaire pour passer régulièrement et sans hâte à travers les différents degrés du sacerdoce, et cela même lui étant refusé par le peuple impatient, il céda à la violence.

Dès lors, il s'appliqua à exercer les difficiles vertus qui lui semblaient inséparables de l'épiscopat. Il donna toutes ses richesses aux pauvres et ses terres à l'église, en réservant seulement l'usufruit à sa sœur Marcelline. Il voulut même se soustraire aux embarras que donne toujours l'entretien d'une maison, et il appela auprès de lui son frère Satyrus en le priant de diriger ses dépenses journalières. Quelques heures de sommeil durent lui suffire, et il employait la plus grande partie de la nuit à écrire de sa propre main, ne voulant pas fatiguer ses gens en les faisant travailler et copier pour lui. Il jeûnait tous les jours, excepté le samedi et le dimanche, et sa grande abstinence paraissait mal convenir à sa vie laborieuse. Sans cesse occupé d'étudier les lois de la morale nouvelle ou de servir les véritables intérêts des hommes, il ne dédaignait pas de descendre pour eux aux plus petits détails, et laissant la porte de sa maison et de sa chambre toujours ouverte, il ne renvoyait personne, écoutait chacun, donnait aux uns des conseils, aux autres des consolations, et jamais son dévouement ne paraissait fatigué.

Craignant que la part qu'il prenait aux affaires d'autrui ne portât quelque esprit malveillant à le croire disposé à l'intrigue, il s'était imposé l'obligation de ne jamais s'entremettre pour aucun mariage, ni appuyer de sa puissante recommandation ceux qui voulaient se placer à la cour ou dans l'armée.

Sa réputation s'étendit au loin, et lui valut bientôt l'amitié des principaux soutiens de l'église. Saint Ascole, saint Basile et saint Simplicien s'unirent de bonne heure à lui, et recherchèrent la sainteté de son commerce.

Cependant la mort de l'empereur Valentinien, survenue en 376, donna un instant aux Ariens l'espoir de s'emparer de l'esprit de son successeur. Ursace, rival de Damase et Valens, se concertèrent pour essayer de tenir à Milan des assemblées séparées de celles des orthodoxes. Ils tâchèrent aussi d'approcher du nouvel empereur, et de le rendre favorable à leurs projets. Mais plus encore que son père, Gratien était attaché à la foi catholique et soumis à ses ministres. Non-seulement il refusa d'écouter les demandes et les incriminations des Ariens, mais il témoigna toujours aux évêques orthodoxes et principalement à saint Ambroise, un tendre respect et une aimable déférence. Aussi lorsqu'en 378, il se décida à porter secours à l'empereur Valens, son oncle, que les Goths attaquaient, il ne voulut pas partir avant que saint Ambroise eût retrempé ses forces et celles de ses soldats par un discours sur la foi, dans lequel il prouvait la divinité de J.-C. Toutefois cette campagne ne fut pas heureuse. Valens périt avant que Gratien eût pu le joindre, et ce dernier ne parvint à le venger qu'en perdant un grand nombre de ses soldats que les Goths tuèrent ou emmenèrent prisonniers. La Thrace et l'Illyrie, ravagées par les Barbares, avaient leurs villes et leurs campagnes dépeuplées et leurs habitants traînés en captivité pour être vendus dans les marchés lointains. Les églises d'Occident s'émurent et sollicitèrent de la piété des fidèles, les moyens de racheter ces infortunés. Mais saint Ambroise fit plus. Persuadé que l'exemple est le meilleur des encouragements et que les richesses ne plaisent point à Dieu, il n'hésita pas à faire fondre des vases sacrés de l'église pour les employer à la délivrance des prisonniers. Ses ennemis l'en blâmèrent, et le saint, s'élevant au-dessus de leurs attaques, y répondit dans l'église en demandant « s'il ne valait pas mieux conserver des âmes à Dieu que l'or à l'église, des vases vivants que des vases inanimés ? »

Une autre occasion se présenta bientôt à saint Ambroise de montrer combien il jugeait l'or incapable de rien ajouter à la grandeur et à l'éclat de l'Église. Un évêque nommé Marcel avait donné une terre à sa sœur à condition qu'en mourant elle la léguerait aux pauvres et à l'église qu'il gouvernait. Letus, frère de l'évêque, s'opposa à cette donation et allégua pour cela plusieurs raisons qui avaient peu de fondement. Le procès dura longtemps, et les parties finirent par s'en rapporter à la décision de saint Ambroise, qui renonça pour l'église aux droits qu'avait voulu lui conférer Marcel. Il manda sa décision à cet évêque et le consola en l'assurant « que l'Église ne perdait « rien où la piété trouvait son avantage. »

Aimé des siens, honoré de tous, d'abord riche, ensuite puissant et toujours vertueux, saint Ambroise n'avait encore éprouvé que les périls d'une fortune trop constante, et n'avait soutenu de lutte qu'avec la prospérité. Le malheur vint aussi l'éprouver. Satyrus était allé en Afrique pour défendre les intérêts de son frère auquel un nommé Prosper avait depuis longtemps enlevé quelque bien. Il était parti malgré les prières et les conseils d'Ambroise, et il faillit perdre la vie dans un naufrage qu'il fit avant d'y arriver. Parvenu à se sauver, il continua son voyage et en atteignit le but ; mais il reporta dans sa patrie une santé détruite par les dangers et les fatigues, et, presque immédiatement après avoir embrassé son frère Ambroise, il tomba mortellement malade. Son agonie fut aussi courte que douce; il ne souffrit pas, et s'éteignit en recommandant à son frère les personnes qu'il chérissait, et en se plaignant de le laisser si triste. Lorsque la vie l'eut abandonné, tout le monde le regretta, et saint Ambroise sentit sa douleur s'adoucir à la vue des larmes que le peuple répandait en écoutant l'éloge qu'il en prononça dans l'église.

Le cœur de saint Ambroise était moins sujet à la tendresse qu'il n'était rempli de noblesse et de pureté. S'il garda toute sa vie un vif souvenir de son frère et un profond regret de sa perte, sa douleur se plia à la règle de son âme et cessa bientôt de la troubler. Le septième jour après l'enterrement de Satyrus, saint Ambroise retourna à son tombeau pour y célébrer le service ordinaire, et, élevant contre l'usage une seconde fois la voix sur le même sujet, il déclara « qu'il ne venait pas pleu-
« rer la mort de son frère, mais s'en consoler par
« l'espérance de la résurrection. » Puis, imposant silence à ses affections domestiques, il rentra dans la vie publique et se livra sans relâche aux soins de son état et aux besoins de son caractère.

La jeunesse de Gratien et les intrigues des Ariens protégés par l'impératrice Justine, belle-mère de l'empereur, exigeaient l'attentive surveillance de saint Ambroise. Faisant usage de cet heureux mélange de grâce et de fermeté que personne ne possédait comme lui, il achevait, pour satisfaire Gratien, ses livres sur la foi, résistait à Justine en faisant nommer le catholique Averne à l'évêché de Sirmich, défendait contre les entreprises des hérétiques et les irrésolutions de Gratien les églises de son diocèse, obtenait de l'empereur des lois favorables aux femmes chrétiennes, et l'empêchait de convoquer un concile œcuménique pour procéder au jugement de Pallade et de Secondien. Ces deux évêques ariens avaient en effet demandé à être jugés par l'empereur, qui voulait les renvoyer à un concile général. Mais saint Ambroise l'en détourna en lui représentant que les évêques d'Occident étaient suffisamment nombreux et éclairés pour prononcer sur de pareils accusés. Le concile se tint donc à Aquilée, en 381, et les deux hérétiques, accompagnés d'un de leurs prêtres nommé Attale, parurent devant les évêques d'Italie, les légats des Gaules et ceux de l'Afrique. Les actes de ce concile nous ont été conservés par saint Ambroise lui-même, et leur lecture nous montre le peu d'importance de ces accusés. — Pressés de questions par les évêques et par saint Ambroise principalement, Pallade et Secondien déclarèrent d'abord qu'ils ne savaient qui était Arius, refusèrent ensuite de le condamner, essayèrent plus tard d'accuser leurs propres juges, et finirent par protester contre la compétence du tribunal. A travers leurs réponses courtes et embarrassées, on aperçoit sans peine la timidité d'une conscience troublée et l'aveuglement d'un esprit borné. Aussi furent-ils déposés et condamnés à l'unanimité. Après avoir porté remède à l'hérésie, les évêques s'occupèrent des schismes qui déchiraient alors l'Église. Ils écrivirent aux empereurs pour leur recommander le pape Damase et la paix de l'église d'Antioche. Celle-ci semblait plus que jamais en péril, car saint Mélèce et Paulin, s'étant partagé les fidèles de ce diocèse, étaient convenus que le premier d'entre eux qui mourrait n'aurait d'autre successeur que son rival. Saint Mélèce cessa de vivre en 381, et les chrétiens de sa communion, oubliant les traités, refusèrent de se soumettre à Paulin, et choisirent pour leur évêque le prêtre Flavien. — L'église d'Occident, qui n'avait jamais pardonné à saint Mélèce un moment de faiblesse racheté par les plus aimables vertus, ne devait point tolérer l'infidélité de ses partisans. Elle s'en plaignit hautement et elle commença à faire sentir aux Occidentaux le poids de cette domination qu'elle était entraînée à leur imposer. Alexandrie non plus n'avait pas vu sans mécontentement l'élection de Timothée, frère de Pierre, son dernier évêque, et le concile d'Aquilée, impatient de voir se terminer tant de discordes, pria les empereurs de vouloir bien ordonner la réunion d'un concile œcuménique à Alexandrie. Théodose appela les évêques d'Orient à Constantinople pour leur communiquer la lettre des Occidentaux, et leur demander leur avis sur le concile réclamé. Mais déjà ce n'était plus à Alexandrie que les évêques d'Occident voulaient se rassembler, c'était à Rome; et les Orientaux, peu soucieux de voir régler leurs différends par des étrangers et presque des rivaux, voulaient se réunir en Achaïe. Les uns comme les autres commençaient à faire plus de cas des dogmes et des intérêts que des sentiments chrétiens. Il fallait faire triompher tel principe, soutenir telle proposition; peu importait que l'orgueil prît la place de la charité, et que l'âme en souffrît. Le concile œcuménique n'eut pas lieu, et quelques Orientaux seulement se rendirent à Rome à l'époque indiquée.

Déjà, avant de se transporter à Rome, les évêques du vicariat d'Italie avaient imprudemment ajouté à l'irritation éprouvée en Orient. Rassemblés pour leurs affaires particulières, ils virent venir à eux le philosophe Maxime, surnommé le cynique, évêque schismatique de Constantinople, que le peuple de cette ville et l'empereur avaient chassé de l'Orient. Il s'adressa à eux comme à ses juges, et leur vanité satisfaite aussi bien que leurs préventions les portèrent à le recevoir à leur communion et à écrire à Théodose pour le prier d'avoir égard aux intérêts de Maxime. Théodose, empereur d'Orient, et d'ailleurs assez éclairé pour être juste quand il était calme, répondit aux évêques du concile d'Aquilée que les divisions d'Antioche pouvaient trouver des juges autre part qu'à Rome, et aux évêques du vicariat d'Italie qu'ils s'étaient trop hâtés de blâmer l'église de Constantinople, et qu'ils rougiraient eux-mêmes de s'être déclarés en faveur de Maxime s'ils venaient jamais à connaître quel était cet homme.

Enfin le concile de Rome s'ouvrit en 382, lorsque les évêques d'Orient, de leur côté, étaient rassemblés à Constantinople. Saint Épiphane, évêque de Chypre, Paulin d'Antioche et saint Jérôme, furent les seuls parmi les Orientaux qui préférèrent le concile de Rome à celui de Constantinople. Trois députés arrivèrent aussi à Rome, portant une lettre des évêques d'Orient à ceux d'Occident, dans laquelle les premiers s'excusaient de se rendre à Rome sur le temps qui pressait leur retour dans leurs diocèses, et sur l'usage et les canons qui voulaient que les ordinations de chaque province fussent faites par les provinces mêmes. Ils ajoutaient que c'était en s'appuyant sur ces règles qu'ils avaient élu Nectaire, Flavien et Cyrille, et qu'ils confirmaient leur élection. Cette lettre n'arrêta point les décisions des Occidentaux. Ils s'empressèrent de renouveler leur communion avec Paulin d'Antioche, la refusèrent à Flavien, et se séparèrent après avoir condamné les Apollinaristes. Mais saint Ambroise, étant tombé malade dès son arrivée à Rome, ne prit aucune part aux travaux du concile. Ce fut bientôt après son retour à Milan que le pape Damase lui envoya la requête des sénateurs chrétiens, faite en opposition à celle que les sénateurs païens avaient adressée à Gratien pour lui demander le maintien de l'autel de la Victoire. L'influence de saint Ambroise l'emporta, et chacun sait que cette affaire parut pour quelque temps terminée à la satisfaction des chrétiens.

Mais une grande affliction, que suivirent de grandes traverses, attendait saint Ambroise vers le milieu de l'année 383. Mandé au palais par l'impératrice Justine, il apprit de sa bouche la mort de Gratien et le triomphe de l'usurpateur Maxime. Le danger de son fils et le sien propre effacèrent un moment de l'esprit de l'impératrice la défiance et la crainte que saint Ambroise lui inspirait. Accablée de douleur et presque sans défense, elle implora humblement son secours, et, lui montrant avec des larmes son fils à peine âgé de douze ans, elle le remit entre ses bras. La faiblesse de la mère et de l'enfant touchèrent le saint déjà ému par la pensée du royal ami qu'il venait de perdre. Il embrassa tristement le jeune Valentinien qui demeurait appuyé sur son sein, et, après lui avoir promis de ne rien négliger pour arrêter la marche victorieuse de l'usurpateur, il partit pour aller le rencontrer à Lyon. Valentinien à cette époque n'avait rien à refuser à saint Ambroise, et l'âme altière de Justine fléchissait sous l'infortune. Aussi ni le jeune empereur ni sa mère ne s'opposèrent à la généreuse exigence de saint Ambroise, qui voulut ramener à Maxime le frère que Valentinien gardait en otage. Gardien fidèle des espérances du faible, et protecteur de ses destinées, Ambroise se présenta à Maxime, et lui demanda la paix pour Valentinien. Élevé à l'empire par l'armée, Maxime voulait combattre, et ne consentait à s'en abstenir qu'à de trop dures conditions. Prévoyant que Valentinien n'oserait pas s'offrir désarmé à ses coups, il demandait qu'accompagné de sa mère, il vînt le trouver à Lyon pour y conclure une paix sans doute désavantageuse, et peut-être humiliante. Sur le refus d'Ambroise, Maxime attendit pour fixer ses résolutions le retour de Victor qu'il avait envoyé à Valentinien en l'invitant à se rendre à Lyon. Victor arriva porteur des excuses de Valentinien qui alléguait son âge et la faiblesse de sa mère pour se dispenser de ce périlleux voyage.

Mais des considérations plus puissantes que les prières de Valentinien portèrent Maxime à lui accorder la paix. Théodose armait et se préparait à venir venger un de ses jeunes collègues et défendre l'autre. La nouvelle qui en arriva à Lyon, presque en même temps que Victor, détermina Maxime à accepter les conditions que lui offrait Valentinien, et à se contenter de régner sur les Gaules, l'Espagne et l'Angleterre. Saint Ambroise obtint alors la permission de retourner auprès de son empereur, et il vit avec joie se terminer heureusement cette difficile mission où sa prudence avait eu tant de peine à s'accorder avec sa fermeté. Il importait à saint Ambroise de ne point irriter Maxime, duquel dépendait en partie le sort de l'enfant opprimé qui s'était confié à lui. Toujours plus excité qu'ému par le danger, la conscience de saint Ambroise lui reprochait son courage lorsqu'il ne s'agissait pas seulement de son propre salut. Et pourtant les intérêts de l'Église ne devaient pas être négligés. Maxime avait manqué à la loi chrétienne de miséricorde en faisant mourir l'hérétique Priscillien, et il avait offensé la douceur de l'Église en la supposant capable d'accepter un sanglant hommage. Il appartenait à saint Ambroise, si fortement pénétré de respect pour la vie de ses semblables, de protester au nom de l'Église contre les meurtres commis sous prétexte de la défendre. Malgré son désir extrême de se concilier la bienveillance de Maxime, il refusa de le recevoir à sa communion, et malgré ce blâme hardi qu'il jeta par-là sur sa conduite, il mesura si bien ses paroles, et sut tellement se montrer dépouillé de tout sentiment haineux comme de tout sentiment timide, que Maxime n'osa pas lui témoigner une colère que peut-être même il était loin d'éprouver.

Peu de temps après son retour à Milan, saint Ambroise trouva l'occasion de mettre à l'épreuve la reconnaissance de Valentinien. Les païens de Rome n'avaient pas été découragés par l'ordre de Gratien qui avait fait enlever du sénat l'autel et la statue de la Victoire. Leur confiance s'accrut à l'avénement du jeune Valentinien; car les premiers moments d'un règne nouveau raniment toujours les espérances des partis vaincus. Ils s'empressèrent de dresser un décret en forme de plainte, pour demander le rétablissement de l'autel de la Victoire, et le sénateur Symmaque se chargea de rédiger une relation dans laquelle les droits et les griefs de païens étaient éloquemment exposés. Ces pièces, envoyées secrètement à Milan, furent présentées à l'empereur dans son conseil, sans que personne en eût été averti. Informé que Valentinien hésitait encore, saint Ambroise écrivit à la hâte une requête pour conjurer l'empereur de ne pas se montrer moins ferme soutien du christianisme que Gratien ne l'avait été. Il apporta lui-même sa demande à Valentinien qui parut vivement frappé de la sagesse de ses motifs et de la chaleur de ses instances. En effet, prenant lui-même la parole, il répondit, contre l'avis de ses conseillers, que jamais il ne consentirait à rétablir ce que son frère avait détruit, et ce qui ne pouvait point être agréable à Dieu. Quoique saint Ambroise fût entièrement satisfait de la résolution de l'empereur, il voulut réfuter par une lettre l'habile relation de Symmaque. Il crut ensuite n'avoir plus rien à craindre pour la foi de l'empereur, et il se félicitait d'avoir contribué à l'affermir sur le trône; mais il apprit bientôt que rien ici-bas n'est à l'abri du changement, et que le souvenir des services rendus est souvent effacé par la jouissance du bonheur qu'ils ont fait naître.

Valentinien n'appréciait peut-être pas à leur juste valeur les obligations qu'il avait à Ambroise, et sa mère Justine, plus éclairée et par cela même plus ingrate, transmettait à l'empereur les impressions qu'elle recevait des Ariens. Ces hérétiques, qui ne pouvaient s'établir sous le gouvernement d'Ambroise, et qui n'avaient d'autre église que la cour, fatiguaient l'impératrice de leurs plaintes, et demandaient sans cesse qu'on les mît en possession d'une basilique. Saint Ambroise ayant constamment refusé de les satisfaire, Justine, poussée par les conseils d'un Arien nommé Auxence, voulut d'abord le faire enlever et conduire en exil; mais ce projet présentant de trop grandes difficultés, elle s'adressa de nouveau à son fils, et parvint trop facilement à triompher des faibles scrupules qui l'arrêtaient encore. Obéissant sans défiance aux ordres de l'empereur, saint Ambroise se rendit au palais, et reçut avec étonnement l'ordre de livrer une église à Auxence. Il refusa. Déjà Justine, son fils et ses conseillers se disposaient à employer contre lui d'odieuses violences, lorsque le peuple, soupçonnant ce qui se passait chez l'empereur, accourut en foule autour du palais, et demanda à grands cris qu'on lui rendît son évêque. La crainte d'une sédition désarma un moment l'impératrice, qui renvoya saint Ambroise à son peuple afin d'en apaiser la colère. Le lendemain, qui se trouvait être le dimanche des Rameaux, ou le 6 avril de l'année 385, saint Ambroise remplissait dans l'église les fonctions de son ministère, lorsqu'on vint l'avertir que la basilique Portienne était occupée par des dizainiers et par des tapissiers qui y mettaient des tentures. On ajoutait que le peuple, informé de cet attentat, se rendait à la basilique pour s'opposer à ce que les Ariens s'en emparassent Ces fâcheuses nouvelles attristèrent saint Ambroise sans le distraire des soins pieux auxquels il se livrait. L'Église, selon lui, ne pouvait courir aucun danger sinon par la

faute de ses ministres ou de ses enfants, car rien n'attirait de malheurs sur elle que les péchés de ceux qui en souffraient. Il ne s'agissait donc que de se tenir en garde contre le mal, et de mettre en Dieu toute sa confiance. Saint Ambroise continuait à offrir le divin sacrifice, redoublant seulement d'ardeur et de foi à mesure que les bruits du dehors paraissaient devenir plus inquiétants. Mais un prêtre s'étant approché de l'autel et lui ayant dit quelques mots à voix basse, on vit tout à coup le saint, d'abord troublé, verser d'abondantes larmes. Sa confiance était ébranlée, car il venait d'apprendre que le peuple, irrité contre les Ariens, s'était emparé d'un de leurs prêtres nommé Castule, et menaçait de le mettre à mort. « Hélas! » disait Ambroise en pleurant et élevant à Dieu ses mains tremblantes, « que la justice de notre cause
« nous préserve de la violence des moyens! que
« l'Église, si souvent arrosée du sang des siens, ne
« le soit jamais de celui de ses ennemis! que notre
« victoire soit un bienfait pour eux, et ne permet-
« tez pas, mon Dieu, que nous sacrifiions une seule
« des brebis que nous devons vous ramener! »

Au milieu de cet admirable élan de charité, saint Ambroise n'oublia point ce qu'il fallait faire pour sauver le malheureux Castule. Il envoya des prêtres et des diacres, et parvint à l'arracher des mains du peuple. Il apprit ensuite que la cour

impériale, irritée contre le corps des marchands qui avait pris part à l'émeute, venaient de le condamner à une forte amende, et la générosité avec laquelle il se soumit à cette injuste sentence vint ranimer l'âme naguère consternée de saint Ambroise. Les officiers de justice, presque tous catholiques, reçurent en même temps l'ordre de ne pas quitter leurs maisons. Cependant des comtes et des tribuns se rendirent à l'église où se tenait l'évêque, pour lui réitérer les commandements de l'empereur, et pour le conjurer de mettre fin à tant de désordres en livrant à Auxence une basilique. « Ce qui appartient à Dieu n'est point sujet
« à l'autorité impériale, répondit Ambroise; si
« vous voulez mon patrimoine, emparez-vous-en;
« si vous voulez vous saisir de moi, j'irai me livrer
« à vous. Voulez-vous me mettre dans les fers ou
« me donner la mort? Vous ne ferez en cela que
« seconder mon désir. Je ne me ferai point envi-
« ronner par des troupes de peuple comme pour
« me servir de rempart. Je n'irai point embrasser
« l'autel pour demander la vie, et je m'immolerai
« avec joie pour le défendre. Mais portez respect à
« la maison du Seigneur. »

Vers la fin de la journée, saint Ambroise retomba dans ses mortelles alarmes; car, ayant appris qu'on avait envoyé des hommes armés pour s'emparer de la basilique, il craignit que la résistance des catholiques pour la défendre ne devînt l'occasion de quelque meurtre. Il reçut une nouvelle députation de l'empereur qui lui enjoignait de calmer le peuple ; mais, ayant refusé de l'essayer, il rentra le soir dans sa maison, conservant le secret espoir que ses ennemis viendraient l'en enlever, et que la mort ou l'exil le déchargerait de l'affreuse responsabilité qui pesait sur lui. Deux jours se passèrent, au contraire, sans que la cour renouvelât ses tentatives contre l'église ou l'évêque. Mais le mercredi, à peine saint Ambroise était-il sorti de sa demeure, que des soldats entourèrent la basilique neuve, et que des officiers du palais y apportèrent des tentures que l'empereur envoyait pour l'orner. Le peuple catholique y accourut aussitôt en si grand nombre que les Ariens n'eussent peut-être pas réussi à pénétrer dans l'église. Saint Ambroise, retiré dans l'ancienne basilique et entouré des fidèles les plus faibles ou les plus pacifiques, privait les soldats de sa communion, et avait recours pour le reste à ses armes accoutumées, la prière, le courage et la charité. Un grand bruit se fit bientôt entendre dans l'église, et les femmes qui s'y pressaient virent avec effroi les soldats qui entouraient depuis le matin la basilique neuve, la quitter à la hâte et se précipiter au milieu d'elles. Saint Ambroise les rassura. Avait-il mieux lu dans les regards de ces hommes, ou bien, averti par cet instinct secret que les grands cœurs retrouvent toujours au moment du danger, se sentait-il assuré d'avance de l'effet de son excommunication? Forcés de choisir entre le courroux de l'empereur et le mécontentement de l'évêque, les soldats n'avaient point hésité, révélant ainsi les premiers symptômes du merveilleux pouvoir que l'église d'Occident savait exercer non-seulement sur des hommes isolés, mais sur des corps constitués. Les catholiques assemblés dans la basilique, voyant le départ des soldats qui les avaient jusque-là tenus comme prisonniers, envoyèrent prier saint Ambroise de venir se joindre à eux. Ils l'en prièrent une seconde fois lorsque les officiers du palais se furent retirés emportant avec eux leurs tentures; mais saint Ambroise refusa en disant que, ne pouvant livrer l'église, il ne devait pas la défendre; car, en le faisant, il se fût mis dans la nécessité de combattre ou de céder, et aucune de ces choses ne lui convenait. Il leur envoya cependant des prêtres, et cela même déplut à l'empereur qui lui en fit faire aussitôt d'amers reproches. Le peuple et les soldats qui se pressaient autour de la maison de saint Ambroise lui en fermant l'entrée, il fut contraint de passer la nuit dans l'église, et il s'y décida sans peine. Rien ne lui était plus agréable que de prier Dieu, excepté de le servir; et dans les occasions où sa douceur comme sa fierté étaient mises à de rudes épreuves, il éprouvait une sainte joie à s'entretenir avec lui, à lui demander ses inspirations, et à s'en trouver pour ainsi dire rapproché, car les fortes secousses qui fatiguent les âmes vulgaires, dépouillent, au contraire, les âmes privilégiées des faiblesses humaines, et laissent leur nature sublime s'élever plus libre vers Dieu.

Après avoir passé la nuit dans le sanctuaire à prier et à chanter des psaumes, saint Ambroise se sentit pénétré d'une confiance qu'il sut faire passer dans son peuple et que les événements justifièrent bientôt. Les courtisans ne s'étaient pas non plus livrés au repos pendant la nuit. Effrayés des dispositions du peuple et de l'insubordination des soldats, ils suppliaient l'empereur de renoncer à ses exigences. Justine elle-même paraissant ébranlée, Valentinien se décida à faire retirer ses gens de la basilique et de ses avenues, et en fit avertir saint Ambroise qui, déjà au milieu des siens, leur expliquait le livre de Jonas, lorsque le message de l'empereur arriva. La joie éclata parmi les catholiques. Ils s'embrassaient en pleurant, s'agenouillaient et baisaient les marches de l'autel. Toujours immodéré quand il n'est pas contenu par une volonté supérieure, l'enthousiasme du peuple se reportait de l'empereur à l'évêque, de l'évêque à Dieu. Plus calme quoique aussi touché et peut être plus prévoyant, saint Ambroise contemplait cette multitude agitée et reconnaissante, demandant à Dieu de ne point condamner ses transports et de ne pas lui rendre avec la tranquillité les bas sentiments qui travaillent les hommes. Il craignait de méconnaître l'intervention de Dieu, et pourtant il avait peine à ajouter foi au changement subit de Valentinien, et il avait raison, car l'empereur avait reculé devant l'illégalité de ses prétentions plutôt que devant leur injustice. Peut-être éprouvait-il réellement ce respect des lois que les puissants affectent quelquefois pour l'imposer aux autres; peut-être obéissait-il aveuglément à sa mère; peut-être, plus astucieux qu'on ne l'est à son âge, espérait-il se mettre à couvert par un décret. Quelles que fussent ses intentions ou celles de Justine, elles manquaient d'habileté autant que de droiture; car, pour imposer au peuple sa volonté, il faut paraître en obtenir l'assentiment ou le dominer par la force. Valentinien dédaigna le premier moyen, que peut-être même il ne comprenait pas; il commença par essayer vainement le second, et eut recours enfin au plus mauvais de tous: il fit une loi par laquelle il accordait à tous ceux qui suivaient les décrets du concile de Rimini la liberté de tenir des assemblées, et il défendait aux catholiques d'y faire aucune opposition sous peine de subir le dernier supplice comme auteurs de séditions, perturbateurs de l'Église et criminels de lèse-majesté.

Cette loi ne fut pas plus respectée qu'un ordre ne l'eût été, et la résistance qu'Ambroise et le peuple avaient opposée à Valentinien trouva des imitateurs dans ceux-là mêmes qu'il chargea de rédiger son décret. *Bénévole,* qui exerçait l'intendance sur ceux qui écrivaient les lois, refusa de se prêter à la promulgation de celle-ci, préférant renoncer à sa charge, et jetant ainsi sur la loi qui allait paraître une défaveur anticipée. Valentinien n'attendit pas longtemps à se servir des armes qu'il venait de se donner. Dès le commencement de l'année 386, il réitera à saint Ambroise l'ordre de céder à Auxence une basilique ou de sortir de Milan. D'après le refus que fit saint Ambroise de choisir entre ces deux propositions, il y avait tout lieu de craindre que l'empereur, faisant usage de la nouvelle loi, ne se portât contre l'évêque aux dernières violences. Aussi le peuple résolut de veiller sur lui et s'établit dans l'église, où il le força de demeurer. Les soldats entouraient le lieu où saint Ambroise et les siens étaient rassemblés ; les messages de l'empereur se succédaient et devenaient de plus en plus menaçants ; et cependant la multitude constante ne paraissait ni inquiète ni fatiguée, et félicitait l'évêque de sa courageuse résistance. Valentinien fit dire à saint Ambroise qu'il eût à se rendre au palais pour y disputer avec Auxence; mais il n'en obtint qu'un refus. Il ne sortit donc point de l'église pendant plusieurs jours et plusieurs nuits, entretenant le peuple de ses lectures et de ses sermons, et lui faisant chanter des hymnes nouveaux qui étaient accueillis avec transport.

Plus rassuré enfin sur les dispositions de la cour impériale, il retourna dans sa maison où il eut encore à souffrir des persécutions de l'impératrice. Mais le terme de celles-ci approchait. Pendant que, d'une part, saint Ambroise trouvait les corps des saints martyrs Gervais et Protais, et mettait par là le comble à l'enthousiasme du peuple qui voyait dans cette découverte un éclatant témoignage de la faveur divine, l'empereur Maxime lui-même, jadis excommunié par saint Ambroise, commençait à ressentir les mauvais traitements dont l'évêque était la victime, et écrivait à Valentinien pour l'engager à les faire cesser. Maxime d'ailleurs se préparait à descendre en Italie, et Théodose menaçait d'aller lui en fermer l'entrée. Quel que fût le vainqueur, de Théodose ou de Maxime, Ambroise était nécessaire à Valentinien pour répondre de sa foi à Théodose ou pour désarmer le courroux de Maxime. Les persécutions s'arrêtèrent donc tout à coup, et l'empereur rendit justice à la magnanimité du saint en implorant immédiatement son secours.

Saint Ambroise vit dans les supplications de Valentinien un gage qui l'assurait de la paix, et il se livra alors pour la première fois depuis le commencement des hostilités à un sentiment de joie et presque de triomphe. Le peuple dont le jugement, souvent fondé sur l'expérience, manque presque toujours d'à-propos, soupçonnait la sincérité de Valentinien, parce que naguère il eût dû ne point croire à sa loyauté. Préoccupé d'ailleurs par les craintes qu'inspirait Maxime, et ravi de la découverte des saintes reliques, il ne lui restait guère de démonstration pour saluer la délivrance de son évêque. Mais saint Ambroise jugeait plus sainement la différence du présent et du passé. Il comprenait que Valentinien ne pourrait de longtemps se mesurer avec lui, et que les persécutions étaient devenues impossibles du moment qu'elles avaient cessé d'être ignorées. Il savait aussi combien il est rare qu'on recommence plusieurs fois des tentatives semblables et que le succès les couronne enfin. Il trouvait surtout dans l'inutilité des mauvais desseins de l'empereur et dans la victoire pacifique que l'église avait remportée sur lui, un signe évident de la protection de Dieu. Il repassait en lui-même les scènes violentes dont il avait été le témoin et l'objet, et les voyant heureusement terminées sans meurtres et sans vengeance, il éprouvait un ravissement ineffable et une inaltérable sécurité. Il s'empressa donc de condescendre aux désirs de Valentinien, et il consentit à se rendre une seconde fois auprès de Maxime pour lui demander la paix et pour en obtenir les cendres de Gratien, qu'il retenait encore.

Arrivé à Trèves, il demanda à être admis à l'audience de Maxime; mais, malgré ses efforts, il ne réussit pas à pénétrer jusqu'à lui, et ne parvint à lui parler que dans le conseil. Ce n'était point ainsi qu'on en usait d'ordinaire envers les évêques et les hommes considérables, et saint Ambroise put dès lors prévoir quelle serait l'issue de sa négociation. Il entra donc dans la salle du conseil où Maxime se tenait assis, entouré de ses officiers et de ses conseillers. A peine l'empereur eut-il aperçu le saint qu'il se leva pour lui donner le baiser de paix, et voyant qu'au lieu de s'avancer il se retirait et cherchait à se confondre parmi les courtisans, il l'appela et l'engagea à venir s'asseoir à ses côtés. Alors Ambroise dit : « Pourquoi « voulez-vous baiser un homme que vous ne con« naissez pas? Car si vous me connaissiez bien, « vous ne me verriez pas ici. — Évêque, répondit « Maxime, vous êtes ému. — Si je le suis, reprit « le saint, ce n'est pas de l'injure que vous me « faites, mais de la confusion que j'ai d'être

« dans un lieu qui ne me convient pas. — Vous
« êtes déjà venu au conseil dans votre première
« ambassade, repartit Maxime. — Il est vrai, dit le
« saint; mais ce n'était pas par ma faute, et elle
« retombe sur celui qui m'y fit entrer. — Et
« pourquoi y entrez-vous ? reprit Maxime. — Parce
« que, lui dit saint Ambroise, je demandais alors
« la paix pour un prince qui était comme votre
« inférieur, au lieu que je parais aujourd'hui ici
« de sa part comme de votre égal ? — Comme de
« mon égal ! interrompit Maxime; et qui donc l'a
« rendu mon égal ? — C'est le Dieu tout-puissant,
« répondit le saint, qui a conservé à Valentinien
« l'empire qu'il lui avait donné. »

De semblables paroles n'étaient point faites pour changer les dispositions de Maxime. Peut-être d'ailleurs étaient-elles irrévocablement arrêtées, et saint Ambroise s'en était sans doute assuré avant de lui tenir un pareil langage. Les discussions, jugées d'abord inutiles, ne furent pas longues, et Maxime, ayant vainement essayé de vaincre la fermeté du saint qui ne voulut jamais le réintégrer dans sa communion, le renvoya à son maître après lui avoir pourtant accordé les restes de Gratien. Il retourna donc de cette ambassade moins heureux que de la première; mais il avait donné au monde le spectacle d'un évêque envoyé par un empereur à un autre empereur son rival, comme un de ces hommes qu'il faut écouter avec respect. On l'avait vu lui adresser des paroles sévères que la dignité de sa charge et la grandeur de son nom ne permettaient pas de laisser sans réponse. L'usurpateur s'était excusé, et témoignait au messager plus de déférence qu'à celui qui l'envoyait; il avait refusé la paix qu'implorait l'empereur et accordé les cendres de son ennemi à l'évêque qui les lui demandait.

La guerre entre Maxime et Valentinien ne tarda pas à se déclarer. Au commencement de septembre de l'année 387, Maxime passa secrètement les Alpes et fondit sur la Lombardie dont il s'empara en grande partie. Surpris par ces déplorables nouvelles, Valentinien, alors à Milan, eut à peine le temps de prendre la fuite avant que Maxime eût pris possession de cette ville. Il alla demander asile à Théodose, qui le reçut en père et lui promit de le replacer sur son trône. En effet, l'année suivante vit Maxime vaincu et Théodose ramener fidèlement Valentinien dans ses états.

Saint Ambroise, que la guerre n'avait point chassé de Milan, reçut les deux empereurs. Il trouva Valentinien délivré de la pernicieuse influence de Justine et complétement dirigé par Théodose. Ce dernier n'avait eu avec saint Ambroise que des rapports peu importants dans lesquels leurs opinions s'étaient trouvées en désaccord; aussi l'empereur et l'évêque s'examinaient avec attention. Celui-ci ne savait pas qu'il avait devant lui l'homme qui devait le plus exercer son courage, et celui-là ignorait qu'il venait de rencontrer le futur vainqueur de ses passions et le puissant réformateur de son caractère.

Peu de temps après le retour de Valentinien, saint Ambroise fut obligé par les affaires de son épiscopat de faire un voyage à Aquilée. Ce fut là qu'il apprit que l'évêque de Callinique avait permis ou même conseillé l'incendie d'une synagogue, et que Théodose irrité voulait le contraindre à la rétablir. Il lui écrivit sur-le-champ pour lui représenter que, quels que fussent les torts d'un évêque, celui-ci ne pouvait contribuer au rétablissement d'un culte désormais condamné par Dieu. Il le conjurait de ne point se rendre indigne de la victoire que Dieu lui avait fait remporter sur Maxime, en protégeant les ennemis de la foi. Mais cette lettre fit peu d'impression sur Théodose. Saint Ambroise qui s'en aperçut retourna à la hâte à Milan, et, le premier jour qu'il vit Théodose dans l'église, il monta en chaire et parla d'abord du devoir qui imposait aux pasteurs un langage ferme et sévère, et du pardon des offenses dont nul ne pouvait s'exempter. Il demeura ensuite quelque temps debout, sans parler, puis il ajouta ces paroles : « Mettez-moi en état d'offrir le sacrifice

« pour vous sans rien craindre; rendez à mon es-
« prit la liberté de prier. » Théodose inclina d'abord
la tête en signe de consentement, puis, voyant le
saint toujours immobile, il lui dit qu'il corrige-
rait son rescrit. Mais saint Ambroise répliqua qu'il
fallait non-seulement le corriger, mais le révoquer
et faire cesser absolument la poursuite. Les courtisans qui entouraient l'empereur voulurent faire
remarquer à saint Ambroise l'inconvenance de sa
conduite, en même temps qu'ils ne cessaient de
répéter à Théodose que les auteurs de l'incendie
devaient être punis. « Ce n'est point à vous que
« j'ai affaire, leur dit le saint; mais à l'empereur;
« et quand j'aurai à vous parler, je le ferai d'une
« autre manière. » Enfin il obtint de l'empereur la
promesse qu'il en attendait, et il lui répéta à plusieurs reprises qu'il allait donc offrir le sacrifice
sur sa parole. Théodose lui ayant répondu : « Oui,
« offrez sur ma parole, » saint Ambroise descendit
de la chaire et s'achemina vers l'autel. Lorsqu'il
passa devant l'empereur, celui-ci lui dit qu'il venait de prêcher contre lui, à quoi l'évêque repartit
qu'il n'avait point prêché contre lui, mais pour
lui.

Saint Ambroise, dont nous tenons ce récit,
ajoute que jamais il ne célébra les divins mystères
avec une consolation si parfaite qu'en ce jour. Il
venait en effet de remporter une victoire impor-

tante. Dans le premier essai qu'il avait fait de ses forces contre le maître de l'empire et l'arbitre mortel du sort de l'Église, il avait réussi ; désormais Théodose lui était soumis. Il pouvait avec succès opposer un blâme sévère à ses emportements, une fermeté inébranlable à son obstination. L'espoir de gagner le martyre semblait à la vérité s'éloigner d'Ambroise, mais l'espoir d'exercer sur l'empereur une salutaire influence s'offrait à lui comme pour le dédommager. Il ne négligea point de faire usage de son pouvoir chaque fois que l'occasion s'en présenta, et il parvint à empêcher qu'on n'arrachât aux églises leurs ministres pour les soumettre aux charges et aux impôts publics, de même qu'il s'opposa encore une fois au rétablissement de l'autel de la Victoire. Mais saint Ambroise n'avait encore eu à combattre que les conseils des courtisans et les opinions de l'empereur. Les passions jusque-là indomptables de Théodose se soulevèrent bientôt et semblèrent ne s'être émues que pour déposer aux pieds de saint Ambroise leur violence et leur empire.

Le peuple de Thessalonique s'était révolté pour une cause légère, et avait tué son gouverneur. A peine Théodose en fut-il informé que, cédant au premier transport de sa colère et aux instigations de ses conseillers, il envoya l'ordre de massacrer une partie des habitants de Thessalonique. L'empereur était alors depuis quelques jours absent de Milan, et saint Ambroise ne put prévenir les effets de son courroux. Il ne connut ces ordres sanglants qu'en recevant la nouvelle de leur exécution, et lorsque Théodose lui-même, effrayé et repentant de sa colère, se hâtait d'envoyer un contre-ordre, et demandait à Dieu de permettre qu'il n'arrivât point trop tard. La douleur de saint Ambroise en songeant à tout le sang qu'un empereur chrétien venait de faire couler fut immense. Occupé à cette époque de présider un synode qui se tenait à Milan, il abandonna un moment son autorité aux évêques, ses amis, et se retira tristement à la campagne pour y méditer dans la solitude et s'y consoler avec Dieu. Il connaissait aussi le prochain retour de Théodose, et il craignait de le porter à de nouveaux péchés par sa rigueur, presque autant que de scandaliser ses amis par une trop grande douceur. Cette charitable pensée lui fit éviter sa rencontre tant qu'il ne le jugea pas préparé à la pénitence. Il lui écrivit une lettre dans laquelle, tout en le réprimandant avec tendresse, il lui déclarait qu'il lui serait désormais impossible d'offrir le sacrifice en sa présence. L'ayant ainsi prévenu, il retourna à Milan, disposé à attendre les événements et à ne pas fléchir devant eux.

L'impatient Théodose attribua la lettre de saint Ambroise à une indignation passagère, et, croyant que le temps aurait modifié ses résolutions, il se rendit selon sa coutume à l'église; mais, arrivé devant le vestibule qui y conduisait, il vit venir à lui l'évêque, revêtu de ses habits pontificaux et suivi de son clergé, qui, lui reprochant son crime et son audace, lui interdit l'entrée du temple. Théodose alors voulant s'excuser par l'exemple de David, saint Ambroise lui répondit : « Puisque « vous avez imité sa faute, imitez aussi sa péni-« tence. » Ces paroles touchèrent l'empereur dont l'âme demeura en quelque sorte toujours séparée de ses propres erreurs, puisque les justes réprimandes ne la blessèrent jamais. Loin de paraître humilié des reproches que saint Ambroise venait de lui adresser en présence du peuple, il ne rougit que de son crime, et se félicita de la pénitence à laquelle il allait se soumettre. Tout couvert des insignes royaux, il se prosterna le visage contre terre, se frappant la poitrine, versant des larmes et demandant à grands cris le pardon de sa faute et le moyen de l'expier. Saint Ambroise eût peut-être cédé à ses prières s'il n'eût été animé que du désir d'abaisser la dignité impériale ; mais il voulait que les rois fussent enfin avertis que la justice des sentences n'excusait point leur cruauté, et que le sang des coupables était, comme celui des innocents, réservé à Dieu seul. Si l'on songe au temps où saint Ambroise a vécu et aux hommes auxquels il eut affaire, on entendra avec admiration ses magnifiques accents de miséricorde, et l'on verra avec étonnement l'effet qu'ils ont produit.

Saint Ambroise persista donc dans sa sévérité, et il rejeta Théodose de sa communion pour un temps limité. En même temps le peuple fut invité à fréquenter les églises et à implorer du Seigneur le pardon de son empereur. Pendant que la ville tout entière prenait un aspect de deuil, Théodose, renfermé dans son palais, pliait son esprit altier aux exigences du repentir. Les courtisans ne retrouvaient pas sous cette tristesse habituelle et cette humiliation volontaire, l'infatigable activité, la promptitude de jugement et de résolution, l'inébranlable volonté, le fier orgueil et l'effrayante colère qui faisaient de leur maître un grand empereur. Ils préféraient trembler et obéir plutôt que de voir lentement s'éteindre cet esprit ardent et ces passions fougueuses qui leur épargnaient d'ordinaire l'embarras de la réflexion, et dont le service était si utile à leurs intérêts. Huit mois s'étaient écoulés sans apporter aucun changement à l'état de Théodose, lorsque Rufin l'interrogea sur le sujet de sa profonde affliction, et se vanta de pouvoir obtenir sa grâce de l'évêque. Théodose refusa d'abord d'ajouter foi aux assurances de Rufin. « Je connais, disait-il, l'équité de la sentence « qu'Ambroise a prononcée contre moi. Nulle con-

« sidération pour la majesté impériale ne sera ca-
« pable de lui faire transgresser la loi de Dieu. »
Séduit enfin par les promesses de Rufin, il l'envoya vers Ambroise, et lui-même, impatient de connaître le résultat de leur entrevue, le suivit à peu de distance. Mais à peine Ambroise eut-il appris de Rufin le motif de la visite qu'il fit éclater son mécontentement. Il crut voir dans cette démarche un avertissement indirect de la fatigue que causait à l'empereur sa longue pénitence, et il pensa que les prières seraient bientôt suivies de menaces. Jaloux de montrer qu'on ne pouvait point en appeler des décisions de l'Église à la force, il s'écria : « Est-ce ainsi qu'après un tel car-
« nage, après avoir commis de si furieux excès
« contre l'image de Dieu, loin d'en porter la con-
« fusion, il veut paraître ici sans rougir et sans
« craindre? » Rufin, redoublant ses prières, lui représenta que l'empereur allait venir. « Et moi, dit
« le saint, je vous déclare que je l'empêcherai
« d'entrer dans l'église; et, s'il change son gouver-
« nement en tyrannie, je souffrirai moi-même la
« mort avec joie. » A ces mots, Rufin, désespérant de le vaincre, le quitta pour retourner auprès de l'empereur et l'engager à ne point sortir du palais. Mais il le rencontra sur la place publique, à peu de distance de l'église, et, lui ayant rapporté la réponse de l'évêque : « N'importe, dit Théodose,

« j'irai, et je m'exposerai à la confusion que j'ai
« méritée. »

Soutenu par cette résignation humble et forte, il se rendit, non pas dans l'église qui lui était interdite, mais dans la salle où saint Ambroise recevait tous ceux qui venaient le voir. Il l'y trouva et le pria instamment de le délivrer des liens de l'excommunication. Saint Ambroise lui ayant demandé s'il prétendait porter sa tyrannie et les excès de sa fureur contre Dieu même : « Non, répondit l'empe-
« reur, je ne m'élève point contre les lois qu'on m'a
« imposées; je ne veux point entrer par violence
« dans l'église, mais je vous demande de dénouer
« mes liens. Souvenez-vous de la bonté de notre
« commun maître, et ne me fermez pas la porte
« que ce Dieu de bonté a ouverte à ceux qui font
« pénitence. — Et quelle pénitence extraordinaire
« avez-vous faite après un crime si énorme? répli-
« qua le saint; quels remèdes avez-vous employés
« pour guérir les profondes blessures de votre
« âme? — C'est à vous, repartit l'empereur, à me
« prescrire les remèdes et à les proportionner à
« mes maux, et à moi d'accepter ceux que l'on
« m'appliquera. »

L'Église avait hautement condamné l'effusion du sang. La plus grande puissance mortelle avait subi le jugement de l'Église. Désormais assuré qu'un pareil exemple ne serait pas oublié, saint

Ambroise pouvait pardonner au nom du Christ, et il pardonna. Théodose fut admis dans l'église où il demeura quelque temps prosterné et s'écriant avec David : « Je suis demeuré étendu comme un « mort; rendez-moi la vie, ô mon Dieu, selon vos « promesses! » Il se frappait le front contre le pavé, s'arrachait les cheveux, se déchirait la poitrine, versait des larmes, poussait des cris et n'épargnait enfin aucune de ces démonstrations que nos temps ont proscrites, et qui, moins éloquentes souvent que le silence aux yeux d'un observateur profond, communiquaient pourtant aux cœurs de la multitude une émotion forte et irrésistible.

Il restait encore à Théodose une condition à remplir. Il ne tarda pas à obéir à ce nouveau devoir en donnant une loi en vertu de laquelle les arrêts de mort ou de confiscation ne devaient être publiés désormais que trente jours après avoir été rendus, et, à l'expiration de ce temps, la condamnation devait être remise sous les yeux de celui qui l'aurait prononcée afin qu'il l'examinât une seconde fois avec plus de calme et d'impartialité que la première.

En considérant Ambroise et Théodose, on est frappé de la ressemblance qu'ont entre elles ces deux grandes figures, et de la différence que les habitudes de la vie et de la pensée y ont apportée. L'empereur et l'évêque sont pleins de fermeté et de ce courage plus ardent que réfléchi qui ne se contente pas d'attendre le danger, mais qui éprouve le besoin de l'affronter dès qu'il est connu. Fidèles à leurs amis, esclaves de leurs promesses, plus occupés des affaires que des idées, tous deux ont reçu en naissant une intelligence vigoureuse mais limitée dans son étendue, un bon sens solide et une profonde habileté. Mais Théodose, élevé dans les camps, n'employa pour arriver au poste qu'il occupa plus tard que la force et la politique ; sa jeunesse s'écoula sans étude et sans méditation, et, parvenu à l'empire, l'énergie de son caractère redoublant sans s'appuyer sur un principe, sans subir la contrainte d'une loi, elle obscurcit son jugement et ne servit que ses passions. Saint Ambroise, au contraire, reçut de ses parents plus de fortune et d'honneurs qu'il n'en voulait, et, destiné de bonne heure aux emplois civils, il exerça son esprit à l'étude. Jeté malgré lui dans l'état ecclésiastique, il en embrassa les devoirs avec passion. La lecture des codes sacrés éleva son intelligence et lui donna tout l'essor dont elle était capable. La connaissance de la charité lui inspira une admiration si vive qu'elle put remplacer dans son cœur la tendresse dont il était presque dépourvu. Son caractère ne s'amollit pas, mais il se soumit à une règle; il entra pour ainsi dire au service d'une grande pensée, et il renonça pour elle à son indépendance. Devenu, pour le compte du christianisme, maître de sa propre force, saint Ambroise la retrouvait chaque fois qu'il en avait besoin, et son esprit éclairé, aussi bien que son cœur touché, l'aidaient à en reconnaître les occasions. Lorsqu'il rencontra Théodose, l'homme soumis et l'homme indiscipliné se mesurèrent, mais le combat ne fut pas longtemps indécis. Celui qui commandait aux armées et à l'empire, mais qui ne commandait pas à lui-même, et dont les passions dirigeaient la force, céda à celui qui, désarmé et pacifique, avait perdu son emportement en conservant sa fermeté, qui avait purifié son cœur et développé son intelligence par l'observation des lois divines, et qui avait enfin compris ce qui faisait la plus grande beauté des préceptes chrétiens : la miséricorde. Saint Ambroise parvint même à en faire partager l'admiration au cœur de Théodose. Ce ne fut point, il est vrai, par de lentes démonstrations ou par des émotions successives telles que les reçoit un cœur jeune ou un esprit ouvert, mais au moyen d'une forte secousse qui, parlant à l'imagination, la plus puissante de nos facultés, réveilla dans le cœur endurci de Théodose les sentiments qui s'y tenaient cachés.

Près de deux ans s'étaient écoulés depuis la pénitence de Théodose, qui, désormais tranquille sur le sort de Valentinien, était retourné à Constantinople. Saint Ambroise, rappelé aux intérêts de l'Église, s'était occupé d'obtenir la condamnation des Ithaciens et de Jovinien, en même temps qu'il avait essayé de faire cesser le schisme d'Antioche. Il jouissait de l'amitié de Valentinien, que l'exemple de Théodose avait converti à la foi catholique. Ce jeune prince, entièrement revenu de ses préventions contre Ambroise, se souvenait avec peine des erreurs de son enfance et tâchait de les réparer par sa tendre soumission. Se trouvant en 392 à Vienne en Dauphiné, il souhaitait ardemment la visite du saint, et l'engageait à venir lui donner le baptême, et l'aider à se réconcilier avec Arbogaste. Saint Ambroise, touché de ses prières, se laissa fléchir par elles et partit. Mais, à peine sorti de Milan, il reçut la nouvelle de la mort de Valentinien, assassiné par Arbogaste, et de la soudaine élévation d'un homme obscur nommé Eugène, que la politique d'Arbogaste avait placé sur le trône. La résignation de saint Ambroise venait d'être mise à l'épreuve par la perte qu'il avait faite de son jeune empereur. Il ne tarda pas longtemps à trouver l'occasion d'exercer de nouveau sa prudence. Vers le commencement de l'année 393, Eugène passa des Gaules en Italie. Ambroise avait plusieurs reproches à lui faire : il s'appuyait sur les païens ; il avait usurpé l'empire ; enfin il avait recueilli le sanglant héritage d'un maître dont saint Ambroise était l'ami et presque le protecteur. Ambroise craignit peut-être de se laisser emporter par son propre ressentiment; peut-être aussi voulut-il éviter une lutte dans laquelle son peuple serait compromis. Quels que fussent ses motifs parmi lesquels la crainte n'avait certainement aucune part, saint Ambroise partit pour Florence avant l'arrivée d'Eugène à Milan, laissant à son clergé d'admirables instructions, et à l'usurpateur une lettre où le blâme le plus sévère n'était pas épargné. Tout se passa à Milan comme saint Ambroise l'avait souhaité et prévu. Les offrandes qu'Eugène envoya à l'église furent refusées, et ni Eugène ni Arbogaste ne purent être admis à la communion. Leur colère fut grande, mais, ne trouvant pas le chef sur qui elle aurait pu éclater, elle se répandit en menaces, et n'eut point de sérieux résultats.

Cependant le constant vengeur de ses malheureux collègues, Théodose, quittait l'Orient et venait combattre Eugène. A peine ce dernier fut-il sorti de Milan pour aller à la rencontre de Théodose que saint Ambroise revint dans son diocèse, paraissant ne conserver aucun doute sur le succès du combat et sur la prochaine défaite d'Eugène. Bientôt il reçut, par une lettre de Théodose lui-même, la nouvelle de sa victoire. La joie de saint Ambroise ne fut point sans mélange. Il connaissait la violence de Théodose ; il se souvenait de ses déplorables effets, et il craignait de voir se renouveler les scènes de carnage qui l'avaient jadis si fortement attristé. Il lui écrivit plusieurs lettres dans lesquelles, après l'avoir félicité de son triomphe, il lui recommandait la clémence, et implorait son pardon pour tous les rebelles en général et pour plusieurs en particulier. Mais, redoutant pour Théodose la funeste influence de ses courtisans et de ses passions, il se décida à se rendre lui-même auprès de l'empereur pour la combattre de toutes ses forces. A peine fut-il en présence de Théodose que celui-ci se jeta à ses pieds, et, les baignant de ses larmes, il lui demanda comment il avait pu douter de son obéissance, lui à qui il devait les faibles mérites qu'il s'était acquis devant Dieu. Touché et satisfait, saint Ambroise retourna à Milan où il devança l'empereur pour l'y recevoir. Il lui fit le plus grand accueil, mais, tout en se réjouissant de sa victoire et en le remerciant de sa modération, il lui conseilla de s'abstenir pendant quelque temps des sacrements à cause du sang répandu dans la guerre, voulant ainsi qu'il rendît encore une fois hommage à la mansuétude de l'Église. Saint Ambroise montra en cette occasion la rare sagacité dont il était doué. Trop éloigné des abstractions pour exiger ce qu'il ne pouvait obtenir, il n'eut garde d'interdire les combats au chef de l'empire, à Théodose; mais, tout en admettant ce qui était établi et paraissait indispensable, il fit des réserves au nom du christianisme, et il laissa apercevoir le blâme là où il épargna la condamnation.

Il est un moment dans la vie de chaque homme où les afflictions se succèdent, et où la source des prospérités semble tarie. Saint Ambroise l'éprouva. Il était arrivé à l'époque où sa brillante fortune devait l'abandonner, et s'il conserva quelque bonheur, ce fut celui qu'il avait placé là où rien n'est perdu. La mort de Valentinien l'avait privé d'un ami qui s'appuyait sur lui; la mort de Théodose, arrivée en 395, lui enleva un ami qui lui servait de soutien. La perte de son pupille et de son protecteur ne blessa pas seulement ses affections; elle paralysa ses moyens d'action. Il n'était plus appelé à instruire les empereurs et à se servir de leur puissance. Honorius, qui régnait en Occident, était gouverné par Stilicon; et celui-ci, toujours contraint d'avoir recours à la ruse et à la dissimulation, ne pouvait livrer son âme aux généreux mouvements qui l'eussent peut-être soumise à l'influence de saint Ambroise. Mais la voix qui avait été jusque-là irrésistible ne s'éteignit point tout à coup, et saint Ambroise trouva encore en lui-même l'imposante dignité que Dieu y avait mise. Il en fit un dernier usage pour sauver Cresconius, condamné à combattre les bêtes féroces, et qui, étant parvenu à s'échapper, avait cherché un refuge dans l'église. Saint Ambroise s'y trouvait avec son clergé; il vit ce malheureux qui demandait à Dieu la miséricorde que les hommes lui refusaient, et il s'écarta pour lui laisser un libre passage jusqu'à l'autel. Mais lorsque les gardes qui le poursuivaient arrivèrent et voulurent le saisir, saint Ambroise sentit se réveiller en lui cette courageuse ardeur que la sécurité apaisait et que les années commençaient à éteindre. Suivi par ses prêtres, il se plaça au-devant de l'autel, faisant à Cresconius un rempart de son corps, et repoussant de ses propres mains les soldats en même temps qu'il tentait de les fléchir par ses prières. Le nombre et la violence des soldats triomphèrent pourtant de saint Ambroise et des siens, qui virent arracher Cresconius de l'autel. Saint Ambroise demeura consterné de son impuissance, et, se prosternant dans le sanctuaire, il pleura amèrement. Mais Dieu qui, sans contrevenir aux lois générales, peut faire plier à son gré les événements, et ennoblir les plus petits moyens par la grandeur du but auquel ils concourent, se plut à protéger les désirs de saint Ambroise. A peine les soldats avaient ramené Cresconius dans le cirque, que les bêtes féroces, auxquelles les gardiens, distraits par la fuite du criminel, avaient fait peu d'attention, se déchaînèrent tout à coup, et, se jetant sur les soldats, en tuèrent quelques-uns et mirent les autres en fuite. Stilicon lui-même comprit que Dieu reconnaissait les droits de l'Église et qu'il prétendait les soutenir. Il fit dire à saint Ambroise que Cresconius ne mourrait pas, et il se contenta en effet de l'envoyer en exil.

Saint Ambroise l'avait donc encore emporté; mais c'était plutôt par l'intervention favorable des événements que par sa propre force. Il le sentit, et il s'éloigna de la cour où ceux qui régnaient n'avaient ni assez d'élévation pour le comprendre, ni assez de générosité pour suivre ses directions. Il se livra entièrement aux occupations chrétiennes que lui imposait son état. La paix des églises, la conduite régulière de son clergé, l'édification du peuple et la réforme des abus, devinrent le seul but où tendaient ses efforts. Sa réputation s'étendit au-delà du monde chrétien, et l'on raconte qu'une reine de l'Orient, convertie à la foi nouvelle sur le simple récit des vertus de saint Ambroise, quitta son pays pour venir à Milan le féliciter de ce qu'il avait servi à toucher son cœur.

Saint Ambroise n'était encore âgé que de cinquante-sept ans; mais sa carrière était terminée. Il avait élevé l'épiscopat jusqu'auprès et quelquefois au-dessus du pouvoir impérial. Il avait contribué à établir la supériorité de l'église d'Occident sur celle d'Orient, et la prééminence des habitudes positives de l'une sur l'esprit spéculatif de l'autre. Il avait soutenu de longs et de pénibles combats, et il pouvait se retirer; car les vies orageuses sont courtes lorsqu'elles ne cessent pas d'être remplies. Le temps où un homme peut exercer toute son influence est resserré dans d'étroites limites, et saint Ambroise n'était ni assez jeune pour recommencer de nouvelles luttes, ni assez épris des choses de l'intelligence pour se livrer sans partage à l'étude et à la méditation.. Théodose était mort depuis deux ans lorsque saint Ambroise tomba malade. La ville de Milan et toute l'Italie s'en émurent; Stilicon sembla un moment atterré. Les évêques des pays voisins s'inquiétèrent, et les grands saints répandus sur la terre demeurèrent accablés de tristesse. La maladie du saint fut longue, et il la jugea mortelle; mais il n'en parla point, et il évita de prononcer des paroles qui pouvaient affliger ses amis. Le jour de sa mort il demeura les bras étendus en croix, depuis cinq heures du soir jusqu'au moment où il rendit l'esprit, priant Dieu, selon que le mouvement de ses lèvres l'indiquait, et sans mettre personne dans la confidence de ce dernier et suprême entretien. Il mourut dans la nuit du vendredi saint, ou du 3 au 4 avril de l'année 397.

En retraçant les principaux événements de cette

vie si agitée, nous avons peut-être paru négliger de considérer saint Ambroise sous le point de vue philosophique et littéraire. Cela n'est pas arrivé par oubli. Mais nous avons voulu ne pas interrompre le récit de si admirables aventures pour apprécier des ouvrages qui nous ont moins touché. Les livres de la foi et des mystères, les offices et les lettres de saint Ambroise nous montrent un cœur honnête et un esprit cultivé que le bon sens a soumis. Ses arguments, souvent répétés, témoignent de la force de ses convictions bien plus que de la richesse de son intelligence. Son abondance, que plus de chaleur changerait en éloquence, manque également de mesure et de mouvement. Il arrête ses emportements au lieu de les modérer, et la gêne qu'il s'impose paraît dans ses paroles. Il a acquis le premier degré de commandement sur lui-même nécessaire à l'orateur, mais il n'est pas allé au-delà; il peut imposer silence à ses passions, il ne sait pas s'en servir. Rien dans ses ouvrages ne vient révéler le génie du philosophe chrétien. Comprenant mal les systèmes hardis des pères orientaux, il préfère la méthode littérale des commentateurs d'Occident et il l'adopte. Mais, son esprit manquant de finesse, les explications qu'il donne des Écritures manquent d'originalité.

Le caractère profond et sérieux de saint Ambroise fit sa grandeur, et le porta à se considérer comme le supérieur des maîtres du monde, et son esprit naturellement juste lui fit comprendre la beauté du sentiment chrétien. Ainsi entraîné par son caractère à établir la puissance spirituelle au-dessus de la puissance temporelle, et par son esprit à embrasser la charité, représentant actif et défenseur d'une grande révolution et d'un sublime perfectionnement, il remplit avec constance et sans hésiter sa double mission. Disons pourtant qu'il comprit mieux qu'il ne sentit le double mérite de la miséricorde, et que, dans son admirable économie du sang humain, il y avait plus de respect pour l'image de Dieu que de tendresse pour ses semblables. Il se servait souvent, en parlant des hommes, de cette belle expression : *l'image de Dieu*, et l'on voit qu'en prononçant ces paroles, il était saisi de vénération. Lui demanderons-nous s'il faisait allusion au corps revêtu par Jésus-Christ; ou bien, si, éclairé par un rayon supérieur, il pensait à ce caractère mystérieux et ineffaçable qui nous distingue du reste de la création; à cet effort continuel par lequel nous essayons de tout connaître, jusqu'à la force même qui opère cet examen; à ce désir si vif qu'il paraît créé par un souvenir d'un état différent et meilleur; à ces élans d'adoration et de foi qui nous saisissent malgré nous; à cette immortalité de nos bons sentiments et de nos pensées élevées, grâce à laquelle ni une éducation pernicieuse, ni des habitudes grossières, ni des principes pervers ne peuvent nous condamner irrévocablement au mal ? Ne recherchons pas quelle était la pensée intime de saint Ambroise, et espérons qu'elle était aussi profonde que les actions qu'elle inspira furent magnifiques.

CHAPITRE III.

SAINT JÉROME.
Vᵉ SIÈCLE APRÈS NOTRE SEIGNEUR JÉSUS-CHRIST.

A mesure qu'en s'éloignant de son berceau, le christianisme acquiert la puissance et les richesses du monde, on le voit perdre en partie son caractère divin et tomber dans l'humanité. C'est un bien triste spectacle que celui de ces hommes appelés encore saints seulement parce qu'ils succèdent à des saints, qui ne renoncent qu'au bonheur, et qui se livrent sans scrupule aux passions haineuses parce qu'elles ne leur apportent aucune joie. Ils se quittent lorsqu'ils s'aiment et se cherchent lorsque la haine a remplacé l'amitié. L'on trouve encore et toujours dans l'histoire du christianisme des persécuteurs et des persécutés; mais les premiers se disent chrétiens et les seconds ne pardonnent pas. Ils se vengent, tantôt par des violences brutales, tantôt par d'adroites calomnies.

Tous recherchent la faveur dont ils ont besoin pour se défendre ou pour attaquer. Quelques évêques font fléchir leur colère ou leur devoir devant les richesses promises. D'autres nourrissent pendant de longues années d'odieux projets contre leurs adversaires. De savants rhéteurs s'acharnent sur les écrits nouveaux, espérant y découvrir quelque parole obscure qu'ils convertiront en hérésie, et contre laquelle ils feront éclater leur éloquente colère. Les dogmes chrétiens deviennent chaque jour plus précis, mais le sentiment chrétien dont Jésus a fait la principale condition du salut des hommes se perd et s'oublie. Aussi, ne trouvant plus les touchants modèles dont la beauté savait rendre humbles et heureux, ayant au contraire à décrire des passions vulgaires et de basses intrigues, éprouve-t-on une fatigante tristesse et le désir de passer sous silence comment les hommes ont abusé de l'œuvre de Dieu.

Saint Jérôme naquit en 342, à Stridon, sur les confins de la Dalmatie et de la Pannonie. Ses parents étaient riches et chrétiens ; mais leur vertu trop obscure ne nous a pas conservé leur nom. Ils l'envoyèrent de bonne heure à Rome pour qu'il y étudiât les lettres et les sciences, qu'on ne pouvait pas apprendre dans la Dalmatie encore barbare. Arrivé à Rome, saint Jérôme y déploya toute l'ardeur et l'activité d'un esprit remuant et d'une constitution vigoureuse. Il suivit les leçons des grammairiens, des rhéteurs et des philosophes. Il amassa avec soin une riche bibliothèque. Il passait souvent des journées entières écoutant au barreau les avocats célèbres, et les dimanches étaient toujours consacrés par lui et par ses jeunes compagnons à la visite des tombeaux des martyrs. Tant d'occupations et d'études ne suffirent pas à le préserver des passions de son âge. Il s'y livra souvent avec entraînement. Tour à tour emporté et repentant, il n'avait pas encore choisi entre les privations et les joies; et sa jeunesse dirigeait ses passions fougueuses vers la tendresse et l'amour. Mais bientôt fatigué de ses études et de ses plaisirs, il quitta Rome, parcourut les Gaules et s'arrêta sur les bords du Rhin. Quelle fut la voix qui lui parla alors? Venait-elle de Dieu? Forte et irrésistible, voulait-elle l'arracher aux agitations humaines pour le préparer de bonne heure à une félicité que rien ici bas n'altère ni n'augmente? ou bien organe trompeur d'une fantaisie passagère, n'exprimait-elle qu'un besoin d'émotions et de changement, qu'un dégoût suivi d'une autre sorte de curiosité, qu'un désir de s'avancer dans la plus grande carrière ouverte alors à l'intelligence ou à l'action? Que sa vie nous réponde.

A peine âgé de vingt-quatre ans, saint Jérôme quitta précipitamment les bords du Rhin pour retourner à Rome, y recevoir le baptême, et y dire un éternel adieu à ses biens, à ses amis, à ses plaisirs. Il se rendit ensuite à Aquilée, où il vécut jusqu'en 373 enfermé dans un couvent, étudiant les auteurs sacrés et jouissant de la société de Rufin, de saint Chromace, du diacre Eusèbe, d'Héliodore, de Borrose, de Florent et de beaucoup d'autres encore, hommes doux et savants, dont la présence, l'influence et l'exemple ne permit pas à saint Jérôme d'écouter si tôt la voix de ses passions orgueilleuses. Mais ce repos salutaire fut bientôt troublé. Saint Jérôme se plaint dans ses lettres qu'un tourbillon imprévu l'arracha d'auprès de Rufin, et qu'une tempête malheureuse et criminelle le sépara de celui avec qui la charité l'avait uni si étroitement. L'on ignore d'où venait et quel fut cet orage auquel saint Jérôme ne put résister. Triste et irrité, il quitta ses amis d'Aquilée, traversa la Dalmatie où, ayant trouvé sa sœur tombée dans quelque faute grave, il la réprimanda et obtint sa conversion de son repentir. Puis, poursuivant sa route en compagnie d'Héliodore, d'Innocent, d'Hylas et d'Évagre, le cœur déchiré de regrets que le souvenir récent de sa famille lui causait, et que la tendresse ne venait pas adoucir, il arriva à Antioche. Le désir de posséder avec certitude le sens des Écritures le retint quelque temps dans cette ville. Il y commenta Abdias, écrivit à saint Théodose pour lui demander ses puissantes prières, et se livra avec une admirable ardeur à l'étude des codes sacrés. Un an lui suffit pour se mettre en état de vivre et d'apprendre seul. Il se retira aussitôt dans le désert de Chalcis, en Syrie, impatient de commencer une vie de privations et de pénitence. Il y était seul, et se livrait sans contrainte à des tourments excessifs. Pendant des nuits sans sommeil, il se reprochait amèrement son amour pour ses proches, et les mouvements de sa jeunesse qui ajoutaient à l'horreur de sa solitude. Chaque regret et chaque désir lui coûtaient d'affreux remords. Il pleurait sans cesse, se couchait sur la terre, se couvrait de cendre et de poussière, mangeait à peine quelques racines tous les trois ou quatre jours, ne buvait qu'un peu d'eau, ne se lavait jamais, et, mécontent de sentir ses souffrances, il se reprochait de ne pas savoir les convertir en délices. L'isolement exaltait son imagination, fatiguait son énergie et désolait son cœur. Souvent interrompait-il ses études, seul délassement qu'il se permît encore, pour écrire à Héliodore, lui reprochant son départ; à Évagre et à Rufin, les engageant à visiter le désert. Évagre, Innocent, Hylas, y venaient quelquefois apporter à saint Jérôme les bruits du monde, et éveillaient en lui de violents transports qu'il punissait ensuite, mais sans essayer de les réprimer. Les alarmes et les macérations qui se partageaient la vie de saint Jérôme l'abattirent. Il était pâle, maigre et si faible, qu'à peine pouvait-il parler. Une fièvre ardente le saisit et sembla le mener rapidement à la mort. Déjà quelques solitaires accourus auprès de lui pleuraient la perte qu'ils croyaient en avoir faite, lorsque, sortant d'un sommeil léthargique où il était resté plongé, saint Jérôme leur raconta comment il avait appris la cause de sa maladie, et comment il avait promis de s'en abstenir. Il s'était vu, disait-il, transporté devant un tribunal éclatant de lumière pour y subir son jugement. Le juge lui ayant demandé ce qu'il était, et saint Jérôme ayant répondu : chrétien. Vous mentez, avait interrompu ce juge; vous êtes cicéronien, car votre cœur est où se trouve votre trésor. Alors saint Jérôme, rudement frappé de verges, n'obtint son pardon qu'après avoir promis de renoncer à la lecture des auteurs profanes. Plus tranquille sur ses devoirs et sur ses fautes, saint Jérôme se rétablit. Désormais uniquement occupé des livres sacrés, il devint le plus savant des docteurs chrétiens, et bien du temps s'écoula avant que, l'impression de son terrible rêve s'étant affaiblie, il osât porter un regard fugitif sur les écrits de l'antiquité.

En paix avec lui-même, saint Jérôme tourna l'inquiétude de son esprit et de son caractère contre les autres. Il trouva l'Orient encore troublé par les Ariens, et il parvint à ranimer pour un moment des querelles déjà presque éteintes.

Melèce, Vital et Paulin, se partageaient le peuple et se disputaient le siége d'Antioche. Saint Jérôme déclara n'en reconnaître aucun; mais, se souvenant avec colère de la faiblesse autrefois montrée par Melèce, il condamna celui-ci de préférence à l'arien Vital.

Malgré l'arrêt dicté par la prudence de saint Athanase au grand concile d'Alexandrie en 362, les Grecs et les Latins disputaient encore sur le terme d'*hypostase*. Les premiers, prenant ce mot comme signifiant *personne*, l'admettaient dans leur définition de la Trinité; les seconds le rejetaient comme synonyme de substance. Saint Jérôme, né en Dalmatie, élevé à Rome et fortement attaché aux priviléges de son église, partageait naturellement le sentiment des Latins. Il le déclara hautement et avec si peu de mesure, qu'il fut bientôt soupçonné de sabellianisme. Excité par la défiance qu'on lui témoignait, il éleva davantage la voix, se plaignit de tous ses adversaires et s'attira mille maux et mille périls. Il écrivit deux lettres au pape Damase qui ne répondit qu'à la dernière. Il essaya de se justifier auprès de certaines vierges qui lui avaient refusé leur communion. Il résista quelque temps à ses amis qui le conjuraient de quitter le désert où sa vie n'était plus en sûreté. Il répugnait en vain à rentrer dans le monde où son esprit venait de le devancer. Ses regrets en renonçant à la solitude étaient sincères, mais superflus, car ni l'isolement, ni l'abstinence, ni les macérations, ni la continence, ne peuvent apporter la paix de Dieu à une âme occupée de la terre.

En 378, saint Jérôme s'éloigna de sa retraite, comme déjà il était sorti du monastère d'Aquilée. Il se rendit à Antioche où, suivant les instructions du pape Damase, il s'unit à l'évêque Paulin qui ne tarda guère à l'ordonner prêtre tout en lui permettant de garder l'habit et le caractère monastique, et de conserver la liberté de sa retraite. De là il se transporta à Constantinople et s'y lia avec saint Grégoire de Naziance. Vers 380, il traduisit la chronique d'Eusèbe et la continua jusqu'à l'année 378. Enfin, en 382, il partit pour Rome afin d'assister au grand concile qui s'y tint vers la fin de cette année, et dans lequel, remplissant les fonctions de secrétaire de Damase, il rédigea la profession de foi qui y fut adoptée. Pendant les trois années qui s'écoulèrent ensuite, saint Jérôme fut constamment pressé par Damase d'enrichir de ses travaux l'église latine. Il revit et corrigea les nombreuses et imparfaites traductions des évangiles. Il en assura l'autorité en y introduisant l'unité, car jusque-là rien n'avait été moins précis que ces doctrines et ces faits sacrés, exposés si diversement par chaque traducteur et chaque copiste. Après avoir donné à l'église latine une traduction définitive des quatre évangélistes, saint Jérôme fit le même travail sur les psaumes en corrigeant toutes les traductions jusque-là connues d'après le texte grec des septante.

La reconnaissance et l'estime du pape Damase n'étaient pas les seules douceurs qui attachaient saint Jérôme à la ville de Rome. Jamais en aucun temps l'on ne vit un plus admirable assemblage de grandeur, d'élévation, d'esprit, de science, de dévouement, de grâce, que dans les nobles amies qui entouraient saint Jérôme de leurs soins affectueux et de leurs respects. Sainte Marcelle, dans le vaste palais de laquelle saint Jérôme habitait, descendait d'une famille illustre et possédait de grandes richesses. Demeurée veuve et sans enfants après sept mois de mariage, elle refusa constamment de prendre un nouvel époux, et se consacra entièrement à sa vieille mère et à Dieu. Elle eût voulu donner toutes ses richesses aux pauvres; mais, soumise autant que généreuse, elle les prodiguait à ses parents pour ne pas affliger sa mère. Elle vivait dans le monde comme elle eût vécu dans un monastère. Ses vêtements simples et grossiers, sa société toute composée de vierges, de veuves et d'ecclésiastiques, sa table frugale, ses études, son savoir, la fermeté de son esprit, le calme de ses manières, et plus que tout cela encore sa persévérance dans la vertu, lui méritèrent de figurer à côté des docteurs de l'Église. Rien, dans la jeunesse de cette grande dame romaine, ne vient nous révéler un combat ni un regret. Si elle eut à combattre ou à regretter, elle souffrit et triompha sans s'enorgueillir ni se plaindre. Elle n'interrompit jamais ses soins pieux et ses études journalières. Aussi dans ses entretiens comme dans sa correspondance avec saint Jérôme, ne lui parlait-elle que du sens des Écritures et des discussions qui s'établissaient alors sur le dogme, sans lui demander ni des conseils sur sa conduite particulière, ni des consolations à ses malheurs. Sa personne était hors de question. Lorsque saint Jérôme fut retourné en Orient, sainte Marcelle, affligée peut-être de ce départ, prit auprès d'elle la jeune vierge Principie, l'éleva comme sa fille, ne la quitta qu'en mourant et l'aima avec une grande tendresse. Elle continua d'écrire à saint Jérôme, qui professait pour elle le plus profond respect. Elle se livra de plus en plus à l'étude des doctrines chrétiennes, et elle se joignit plus tard à lui pour combattre les doctrines des Origénistes.

Mais à côté de cette femme si forte qu'elle nous paraît heureuse et de ses sacrifices si complets qu'ils nous semblent faciles, nous apercevons une autre femme que nous aimons davantage, seulement peut-être parce que nous la connaissons mieux et que nous la voyons accepter ses douleurs et ne pas les surmonter, soumettre ses tendresses et ne pas les détruire. Issue des plus anciens rois de la Grèce, des Scipions et des Gracques, Paule épousa de bonne heure le patricien Toxoce, descendant des Jules. Sa fécondité témoigna des bénédictions célestes, car elle se vit en peu d'années mère de quatre filles et d'un fils. Déjà chrétienne vertueuse et bonne, aimée des siens, bénie des pauvres et honorée par les étrangers, possédant des villes, des terres et des palais, soutenant une immense clientèle, voyant croître autour d'elle sa jeune et gracieuse famille, heureuse de devoir à son mari tout l'amour qu'il lui inspirait, sainte Paule jouit d'une félicité parfaite jusqu'à l'âge de trente-trois ans. Elle eût ainsi traversé la vie sans connaître ni les atteintes du désespoir ni les ravissements de la résignation, sans la mort de son mari qui arriva l'an 380. Son excessive douleur mit sa vie en danger; mais Dieu, ses enfants et le temps adoucirent ses regrets. Elle voulut dès lors essayer de faire servir ses larmes intarissables au salut de ceux qu'elle chérissait si ardemment, et elle se consacra sans hésiter au service du Seigneur. Après avoir abandonné à ses enfants ce qui devait leur revenir de sa fortune, elle se retira dans un couvent, et en ressortit peu de temps après simplement et grossièrement vêtue, grave et réservée. Entourée de ses enfants qu'elle aimait avec passion, elle voyait se développer en eux, sous des aspects divers, les sentiments qui remplissaient son propre cœur. Déjà Eustoquie, pleine de force, de calme et d'intelligence, s'était vouée à la virginité, lorsque Blesille, l'aînée des quatre sœurs, accepta l'époux qui lui était offert, et qu'elle aimait. Aussi heureuse que sa sœur, mais moins assurée de son bonheur, l'imprévoyante Blesille tomba dans le découragement à la mort imprévue de son mari.

Les gracieuses instances et l'éclatante renommée de sainte Paule avaient attiré autour d'elle saint Paulin d'Antioche, saint Epiphane et saint Jérôme, venus tous trois à Rome pour les affaires du concile. Les deux premiers demeuraient dans son palais, et saint Jérôme, établi chez Marcelle, se rendait souvent auprès de sainte Paule pour l'instruire et l'admirer. Il fut témoin de la mortelle douleur de Blesille, et, s'obstinant à appliquer les mêmes remèdes à des natures différentes, il exigea de ce cœur languissant les sacrifices qui avaient retrempé l'âme ardente et énergique de sainte Paule. Loin de lui permettre de songer à de secondes noces, il voulut qu'elle se réjouît de son veuvage, et qu'elle l'acceptât en expiation de son bonheur. La triste et faible Blesille céda. Elle quitta ses habits de soie et ses commodes ameublements, ses habitudes et ses amies, pour se vouer à la plus rude pénitence. Le jeûne, la prière et les larmes se partageaient ses jours sans joie et ses nuits sans sommeil. La lecture et l'étude ne l'occupaient pas. Sans cesse appliquée à arracher de son cœur des images chéries, elle s'y attachait de plus en plus. Poursuivie par ses regrets autant que par son repentir, elle s'écriait souvent: « Hélas! « j'ai échangé ma virginité contre un bonheur trop « court, et me voilà maintenant dépouillée de mes « deux couronnes. » Puis considérant la sainte sérénité de sa sœur Eustoquie, elle disait encore : « Ma sœur ignore la grandeur de son sacrifice; « tandis que je mesure le mien. » De semblables pensées rendaient ses privations plus pénibles et moins salutaires. En vain augmentait-elle la rigueur de sa pénitence; en vain son corps amaigri succombait-il à ses austérités, son faible courage était toujours abattu, car elle était de ces femmes à qui il faut un intermédiaire aimé pour s'élever jusqu'à Dieu. Sa santé déjà altérée se détruisit rapidement, et peu de mois après son veuvage elle s'éteignit doucement et presque sans souffrance, regrettant toujours les biens et les mérites qu'elle avait perdus.

Mais qui saurait rendre le désespoir de sainte

Paule à cette douleur nouvelle et la plus grande de toutes ? Elle avait assisté avec calme aux combats de Blesille, se souvenant d'en avoir livré de semblables, et de ne pas avoir succombé. Elle attendait pour sa fille l'heure de la victoire lorsqu'elle apprit sa mort. Ni sa force ni sa résignation ne purent modérer l'excès de sa peine. La dépouille de Blesille était déjà dans l'église où l'on priait pour elle, lorsque, les portes s'ouvrant avec fracas, l'on vit sainte Paule, échevelée et toute en larmes, se jeter en criant sur le corps de sa fille et y demeurer évanouie. On la rapporta sans connaissance jusque chez elle où, revenant à la vie plus qu'à la raison, elle fut longtemps en proie à un délire affreux, demandant sa fille aux hommes et à Dieu, refusant toute consolation, et comprenant à peine toute l'étendue de sa perte.

Pendant ce temps Rome, déjà irritée contre saint Jérôme à qui elle attribuait la pénitence et la mort de Blesille, lut avec indignation une lettre de ce saint dans laquelle il exposait à Eustoquie les devoirs d'une vierge. Comme tous les écrits de saint Jérôme, cette lettre manquait de mesure et de convenance. Il s'y livrait, sur l'habillement, la conduite et les moindres démarches d'une vierge, à des détails qui blessaient la pudeur. Une description minutieuse des dérèglements de quelques vierges et de quelques moines, semblait faite autant pour initier au vice que pour le rendre odieux. Voilà, disait-on de toutes parts, voilà cet homme qui sous prétexte de dresser de jeunes filles au service de Dieu, s'introduit dans les maisons, gagne par toutes sortes de moyens la confiance des femmes, s'établit dans leur intimité et leur fait connaître d'impures actions, qu'elles rachètent ensuite par l'abandon de leur fortune et des tourments qui les font mourir.

Montrés au doigt dans les rues et sur les places publiques, poursuivis par d'insultantes clameurs, surveillés par la plus active malveillance, saint Jérôme et ses moines, en butte à d'odieuses calomnies, osaient à peine quitter leurs demeures. Forcé d'abandonner Rome, saint Jérôme se rendit auprès de sainte Paule, et, lui reprochant son amour excessif pour ses proches, qui lui rendait la perte de chacun d'eux insupportable, il lui exposa les dangers qui l'environnaient et auxquels, oubliant leur sainte amitié, elle paraissait insensible. A ces paroles, sainte Paule, comme sortant d'un rêve, s'humilia profondément. Quoi! c'était elle, l'élève et l'amie de saint Jérôme, qui avait attiré sur lui de semblables soupçons et de telles colères! Elle avait donné à Rome l'exemple d'une aveugle douleur; son long et triste veuvage ne lui avait donc pas encore enseigné la soumission?

Mais avec la connaissance de ses torts, le désir,

le besoin de les effacer entraient dans l'âme de sainte Paule. Elle voulut souffrir dans ses affections les plus sincères, pour se punir d'avoir si mal supporté la souffrance, et elle se décida à ne plus quitter celui qui avait peut être-causé la mort de sa chère Blesille. Saint Jérôme la devança à Jérusalem; et peu de temps après, laissant Pauline, sa seconde fille, à son époux Pammaque, son fils encore enfant, et la jeune et désolée Rufine à ses parents, sainte Paule, ne gardant auprès d'elle que la seule Eustoquie, et renfermant dans son cœur déchiré son désespoir et sa tendresse, se sépara pour toujours de sa famille adorée et s'embarqua pour l'Orient. Elle eut bientôt rejoint saint Jérôme, et, après avoir parcouru avec lui l'Égypte et la Palestine, elle revint s'établir à Bethléem, vers l'an 385. Elle y fonda un couvent non loin du monastère de saint Jérôme, où elle passa le reste de sa vie, s'avançant de plus en plus dans l'intelligence des Écritures, partageant les travaux et les opinions de saint Jérôme, et supportant désormais en silence les nouveaux malheurs de sa famille et la perte successive de tous ceux de ses enfants dont elle s'était séparée.

Les douces et tendres pensées qui remplissaient l'âme de sainte Paule étaient inconnues à saint Jérôme. Chassé du troisième asile qu'il s'était choisi, il se retira à Bethléem, déterminé à s'y défendre contre les ennemis qui viendraient l'y chercher, ou que plutôt il s'y attirerait. Pour apaiser ce qu'il appelait la colère de Dieu, il eut recours aux moyens bornés du jeûne et des austérités. Pauvrement vêtu et se nourrissant à peine, il ne possédait rien que ce qu'il acceptait de la généreuse amitié de sainte Paule. L'étude occupait tous ses moments. Il avait d'abord recherché le sens des Écritures dans les commentateurs grecs et latins, et surtout dans Origène. Ayant traduit plusieurs ouvrages de cet auteur, il fut d'abord ébloui par l'élévation et la profondeur de ses vues; mais, après avoir acquis la connaissance de l'hébreu et avoir étudié par lui-même les livres inspirés, il revint sur son premier jugement, et, s'abandonnant à sa nature positive qui repoussait les explications allégoriques, il condamna presque toutes les opinions d'Origène. Il commenta saint Paul et la Genèse, et écrivit la vie de saint Hilarion et de quelques autres saints. En 390, il traduisit l'Écriture sainte d'après l'hébreu, et, en 392, il écrivit des commentaires sur les prophètes, fit son livre sur les hommes illustres, et réfuta Jovinien qui, sous prétexte de préconiser les secondes noces, permettait à ses disciples le luxe dans les habillements et le relâchement dans les mœurs. Pour combattre Jovinien, saint Jérôme se jeta dans l'excès contraire, et, non content de condamner les secondes noces, il traita les premières avec tant de mépris, en les comparant à l'état de virginité, que Rome entière se souleva contre lui et se félicita de l'avoir expulsé de ses murs. Les années qui s'écoulèrent depuis l'établissement de saint Jérôme à Bethléem jusqu'en 394 furent peut-être les plus heureuses de sa vie. Il eut bien à la vérité quelques jours d'emportement et d'inquiétude dans lesquels il attaqua des moines respectés, tels que Exupérance, Pierre et Siméon, et cela même jusqu'à les contraindre de quitter Bethléem. Mais, quels qu'aient été les torts de saint Jérôme dans cette querelle, les services qu'il rendit dans ce temps peuvent les effacer.

En effet, saint Jérôme avait presque réussi, sans peut-être s'en rendre compte, à calmer ses passions en fatiguant son activité. L'étude et la pénitence lui laissant de nombreux loisirs, il les remplissait en instruisant des enfants. Entouré et secouru par sainte Paule, par Eustoquie et par Rufin qui habitait Jérusalem, il bâtit un monastère et un hospice pour les voyageurs. Sainte Paule elle-même fonda quatre couvents, et Bethléem devint ainsi une ville monastique où se réunissaient de toutes parts les pèlerins, les vierges, les veuves et les solitaires. Les travaux considérables et nouveaux de saint Jérôme lui acquirent une immense réputation. Premier docteur de l'église latine, il l'avait enrichie des traductions qui lui manquaient, et débarrassée de celles qui lui rendaient difficile l'appréciation de la vérité. Fidèle représentant de l'esprit latin, il porta des jugements que l'Occident ratifia, et déjà, à l'époque où nous le voyons parvenu, il correspondait avec l'Italie, l'Afrique et l'Espagne, qui lui soumettaient, comme à un juge suprême, leurs doutes et leurs opinions. Sainte Alype s'était rendue à Bethléem pour apprendre à le connaître et pour lui apporter les témoignages d'affectueux respect que lui offrait saint Augustin. Enfin, partout où il n'avait pas été, on l'honorait et on l'aimait.

Cette paix était pourtant étrangère à l'âme de saint Jérôme. Aussi allons-nous la voir troublée et détruite par l'arrivée de saint Épiphane à Jérusalem.

Depuis longtemps saint Épiphane, esprit borné et remuant, caractère irritable et cœur honnête, s'indignait contre les interprétations hardies et philosophiques données par Origène aux paroles de l'Écriture. Se refusant absolument, et par l'impuissance même de sa nature, à toute pensée métaphysique, il condamnait les opinions de ceux qui croyaient à l'existence éternelle des âmes et à leur union passagère avec les corps. Les partisans de cette doctrine reprochaient à saint Épiphane de donner un corps à Dieu même, et la diction véhémente et confuse de ce père pouvait se prêter à une pareille accusation.

Persuadé que Jean, évêque de Jérusalem, et que plusieurs moines de la Palestine suivaient les erreurs d'Origène, saint Épiphane, évêque de Chypre, vint en 394 à Jérusalem. Il alla loger chez l'évêque, y rencontra Rufin, et ne laissa rien paraître de ses pensées ni de ses projets. Mais, s'étant rendu à l'église avec l'évêque et son clergé, et se voyant pressé par le peuple de lui adresser quelques paroles, il monta en chaire et parla fortement contre Origène et ses partisans. Jean ne laissa pas encore éclater son ressentiment. Quelques jours après pourtant, la même scène s'étant renouvelée, et saint Épiphane ayant paru le désigner particulièrement comme Origéniste et comme hérétique, l'évêque, prenant la parole à son tour, se déchaîna contre les anthropomorphites, désignant clairement par ce nom saint Épiphane lui-même. La dispute continua ainsi plusieurs jours, jusqu'à ce que ce père, indigné et mécontent, sortit la nuit de Jérusalem, et se transporta au monastère d'Éleuthérople où il s'établit pour combattre Jean. Il écrivit à saint Jérôme et à tous les moines de ne pas communiquer avec lui à moins qu'il ne donnât satisfaction sur sa foi. Les moines se rangèrent aussitôt du côté de saint Épiphane, et se séparèrent de leur évêque. Le clergé de Bethléem se partagea. Les églises et les monastères manquaient souvent de prêtres, et le peuple s'en plaignait. Ce fut, dit-on, pour remédier à cet inconvénient que saint Épiphane prit et ordonna prêtre, malgré sa résistance, Paulinien, frère de saint Jérôme, qui s'était rendu pour affaire au couvent d'Eleuthérople. Jean se plaignit de cette violation des canons ecclésiastiques qui défendait à un évêque d'ordonner un prêtre hors de son diocèse. Il en fit d'abord des reproches à saint Epiphane, qui répliqua avec aigreur, et finit par interdire aux prêtres de Bethléem d'administrer le baptême aux catéchumènes du monastère de saint Jérôme, et d'admettre dans l'église tous ceux qui reconnaîtraient l'ordination de Paulinien.

De tristes soins vinrent distraire saint Jérôme de ses désastreuses querelles; sainte Paule tomba gravement malade et demeura longtemps en danger. Ses austérités, ses fatigues et peut-être ses peines si rigoureusement cachées en furent la cause. Les médecins lui ayant ordonné de boire un peu de vin, elle s'y refusa constamment; de sorte que saint Jérôme, désespérant de la convaincre et de la conserver, appela saint Epiphane à son aide. Ce père se rendit auprès de sainte Paule. Aux premières paroles qu'il prononça, sainte Paule se tourna en souriant vers saint Jérôme, et lui dit qu'elle savait bien d'où lui venaient ces discours. Saint Jérôme s'éloigna alors et la laissa seule avec saint Epiphane. Il attendait près de la porte le résultat de cet entretien pour lui si important, lorsque saint Epiphane sortant de la chambre répondit à ses questions empressées : « J'ai si bien réussi en ce que je lui ai dit, qu'elle « a presque persuadé à un homme de mon âge de « ne point boire de vin. »

Malgré l'obstination de son zèle, sainte Paule se rétablit, et saint Jérôme retomba aussitôt dans la vie qui convenait à son caractère agité et impérieux. Dix-huit mois s'étaient déjà écoulés depuis qu'à l'occasion de sa querelle avec Jean, saint Epiphane lui avait adressé une lettre contre Origène et contre Pallade. Pour complaire à un moine, nommé Eusèbe, qui ne savait pas le grec, saint Jérôme en fit à la hâte une traduction latine qui ne devait servir qu'à lui seul. Mais, soit par la faute d'Eusèbe, soit par celle de quelque ami maladroit de saint Jérôme, ou par celle d'un habile ennemi, cette traduction inexate fut tout à coup publiée. Saint Jérôme s'écria que cet ouvrage lui avait été enlevé pour le faire témoigner contre lui, et ne manqua pas d'accuser de ce vol Mélaine et Rufin, demeurés fidèles à Jean et surtout à Origène. Rufin de son côté et les adversaires de saint Jérôme montrèrent plusieurs passages de la lettre de saint Epiphane falsifiés dans la traduction de saint Jérôme ; ils y remarquèrent particulièrement les noms mêmes de Rufin et de Jean qui n'étaient pas dans l'original, et que saint Jérôme y avait introduits en les attaquant directement ; enfin, en prétendant que la publication de cette lettre s'était faite du consentement de saint Jérôme, ils lui enlevaient tout moyen de justification.

Saint Jérôme fit grand bruit de cette affaire ; il en écrivit à tous ses amis et principalement au romain Pammaque, gendre de sainte Paule. Mais le monde chrétien demeura divisé dans le jugement de ce procès honteux, et aucune des parties ne fut entièrement disculpée par la condamnation de la partie adverse.

A peine interrompues par l'invasion des Huns dans la Palestine, les querelles de saint Jérôme allaient s'étendre davantage et s'attaquer aux plus grands saints de ce temps, comme aux plus grands docteurs des temps passés.

Théophile, évêque d'Alexandrie, était l'ami particulier de Rufin et de Jean de Jérusalem. Il était d'ailleurs peu satisfait de saint Jérôme qui avait donné asile à un évêque égyptien, nommé Paul, par lui déposé. Pressé par Rufin et par Jean, il ne refusa pourtant pas d'intervenir dans la querelle pour essayer de la terminer, et il envoya à cet effet en Palestine le grand Isidore, l'hospitalier, muni, disait-on, de lettres pour les chefs des armées opposées. Il semble cependant qu'arrivé à Jérusalem, Isidore soit demeuré trop convaincu des torts de saint Jérôme pour lui remettre la lettre de Théophile. Il fit vainement quelques démarches pour rétablir la paix et retourna à Alexandrie, emportant avec lui une lettre justificative de Jean de Jérusalem à laquelle saint Jérôme l'accuse d'avoir lui-même travaillé. Théophile était alors assez indigné des offenses faites à Jean de Jérusalem pour en écrire au pape Sirice, en traitant saint Épiphane d'hérétique et de schismatique à cause de l'ordination illégale de Paulinien. En 396, il se rendit lui-même à Jérusalem, et y tenta ce qui avait découragé Isidore. Mais pour réussir dans cette entreprise, il eût fallu faire convenir saint Jérôme de ses torts, et cela était au-dessus de toute puissance humaine. Théophile repartit plus mécontent de saint Jérôme qu'il ne l'avait encore été. Il lui écrivit après son retour à Alexandrie, l'engageant à observer les saints canons, et il en obtint une réponse peu respectueuse.

Voilà quels furent les premiers rapports de saint Jérôme avec Théophile. Ils demeurèrent les mêmes aussi longtemps que Théophile conserva son rôle de pacificateur. Nous verrons bientôt à quelle occasion ils changèrent.

Saint Jérôme ayant appris que l'apologie de

Jean de Jérusalem, adressée à Théophile, avait été répandue à Rome, et y produisait tout l'effet que son auteur en attendait, s'empressa de la réfuter. Il envoya son écrit à Pammaque; mais il ne parvint pas à effacer l'impression favorable causée par la lettre de Jean. Il eut encore en ce temps à se défendre contre l'accusation d'origénisme que lui intenta un prêtre, nommé Vigilance. Celui-ci, porteur d'une lettre de saint Paulin de Nole à saint Jérôme, s'était rendu à Bethléem, et y avait, au bout de quelque temps, attaqué saint Jérôme. Forcé pourtant de se rétracter, il s'embarqua pour retourner en Europe et commença, aussitôt après avoir quitté la Palestine, à raconter comment il avait découvert les erreurs de saint Jérôme, et comment, par son éloquence, il l'avait contraint de les désavouer. Saint Jérôme informé de ces calomnies, lui écrivit une lettre pleine de reproches et d'invectives, et fit connaître à tous ceux qui les ignoraient les bas et ignobles commencements de Vigilance.

Cependant Rufin regrettait l'amitié perdue de saint Jérôme. Il essaya ce qu'Isidore ni Théophile n'avaient pu faire, et après bien des efforts et probablement bien des humiliations, il parvint à se réconcilier avec lui. Il obtint de Jean qu'il reconnût tacitement l'ordination de Paulinien, et ramena à saint Jérôme quatre cents moines qui s'étaient séparés de lui à cette occasion. Les deux amis se rencontrèrent devant l'autel de la Résurrection à Jérusalem, et y assistèrent ensemble au divin sacrifice. Ils se donnèrent la main, et promirent d'oublier leurs discordes et leur animosité.

Rufin étant allé à Rome en 397, saint Jérôme demeura quelque temps désarmé par cette paix récente et par l'isolement. Il eut le loisir de pleurer la mort de Népotien, neveu de son ami Héliodore, jeune homme plein de mérites et de vertus. Après en avoir fait l'éloge, il tomba lui-même dangereusement malade, fatigué qu'il était par les combats livrés, par les haines éprouvées et encore plus peut-être par l'inaction dans laquelle il se trouvait subitement tombé. Sa maladie fut longue, et il était encore faible et languissant lorsque, à la prière d'Eusèbe de Crémone, il consentit à écrire des commentaires sur saint Mathieu. Il fit cet ouvrage en peu de jours, voulant le donner à Eusèbe qui allait partir pour l'Italie.

Il semblait que les malheurs eussent seuls le privilége d'imposer un court silence aux sentiments haineux qui remplissaient le cœur de saint Jérôme. Mais l'on eût dit aussi qu'en cessant de combattre, saint Jérôme cessait de vivre. Accablé par les austérités et par les maladies, son corps était soutenu, non par la pensée, mais par les passions, et tombait sans force dès que celles-ci perdaient leur aiguillon ou leur liberté.

Saint Jérôme était donc abattu par la maladie, lorsqu'il apprit des nouvelles de Rufin. Ce fut probablement Pammaque qui lui envoya la traduction de l'Apologie d'Origène, et celle du Livre des Principes ou *Periarchon*, car Rufin se plaignit hautement que cette dernière lui ayant été enlevée par Eusèbe, n'était tombée entre les mains de Pammaque qu'après avoir été falsifiée. La lecture de ces ouvrages rendit à saint Jérôme avec la colère, la force et la santé. Il trouva d'abord mauvais que Rufin eût attribué à saint Pamphile l'Apologie d'Origène, regardée par lui comme appartenant à Eusèbe de Césarée. Il lui reprochait ensuite de déclarer, dans sa *Préface au livre des Principes*, qu'il traduisait cet ouvrage avec une grande liberté, et qu'il en retranchait tout ce qui, n'étant pas orthodoxe, devait nécessairement avoir été ajouté au texte par des copistes infidèles; tandis qu'au contraire il était facile de trouver, dans la traduction même de Rufin, plusieurs propositions erronées. Mais ce qui indignait saint Jérôme et réveillait en lui toutes ses rancunes, c'était les éloges que Rufin lui adressait, dans cette même préface, sur sa juste appréciation des doctrines d'Origène, et la confiance avec laquelle il citait des paroles jadis prononcées pour appuyer sa propre opinion sur ce docteur. Saint Jérôme n'avait pas besoin des conseils irritants de Pammaque pour ressentir vivement ce qu'il regardait comme une injure. Il traduisit à son tour, avec autant d'exactitude que de hâte, le *Livre des principes*. Il le fit précéder d'une lettre à Pammaque et à Océanus, dans laquelle son zèle revêt enfin une certaine grandeur. Il y proteste avoir souvent admiré la grandeur de l'esprit et l'étendue des connaissances d'Origène, mais n'avoir jamais admis sa doctrine ; puis, embarrassé par ses propres paroles citées dans Rufin, il abandonne tout à coup son système de défense et s'écrie : « Si vous vou-« lez m'en croire, je n'ai jamais été Origéniste ; que « si vous voulez absolument que je l'aie été, je ne « le suis plus. » Il continue ensuite sa lettre en atquant la traduction de l'*Apologie d'Origène* et des *Periarchon*, tout en feignant d'en ignorer l'auteur.

Ce fut dans l'année où nous sommes parvenus, en 399, que s'ouvrit une nouvelle arène où saint Jérôme eut l'inévitable malheur de descendre. En se déchaînant contre les anthropomorphites, et en persistant dans son union avec Jean de Jérusalem et Rufin, Théophile s'était attiré l'accusation d'origénisme. La plupart des moines d'Égypte, gens grossiers et par conséquent positifs, prenant à la lettre ce qui est dit dans l'Écriture de l'image de Dieu dans l'homme, et incapables d'ailleurs de rien concevoir de spirituel, étaient tombés dans l'erreur des anthropomorphites. Ils se révoltèrent contre l'évêque qui condamnait leur foi, et vinrent en foule à Alexandrie où ils excitèrent le peuple à le poursuivre et à le menacer. L'esprit de Théophile était plein de ressources. Il reçut les moines comme des messagers pacifiques, et, allant au-devant d'eux, il leur adressa ces paroles de Jacob à Esaü : « Il me semble en vous voyant que je vois « le visage de Dieu. » Les moines, étonnés de ce compliment qu'ils prirent pour une profession de foi, lui répondirent : « Si vous pensez que le visage « de Dieu soit comme le nôtre, anathématisez donc « les ouvrages d'Origène. » Théophile leur promit qu'ils n'auraient point à se plaindre de lui, les entretint quelque temps en évitant de rien dire qui pût réveiller leurs soupçons, et les renvoya ainsi dans leur désert satisfaits et trompés. Mais dès lors il avait observé leur stupide confiance, leur aveugle colère, leur violence effrénée, leur courage brutal, et il s'était permis de ne point oublier que de semblables passions et de telles forces pouvaient devenir ses instruments. Il ne fut pas longtemps en paix avec les moines de la montagne de Nitrie, qui, plus éclairés que les anthropomorphites, donnaient à l'Écriture une plus noble interprétation. Isidore l'hospitalier, ayant voulu soustraire à l'avidité de Théophile quelque argent destiné aux pauvres, encourut sa colère et fut ignominieusement chassé d'Alexandrie sous un prétexte honteux. En même temps deux frères d'Ammone, chef des solitaires de Nitrie, qui avaient jusque-là consenti à faire partie du clergé d'Alexandrie et à demeurer auprès de Théophile, s'en retournèrent dans le désert, ne pouvant tolérer plus longtemps les grandes dépenses que l'évêque ne craignait pas de faire avec l'argent des aumônes. Ils trouvèrent dans leur solitude Isidore qui s'était réfugié auprès de leur frère, et ils unirent leurs plaintes et leurs regrets.

Cependant Ammone s'étant transporté auprès de Théophile pour lui demander de recevoir Isidore à sa communion, en obtint facilement la promesse. Elle ne fut pourtant pas exécutée, et bientôt Ammone retourna à Alexandrie pour y renouveler ses instances. Théophile s'emporta cette fois, et, après avoir fait subir aux solitaires les plus indignes traitements, il les renvoya dans leurs cellules. Il se souvenait encore de cette armée peu intelligente qui, naguère sortie des déserts de l'Égypte, était venue le menacer jusque dans son palais, et s'était dispersée devant ses discours habiles et ses paroles trompeuses. Avide de vengeance, il eut recours à cette armée, et n'hésita pas à lui sacrifier ses opinions et ses sentiments pour se la soumettre. Il avertit les moines anthropomorphites de l'Égypte que les solitaires de Nitrie suivaient les doctrines d'Origène. Il n'en fallait pas plus pour allumer la guerre. Les moines qui, en attribuant à Dieu un corps humain, semblaient réhabiliter toutes les passions de la matière, marchèrent contre ceux qui s'occupaient seulement de leur esprit comme de ce qui approche de la nature divine. Protégés par le pouvoir de Théophile et encouragés par son autorité, les anthropomorphites se rendaient en foule et en armes aux monastères de Nitrie, et prétendaient contraindre les solitaires à reconnaître que Dieu était revêtu d'un corps en tout conforme au corps humain. Après avoir payé ses dignes satellites par une lettre pascale où les doctrines d'Origène étaient condamnées, et la lecture même de ses livres interdite, Théophile voulut ajouter la condamnation à la peine. Il assembla, en 401, un concile à Alexandrie où les principaux moines de Nitrie furent accusés et condamnés, sans avoir été entendus, comme hérétiques et magiciens. On passa ensuite au jugement d'Origène lui-même, qui fut traité avec la dernière rigueur comme on le voit par la lettre synodale de Théophile.

A la réception de cette lettre saint Jérôme laissa éclater toute sa joie. Il avait passé deux tristes années consolant Pammaque de la mort de sa femme Pauline, enseignant à Leta, belle-fille de sainte Paule, à élever sa jeune enfant pour une éternelle virginité, et à pleurer lui-même la mort d'une personne chérie. Fabiole était mariée à un homme qu'elle n'avait aucun sujet d'aimer. Dégoûtée par ses déréglements, elle se sépara de lui; mais elle n'eut pas longtemps la force de vivre seule, et elle se remaria. Les remords la tourmentaient, il est vrai, mais elle les préférait à la solitude. Souvent elle pleurait; souvent elle avait recours aux conseils des prêtres et des docteurs, et toujours elle reculait devant la pensée de quitter son nouvel époux. Enfin Dieu prit pitié de son irrésolution, et décida pour elle : celui qui la retenait dans des liens illégitimes, mourut. La désolée Fabiole se voua alors à la pénitence, regrettant à la fois sa vertu et son péché, sa pureté et son bonheur. Elle prit des vêtements de deuil, et se présenta, les cheveux épars et tout en larmes, à la porte de l'église, implorant de ses ministres la permission d'y entrer. Elle se rendit ensuite à Bethléem, résolue d'y finir ses jours dans un couvent. Saint Jérôme la reçut, et fut touché de tant de faiblesse, de douceur et de grâce. Il perdit pour Fabiole un peu de son inexorable sévérité; et lorsque, chassée par l'approche des Barbares et retournée à Rome, elle y eut succombé à ses peines, saint Jérôme écrivit son éloge. Là, se rappelant les combats de cette âme timide et tendre, son court bonheur, son repentir aidé de ses regrets, les entretiens qu'il avait eus avec elle, sa naïve curiosité, son désir de s'instruire et son aveugle confiance en lui, il se dépouilla de sa rudesse, et parut recevoir enfin comme un rayon affaibli de ces affections douces et involontaires qui laissent à l'âme, par où elles ont passé, une invincible habitude d'indulgence et de compassion.

Rappelé aux intérêts de ce monde par la lettre synodale de Théophile, saint Jérôme, après l'avoir traduite en latin, écrivit lui-même à l'évêque d'Alexandrie pour le féliciter d'avoir enfin levé l'étendard contre Origène, et pour lui conseiller de s'adresser à tous les évêques, et principalement au pontife de Rome, pour réclamer leur adhésion à son arrêt. Bientôt Ammone et trois cents de ses moines arrivèrent à Jérusalem; ils fuyaient les persécutions de Théophile qui, muni d'un écrit du gouverneur d'Égypte, s'était transporté la nuit, à la tête de quelques troupes, jusqu'aux monastères de Nitrie, et avait assisté au pillage, à l'incendie des couvents, et au massacre de tous les moines qui n'avaient pu s'échapper. Déjà averti par Théophile, saint Jérôme ne laissa pas longtemps les fugitifs à Jérusalem. Il fit de vives représentations à l'évêque Jean qui les avait reçus, ameuta contre eux tout le clergé de la Palestine, et les força presque d'en sortir pour aller chercher un plus sûr asile à Constantinople auprès de saint Jean Chrysostôme.

Pendant que Théophile se préparait à arracher ses victimes de leur dernière retraite, saint Jérôme, encouragé par la mort du pape Sirice et par l'élévation d'Anastase, chargeait sainte Marcelle et son ami Océanus de poursuivre la condamnation des Origénistes d'Occident. Sainte Marcelle produisit des témoins qui se dirent instruits par Rufin dans les doctrines hérétiques d'Origène. Elle apporta au pape Anastase des copies du *Periarchon* traduit par Rufin, et lui montra les erreurs nombreuses qui s'y trouvaient, malgré la déclaration que Rufin avait faite dans sa préface. Tout cela n'eût pas produit sur Anastase l'effet que Marcelle et saint Jérôme en attendaient, sans la lettre synodale de Théophile, qui arriva à Rome à cette époque, suivie de deux autres lettres du même évêque à Anastase. Jaloux du zèle déployé par Théophile, Anastase voulut en montrer un égal, et il somma Rufin, qui depuis deux ans habitait Aquilée, de se présenter devant lui pour y répondre de sa foi. Craignant de se livrer à ses ennemis, Rufin refusa sous divers prétextes de quitter Aquilée. Il essaya de se justifier en adressant à Anastase une lettre ou apologie dans laquelle il exposait sa croyance sur la Trinité, la résurrection des corps, l'éternité des peines et l'origine de l'âme. Non content d'avoir évité, dans cette profession de foi, toute expression douteuse, Rufin terminait en protestant qu'il n'avait point d'autre foi que celle de l'église de Rome, d'Alexandrie, de Jérusalem et d'Aquilée. Mais il ne parvint pas à satisfaire ses juges, qui voulaient condamner Origène dans Rufin, et Anastase affecta de le tenir pour convaincu d'hérésie. Marcelle alors, aussi puissante auprès de l'empereur qu'auprès de l'évêque, obtint que la lecture même des livres d'Origène serait expressément défendue.

Désespérant de faire rendre justice à son maître, Rufin dut se borner à déclarer qu'il ne partageait pas ses erreurs. Il fit paraître une Apologie commencée aussitôt après sa publication du *Periarchon*, environ trois ans avant cette époque. Cette Apologie, divisée en deux livres, était presque entièrement adressée à saint Jérôme. Il y réfutait tout ce que saint Jérôme avait avancé dans sa lettre à Pammaque sur ses doctrines hérétiques, et il se disculpait ensuite de plusieurs fautes que le même saint lui avait imputées. Il répondait directement à saint Jérôme, disait-il, parce qu'il dédaignait ces formes hypocrites au moyen desquelles on frappe rudement son adversaire en feignant d'ignorer sur qui portent les coups.

Quoique Rufin eût d'abord souhaité que son

Apologie ne fût connue que de ses amis, saint Jérôme se prétendit bientôt informé que Rufin l'y attaquait. Il répondit aussitôt par une Apologie également divisée en deux parties où, repoussant d'abord les accusations supposées de Rufin, il réfutait ensuite la profession de foi que Rufin avait adressée naguère au pape Anastase. Après avoir donné à son Apologie toute la publicité possible, saint Jérôme en envoya une copie à Rufin qui s'en montra fort mécontent. Il lui écrivit pour se plaindre de tous les mauvais procédés dont il le jugeait coupable envers lui. Le vol et la falsification de son *Periarchon*, la lettre de saint Jérôme à Pammaque, la publicité donnée par saint Jérôme à son Apologie, tandis que lui n'avait communiqué la sienne qu'à ses amis, la réfutation enfin que saint Jérôme y avait insérée de sa profession de foi à Anastase, l'avaient, disait-il, étrangement surpris de la part d'un homme longtemps son ami, et qui, récemment encore, avait promis à Dieu de ne pas rompre cette amitié. Il soutenait que l'Italie avait approuvé sa croyance sur la résurrection, et il terminait en priant saint Jérôme de mettre fin à des querelles qui scandalisaient les chrétiens et qui réjouissaient les infidèles, en voulant bien se contenter de l'avertir en particulier de ce qui pouvait lui déplaire dans sa personne.

Cette lettre suffit à saint Jérôme pour lui faire

publier un nouvel écrit qui, malgré son humble titre d'*Apologie*, n'était pourtant qu'un libelle contre Rufin. Il commence par déclarer qu'il sait bien que leur dispute ne peut édifier personne, et qu'il serait bon de la finir; mais il ajoute qu'il ne peut se taire lorsqu'il est attaqué. Il se plaint que Rufin veuille transformer en dispute personnelle une discussion de dogme, et il trouve l'explication de cette conduite dans l'histoire de tous les hérétiques. Ce moyen lui servant à refuser de se justifier, saint Jérôme renouvela ses attaques contre Rufin. Déjà saint Chromace d'Aquilée avait supplié saint Jérôme de cesser ses récriminations. Ce dernier écrit de saint Jérôme détermina saint Augustin à joindre ses prières à celles de saint Chromace. Saint Jérôme lui avait envoyé son Apologie accompagnée d'une lettre dans laquelle il disait n'avoir eu « d'autre but, en répondant à Rufin,
« que de réfuter le mensonge et l'impudence de
« cet étourdi et de cet ignorant. » Saisi de douleur, saint Augustin voulut en présenter à saint Jérôme l'expression sincère, et il le fit avec cette douceur et cette aménité qui rendaient avec lui les ruptures difficiles. «Que ne puis-je, dit-il, vous trouver quel-
« que part ensemble! Dans les sentiments, dans la
« douleur, dans la crainte dont je me sens péné-
« tré, je me jetterais peut-être à vos pieds, je les
« arroserais de mes larmes, et, avec tout ce que

« j'ai de tendresse et de charité pour vous, je vous
« conjurerais tantôt chacun de vous en particulier
« pour l'intérêt de son âme, tantôt l'un et l'autre
« par la charité que vous vous devez mutuellement
« et que vous devez encore à tous les fidèles, par-
« ticulièrement aux faibles pour qui J.-C. est mort,
« qui, de tous côtés ayant les yeux sur vous, y
« voient un exemple qui leur peut être si funeste;
« je vous conjurerais, dis-je, de ne point répandre
« l'un contre l'autre des écrits que vous ne pour-
« rez plus supprimer quand vous voudrez vous
« réconcilier; qui peuvent d'ailleurs être un ob-
« stacle éternel à votre réunion, et sur lesquels
« vous n'oserez plus jeter les yeux quand votre
« discorde cessera, de peur qu'ils ne la rallument. »

Tout en conservant sa haine pour Rufin, et gardant même une secrète rancune contre ses officieux amis, saint Jérôme cessa dès lors d'entretenir le public de ces tristes débats. Il parla néanmoins toujours avec le même dédain de Rufin et de la grande Mélanie, de cette femme si forte et si héroïque, qui, croyant voir dans la mort successive de ses enfants la punition de son trop grand attachement pour eux, abandonna tout à coup, pour le conserver à la vie, le seul qui lui restât, quitta l'Europe, se rendit en Égypte où elle visita les solitaires et où elle assista à la persécution de l'empereur Valens; de cette femme généreuse qui nourrit pendant trois jours cinq mille moines catholiques et fugitifs; qui, recherchée pour une action si belle que les Ariens qualifièrent de crime, alla d'elle-même se présenter aux juges et les défier de la punir; qui secourut de son bien les confesseurs, les accompagnant pour les servir en Palestine; qui jouit des dernières instructions de saint Athanase; qui fonda des couvents et des hospices à Jérusalem; qui employa enfin une longue vie, une santé vigoureuse, un esprit solide, une immense fortune et un grand nom à l'accomplissement des lois de Dieu. Elle était l'amie de Rufin, et ce fut d'elle que saint Jérôme osa dire que la noirceur de son âme dépassait la noirceur de son nom.

Saint Jérôme eût peut-être cédé plus difficilement encore aux conseils de saint Chromace et aux instances de saint Augustin, sans l'orage qui s'amassait depuis longtemps en Orient et qui, venant enfin à éclater, l'occupa selon ses goûts ou plutôt selon ses passions.

Pendant que, réfugiés à Constantinople où saint Jean Chrysostôme les avait accueillis sans les admettre à sa communion, les moines de Nitrie sollicitaient leur jugement d'un concile ou leur grâce de Théophile, et anathématisaient, pour obtenir cette dernière, toutes les erreurs qu'on leur imputait, Théophile écrivait de nombreuses lettres aux évêques des diverses contrées, se plaignant des doctrines professées par les moines et de la conduite tenue par saint Jean Chrysostôme à leur égard. Il envoyait à Constantinople quelques solitaires de Nitrie soudoyés par lui et chargés de calomnier leurs frères. Il s'adressait à saint Épiphane, afin de le complimenter sur sa foi et d'éveiller ses soupçons sur celle d'Ammone et de saint Jean Chrysostôme lui-même. Enfin, déjà maître de l'esprit plus ardent que ferme de saint Jérôme, il le chargeait de traduire sa lettre pascale écrite à cette occasion au commencement de l'année 402, dans laquelle il combattait tour à tour Apollinaire et Origène. Saint Jean Chrysostôme, de son côté, avait essayé plusieurs fois mais vainement d'apaiser le courroux de Théophile, ou d'engager ses victimes à le supporter en silence. Témoin de la confusion qu'éprouvaient les dénonciateurs envoyés par Théophile contre les moines, lorsqu'ils furent sommés de prouver leurs accusations, et craignant les mauvais effets d'une requête qu'Ammone voulait présenter à l'empereur contre l'évêque d'Alexandrie, saint Jean Chrysostôme déclara ne plus vouloir prendre aucune part dans une querelle qu'il lui était impossible d'accommoder. Le sacrifice qu'il fit à son désir de conserver la paix fut inutile. Théophile était de ces hommes qu'il faut servir ou combattre.

Saint Épiphane, charmé de la subite conversion de Théophile, lui en avait adressé de sincères félicitations, et s'était empressé d'assembler un concile de tous les évêques de l'île de Chypre pour y faire condamner les ouvrages d'Origène. Il avait depuis écrit à saint Jean Chrysostôme, en l'engageant à suivre son exemple, et, voyant l'inutilité de ses conseils, toujours poussé par Théophile, il se rendit lui-même, dès les premiers mois de l'année 403, à Constantinople. Mal disposé envers l'évêque, il ne voulut pas loger dans son palais à moins qu'il ne consentît à chasser les moines et à signer la condamnation d'Origène. Il n'était même pas éloigné d'en parler au peuple dans l'église, mais il y renonça craignant les suites d'une si grande hardiesse. Cependant les moines allèrent le trouver, et, lui ayant demandé sur quoi il les jugeait hérétiques, saint Épiphane leur répondit que c'était sur ce qu'on lui en avait dit. Ammone alors, élevant la voix avec douceur et gravité, répliqua : « Nous n'en avons pas usé de même à votre
« égard. Beaucoup de personnes ont voulu nous
« persuader que vous étiez vous-même hérétique ;
« mais nous avons voulu nous assurer de vos sen-
« timents par vos livres et par vos disciples, et
« nous vous avons toujours défendu contre vos
« calomniateurs avec tout le zèle que nous vous
« devions comme à notre père. Pourquoi, mon

« père, ne nous avez-vous pas rendu la même jus-
« tice? Pourquoi nous avez-vous condamnés avant
« que de vous être assuré de notre faute? »

Frappé par d'aussi simples paroles, saint Épiphane baissa la tête et demeura quelques instants confondu sans savoir quoi répondre. Tout en évitant de convenir de ses torts il entretint avec douceur les moines, et, aussitôt après qu'ils se furent retirés, il fit ses préparatifs de départ et quitta Constantinople sans plus vouloir écouter les conseils de Théophile.

Depuis longtemps les accusés demandaient un concile et l'accusateur hésitait à y paraître. La généreuse imprudence de saint Jean Chrysostôme, qui attira sur lui la colère de l'impératrice Eudoxie, donna du courage à Théophile, et le décida à se rendre à Constantinople où il était appelé. Il y vint pour y rendre compte de sa conduite envers les solitaires de Nitrie; mais, arrivé à la cour, il sut d'abord gagner du temps, nourrir les mauvaises pensées de l'impératrice contre saint Jean, et suborner enfin des témoins qui l'accusèrent de divers crimes. S'étant emparé de l'esprit d'Eudoxie, et, par elle, de celui de l'empereur Arcadius, son mari, Théophile n'osa pourtant pas porter ses accusations contre saint Jean dans Constantinople. Il se transporta en un lieu nommé le Chesne, situé près de la Calcédoine, accompagné des ecclésiastiques et des témoins à ses gages. Là, après avoir accusé saint Jean de plusieurs crimes, l'assemblée le somma de paraître devant elle pour s'en défendre. Mais saint Jean, présidant lui-même un concile de quarante évêques réunis pour juger l'affaire des moines, refusa de se soumettre aux décrets du conciliabule du Chesne. Théophile dressa alors une sentence de déposition qu'il fit signer par tous les siens, et obtint de l'empereur que saint Jean serait dépouillé de sa dignité. Malgré les instances de ses amis et l'ardente opposition du peuple, saint Jean partit, se résignant avec peine à fuir la colère de ses ennemis. Mais la clameur générale, les menaces populaires et un tremblement de terre qui survint en ce temps, obligèrent Théophile à s'éloigner, et l'impératrice à rappeler saint Jean. Il revint en effet, porté en triomphe par ses nombreux amis, et bien accueilli par l'impératrice qui essaya alors de se rapprocher de lui. Il demanda aussitôt la convocation d'un concile qui annulât l'arrêt porté contre lui dans le conciliabule du Chesne, et il ne put l'obtenir de la cour, qui le considérait ou feignait de le considérer comme trop au-dessus d'une semblable condamnation pour avoir besoin d'en être relevé. Bientôt pourtant la haine que l'impératrice lui portait s'étant réveillée à l'occasion d'un nouvel acte de témérité commis par lui, elle sembla indignée de ce qu'il eût célébré le divin sacrifice avant de s'être purgé des crimes qui lui étaient imputés. Elle appela de toutes parts les évêques à Constantinople, les invitant à venir juger cet attentat. Beaucoup s'y rendirent, et, malgré la résistance de quarante-deux d'entre eux qui demeurèrent fidèles au saint, sa déposition définitive fut arrachée au concile. Le pape Innocent, successeur d'Anastase, se déclara pour lui contre Théophile; le peuple de Constantinople ne voulut pas recevoir d'autre évêque, et les plus grands docteurs de l'Église se maintinrent dans sa communion, pendant que, persécuté et proscrit, lui-même allait de contrée en contrée, de désert en désert, transformant les lieux qu'il habitait et les hommes avec qui il vivait, et toujours forcé, par la malice de ses puissants ennemis, de changer de demeure et de chercher l'occasion de nouveaux prodiges.

Pour que la satisfaction de Théophile fût complète, il fallait que le monde, informé par lui de ces débats, approuvât la part qu'il y avait prise. Il s'était ménagé pour cela dans saint Jérôme, un avocat plein de zèle, et il ne manqua pas d'avoir recours à lui. Lorsqu'au commencement de l'année 404, Théophile, n'osant pas encore se déclarer contre saint Jean, en parla dans sa lettre pascale d'une façon si couverte qu'il eût été impossible de s'en apercevoir, saint Jérôme, son traducteur, s'empressa d'avertir le lecteur du sens caché de ses paroles. Il fit plus : admirateur presque servile de l'évêque d'Alexandrie, il le pressait sans cesse d'écrire contre saint Jean qu'il continuait à confondre avec les Origénistes, et de lui envoyer ses ouvrages afin qu'en les traduisant en latin, il pût contribuer à les répandre par toute la terre. Théophile profita toujours de ces offres inconsidérées, et saint Jérôme eut bientôt à traduire un affreux libelle de cet évêque, dans lequel il osait accuser saint Jean des crimes les plus hideux. Loin de sentir enfin dans quelle route il s'était engagé, et ne s'arrêtant même pas devant le blâme hautement exprimé de l'évêque de Rome, saint Jérôme accepta avec joie cette commission, et en remercia Théophile à qui il prodigua à cette occasion les plus inconcevables éloges.

Ces disputes et ces traductions n'occupaient pas tellement saint Jérôme qu'il n'eût encore le temps d'entretenir d'autres discordes. Vers l'année 399 saint Augustin avait écrit à saint Jérôme pour réfuter son commentaire sur l'épître aux Galates. Il lui avouait avoir été péniblement touché d'y lire que saint Paul n'avait repris saint Pierre sur sa stricte observation des lois judaïques que pour flatter les préjugés des gentils, et non qu'il crût saint Pierre véritablement coupable de se conduire ainsi. Après avoir essayé de prouver à saint Jérôme qu'il faisait par là l'apologie du mensonge, il finissait en disant que bien certainement un aussi savant docteur et un homme aussi convaincu que l'était saint Jérôme ne ferait aucune difficulté de revenir sur une opinion qu'il jugerait fausse, et de chanter à cette occasion la palinodie. Soit que la personne chargée de cette lettre l'eût égarée, soit que, dépositaire infidèle, elle s'en fût dessaisie, Rome fut bientôt remplie de ses nombreuses copies, tandis que saint Jérôme ne la reçut jamais. Quelques-uns de ses amis, trop faciles à s'alarmer, s'empressèrent de lui faire savoir que saint Augustin avait envoyé à Rome un écrit contre lui, et, à mesure que de nouveaux avertissements arrivaient au monastère de Bethléem, l'aimable lettre de saint Augustin se transformait tour à tour en un livre hostile, accusateur, en un libelle enfin. Cependant, ignorant ce qui s'était passé, saint Augustin écrivait encore, demandant, et toujours avec sa grâce accoutumée, tantôt la solution du même doute, tantôt une explication sur d'autres sujets. De son côté saint Jérôme lui demandait si l'ouvrage qui se lisait à Rome était bien de lui, et l'engageait à ne pas s'amuser à provoquer un vieillard comme lui, et à ne pas imiter les jeunes gens d'autrefois qui tâchaient de se rendre illustres en accusant les grands hommes. Le petit nombre de personnes qui allaient de la Palestine en Afrique, et le temps considérable qu'elles employaient au voyage, rendit cette correspondance aussi lente que saint Jérôme eût voulu la rendre vive; et ce ne fut guère avant l'année 404 que saint Augustin, ayant reçu les plaintes de saint Jérôme, et s'étant expressément informé de ce qui les motivait, put lui écrire le chef-d'œuvre de douceur et d'humilité où, après lui avoir demandé pardon de ce qui l'avait offensé, il ajoutait : « Quel que soit « mon désir d'examiner avec vous diverses diffi- « cultés dans la liberté chrétienne, d'approuver « ce que vous trouvez véritable et de vous propo- « ser avec simplicité mes objections, si cela ne peut « se faire sans soupçon d'envie et sans que notre « amitié en soit blessée, j'aime mieux laisser là « toutes les questions pour conserver ce qui fait « la santé et la vie de l'âme, et donner moins à la « science qui enfle, de peur de blesser la charité « qui édifie. »

Déjà les afflictions avaient perdu leur pacifique influence sur saint Jérôme, puisque la mort de sainte Paule, arrivée le 24 janvier de l'année 404, ne put suspendre ses querelles. Il n'accorda que peu d'instants à ses regrets et à la douleur d'Eustoquie, qui, ayant supporté avec courage la perte de tous les siens, semblait ne pas pouvoir comprendre que sa mère aussi venait de la quitter. Moins abattu par ce malheur qu'il ne l'avait été par des malheurs moins grands, saint Jérôme continua à traduire les invectives de Théophile contre saint Jean. Bientôt indigné contre le même Vigilance qui déjà avait encouru sa colère, et qui venait de fonder dans les Gaules une hérésie sans importance, il écrivit contre lui, et déclara qu'il méritait qu'on lui coupât la langue et qu'on le traitât de fou.

Mais si le zèle et l'emportement ne s'affaiblissaient pas dans saint Jérome, les occasions d'exercer l'un et l'autre commençaient à lui manquer. Jean de Jérusalem continuait à ne rien négliger pour se maintenir en paix avec son formidable voisin. Ammone de Nitrie était mort, et ses frères s'étaient réconciliés avec Théophile. Saint Jean Chrysostôme, traîné dans l'exil, ne donnait à ses ennemis d'autres soucis que celui d'étouffer ses plaintes. Saint Augustin s'était humilié devant la colère de saint Jérôme, et avait refusé de combattre contre lui. Rufin, devenu plus prudent et protégé par saint Chromace d'Aquilée et par saint Paulin de Nole, traduisait mieux et ne répondait pas aux attaques indirectes de saint Jérôme. Enfin la principale cause, ou pour mieux dire le principal prétexte de tant de discordes, Origène était condamné. L'interprétation historique de la Bible avait triomphé de l'interprétation mystique. Il ne fallait plus chercher dans les livres inspirés des Juifs le récit des aventures du monde, des révolutions des corps et des voyages périlleux des âmes. Il ne fallait pas y voir trois facultés divines appartenant à un seul Dieu, et il ne fallait pas surtout, admirateur absolu de la miséricorde divine, refuser de croire à l'éternité du mal, et interpréter dans un sens borné et temporel les expressions de l'Écriture. Mais il fallait se persuader que Dieu avait annoncé, dans l'Ancien-Testament, ce qu'il avait exécuté dans le Nouveau, et cela afin de prouver par l'exactitude des prophéties, la vérité de la révélation. Les Juifs et leurs vicissitudes n'avaient donc été que les mots d'un grand livre, et les siècles qui avaient précédé la venue de J.-C. qu'une introduction à l'histoire de l'humanité. Les longues souffrances et les erreurs infinies des hommes étaient donc nécessaires, par cela même sans valeur, et pourtant elles étaient punies dans l'éternité. Pouvait-on s'agenouiller devant la bonté suprême, et la croire en même temps capable d'infliger une interminable peine à une faute passagère et d'ailleurs indispensable à la composition de son propre ouvrage? Pouvait-on croire à la béatitude des élus et de Dieu même, tandis qu'au-dessous d'eux, et livrées aux flammes, d'autres créatures plus faibles, ou seulement plus malheureuses, souffraient d'indicibles tourments? Qu'était-ce que ces flammes? Allumées dans les enfers, brûlaient-elles des corps déjà pourris sur la terre? Et, par un nouveau miracle, ces corps étaient-ils soustraits aux conditions de leur propre nature, à l'accroissement, à la décomposition, au changement? Oui, répondaient les orthodoxes; il faut croire tout cela. Dans l'histoire des Juifs, il faut croire en même temps à la vérité des faits et à leur sens prophétique. Dans le dogme chrétien il faut admettre l'éternité des peines et la résurrection des corps, en même temps qu'il faut croire à la sagesse, à la toute-puissance et à la souveraine bonté de Dieu, parce que nous l'ordonnons ainsi.

Les défenseurs d'Origène étaient attachés à ses doctrines; les partisans de l'opinion contraire étaient animés contre leurs personnes. Le seul saint Épiphane était sincèrement convaincu de leurs erreurs. Saint Jérôme commença par faire grand cas d'Origène, et ce ne fut pas dans son intelligence, mais dans son caractère, dans ses rancunes et dans les passions ambitieuses de Théophile, qu'il puisa la véhémente ardeur avec laquelle il le combattit depuis. Théophile lui-même fut d'abord soupçonné d'origénisme, et continua toujours, aussi bien que saint Jérôme et que les plus rigoureux évêques, à faire d'Origène sa lecture favorite. Mais si des convictions aussi changeantes eurent assez de force pour renverser l'interprétation spirituelle du christianisme et y substituer l'interprétation matérielle, il faut reconnaître dans la faiblesse même des moyens employés par la Providence, la sagesse du but. En effet, les dogmes chrétiens, tels que les comprenait Origène, ne pouvaient convenir à la multitude, qui s'attachait au contraire sans peine aux explications matérielles et merveilleuses, et pour laquelle croire est plus facile que comprendre. D'autre part, et une fois entrés dans la voie des interprétations larges comme celles d'Origène, les esprits éclairés devaient nécessairement s'appliquer à les étendre, à les corriger, à les développer, à les accommoder enfin aux progrès de l'intelligence humaine. Soumise à l'obligation d'être comprise et placée entre des esprits incapables de pénétrer ses mystères, et d'autres esprits occupés à leur trouver sans cesse des explications nouvelles, que serait devenue la religion chrétienne? Les orthodoxes la sauvèrent en la plaçant en dehors et au-dessus de la science, de l'intelligence et de la raison. Ils la préservèrent des progrès et des écarts de l'esprit; ils lui élevèrent, à leur insu peut-être, un édifice solide où elle est demeurée pendant dix-huit siècles à l'abri des révolutions, des catastrophes, des recherches, des lumières et de l'incrédulité.

Quoique comprenant peu l'importance de sa victoire, saint Jérôme s'en réjouit comme d'un triomphe. Forcé de conserver la paix que personne ne voulait plus rompre, il se livra à l'étude et au travail. Il commenta d'abord Osée, Joël, Amos, Daniel, Isaïe, et il écrivit encore une lettre contre Origène. La mort de sainte Marcelle, survenue à Rome en 410, le trouva donnant des consolations à un de ses amis nommé Julien, qui avait perdu en un instant ses enfants, sa femme et ses richesses, et conseillant la pénitence à Rustique et la viduité à Géroncie. Les commentaires sur Ézéchiel furent des fruits de ce long repos, que l'arrivée de plusieurs familles romaines et d'un grand nombre de voyageurs, fuyant en Palestine les horreurs de l'invasion, interrompit en 412.

Pendant que saint Jérôme faisait de charitables efforts pour recevoir et consoler les malheureux pèlerins venus d'Occident nus, affamés, brisés par la fatigue et le chagrin, son regard scrutateur et infatigable apercevait dans Pélage un nouvel ennemi. Déjà soupçonné de méconnaître la grâce, Pélage s'était transporté en Afrique en 411, et était venu de là s'établir en Palestine. Ce fut alors, c'est-à-dire en 412, que saint Jérôme, dans sa préface au sixième livre d'Ézéchiel, se plaignit de l'hérésie naissante qui cachait encore son venin et qui héritait de la haine que les hérésies précédentes avaient portée à l'Église. En 415, les erreurs de Pélage ayant acquis de l'importance, saint Jérôme écrivit à son ami Ctésiphon pour les combattre. Il composa ensuite trois dialogues dans lesquels, sachant qu'on lui reprochait de céder à des haines personnelles, il fit paraître les Pélagiens et les catholiques sous des noms supposés. Mais cette précaution tardive ne lui fut pas d'une grande utilité. Appelé devant le concile de Diospolis vers la fin de la même année, Pélage, protégé par Jean de Jérusalem son ami, condamna lui-même les erreurs qu'il enseignait par ses livres et par ses disciples, et fut reçu comme catholique. Il profita de cette courte faveur pour se venger de ses adversaires, et pour répandre des écrits qui semblaient particulièrement dirigés contre saint Jérôme. Enfin une troupe de fanatiques arriva à Bethléem, entra violemment dans les monastères, en brûla quelques-uns, en pilla d'autres, frappa des moines et des vierges, tua même un diacre, et poursuivit saint Jérôme qui fut réduit à se cacher dans une forte tour où il s'enferma. Sainte Eustoquie et sa nièce, la jeune Paule, quittèrent, en fuyant à peine vêtues, leur asile dévasté. Elles s'unirent ensuite à saint Jérôme pour adresser leurs plaintes au pape Innocent, qui leur répondit en 417, les exhortant au courage, et qui n'hésita pas à réprimander Jean de Jérusalem sur l'amitié qu'il conservait à Pélage. Bientôt pourtant Pélage et Céleste, son disciple, ayant été condamnés par le pape Zozime, saint Jérôme parut ne plus sentir ses blessures, et félicita saint Augustin de cette victoire dont il ne faisait aucune difficulté de lui attribuer tout l'honneur.

La dernière des amies de saint Jérôme, Eustoquie, mourut en 418. Saint Jérôme était parvenu à un âge que ses passions avaient peut-être servi à lui faire atteindre, mais qui désormais ne pouvait pas résister longtemps à son ardeur et à ses austérités. Amaigri, faible, presque aveugle et toujours malade, il ne voulait adoucir ni sa pénitence, ni son caractère. Il jeûnait, couchait sur la terre d'où il ne pouvait déjà plus se relever, dictait d'une voix éteinte à ses amis les mots que sa main se refusait à tracer, et pourtant il combattait toujours. Inexorable pour lui comme pour les autres, son âme, après avoir longtemps soutenu son corps, le brisa. Il mourut à Bethléem en 420, âgé de soixante-dix-huit ans.

Sans compter les commentaires de saint Jérôme et ses ouvrages contre les hérétiques de son temps, il nous reste encore un grand nombre de ses lettres. Toutes ont à peu près la même empreinte. Saint Jérôme a dans l'esprit plus d'activité que d'étendue; dans le caractère, moins de chaleur que d'emportement; et dans la conduite, une rigueur qui ressemble bien souvent à la dureté. Il n'y a en lui ni la mobilité des impressions, ni la profondeur du sentiment, et c'est pourquoi ses lettres, dont les sujets sont si variés, fatiguent pourtant par leur monotonie.

Saint Jérôme rencontra sur sa route les plus belles intelligences, les plus pacifiques esprits et les âmes les plus pures. Il ne comprit pas les unes ou il les regarda avec soupçon et jalousie; il attaqua les autres, et s'il ne repoussa pas les dernières, c'est que déterminées au dévouement elles consentirent à lui tout sacrifier. Né en Dalmatie, dans un pays barbare, et élevé à Rome au milieu d'une civilisation excessive, il reçut de ses deux patries la passion et la sécheresse. Retiré dans un couvent et s'étant efforcé de défendre la foi, n'ayant avec les hommes d'autres rapports que ceux d'un critique, il apprit à les combattre et jamais à les aimer. Manquant de discernement parce qu'il manquait de justice, saint Jérôme n'accorda son entière confiance qu'à l'homme le plus indigne de l'obtenir. Lui, dont l'orgueil s'était révolté contre saint Augustin, il s'humilia devant Théophile. Lui, dont les rancunes avaient résisté aux instances de Rufin, il pardonna à Théophile. Lui, dont l'audace avait été jusqu'à blâmer le saint évêque de Constantinople, il devint le docile traducteur de l'évêque d'Alexandrie.

Reconnaissons maintenant les mérites et les services de saint Jérôme. Il renonça aux plaisirs, aux richesses et même aux honneurs, pour s'occuper constamment des doctrines du christianisme. S'il eût employé la force de son caractère, la vigueur de son courage et l'activité de son esprit à soutenir la puissance affaiblie de l'empire romain, il eût certainement rencontré la fortune et la gloire. Il préféra le modeste honneur de servir Dieu et la pensée, et il abandonna le monde puissant et la société brillante de Rome, pour se ranger du côté des sacrifices et des idées nouvelles. L'isolement auquel il se condamna, pesait à son âge, à ses habitudes et à ses passions. Souvent dans les lettres qu'il adressait à ses amis les conjurait-il de venir le rejoindre, et lorsqu'il voyait les jours se passer et ne lui amener personne, il se résignait tristement, et jamais il ne quitta son désert où il semblait comme attaché. Loin de le fatiguer, l'étude et le travail ne suffisaient pas à son énergie, et dans les derniers moments de sa vie, devenu aveugle et paralytique, il écoutait et il dictait, se plaignant seulement de travailler moins vite et avec moins de facilité. Il contribua puissamment par ses traductions, ses ouvrages, ses amis et ses erreurs même, à faire naître et à terminer la grande querelle entre l'Orient et l'Occident. Il semblait avoir quitté la terre latine et s'être transporté en Asie pour imposer à celle-ci les habitudes positives et littérales de l'esprit occidental. Il fut un de ceux qui enchaînèrent le génie de l'Orient ou qui l'obligèrent au moins à se jeter en dehors du christianisme. Particulièrement soumis à l'église de Rome quoique établi en Palestine, il plaça le domaine de la pensée dans les mêmes mains qui devaient bientôt diriger le monde. Il ne fut pas inutile à l'accomplissement de cette grande réunion de l'esprit et de la matière, du gouvernement des idées et des affaires, et il servit ainsi les projets de Dieu.

CHAPITRE IV.

SAINT AUGUSTIN.

Nous avons vu jusqu'ici le christianisme presque exclusivement occupé à déterminer la nature de Dieu, à fixer ses attributs, et à connaître ses premiers actes, rédigeant l'histoire des temps qui précédèrent la création du monde et de l'homme; racontant l'origine et la généalogie des créatures célestes, et n'arrivant à parler des commencements du globe que nous habitons, que comme d'un événement moderne pour ainsi dire, comparé aux événements immenses auxquels il avait succédé, et aux temps infinis qui s'étaient écoulés avant lui. C'est en face de ces grandes questions que les sectes gnostiques s'étaient placées, et c'est en les discutant à mesure qu'elles paraissaient, que les divers conciles parvinrent à tirer des saintes Écritures le dogme théogonique et cosmogonique le plus simple et le plus précis. A côté de ces discussions abstraites s'agitaient nécessairement les disputes sur la morale. Elles se rattachaient aux premières par le dogme de l'incarnation du Verbe, qui était venu parmi les hommes pour les sauver, et ne les avait quittés qu'en leur laissant d'admirables préceptes et d'inimitables exemples. Mais la nature humaine n'avait pas encore été l'objet particulier de l'examen chrétien. On ne s'était encore demandé qu'en passant non pas ce qu'était le mal en lui-même, mais pourquoi l'homme y était soumis, et parmi les hommes les uns plus que les autres. On n'avait pas mis en parallèle J.-C. et saint Paul. D'ailleurs dans les deux premiers siècles du christianisme, presque toutes les vertus se trouvaient du côté des chrétiens, les vices du côté des païens. Les méchants et les hommes égarés venaient peu à peu grossir le nombre des justes. Les sectes hérétiques elles-mêmes ne sortaient pas du christianisme, mais se préparaient à y entrer, servant ainsi de transition aux religions anciennes pour se rapprocher de la religion nouvelle et se fondre dans son sein. Tout allait donc bien, et le monde semblait marcher vers son perfectionnement.

Mais bientôt la foi chrétienne devenue celle des masses, cessa d'être un gage assuré de sainteté. Les vices que l'on croyait attachés aux superstitions vieillies et détruits avec elles, reparurent au milieu de la société nouvelle et y apportèrent comme de coutume le désordre et les dissensions. Frappés de ce spectacle inattendu et fixés désormais sur les points de dogme qui les avaient préoccupés jusque-là, les chrétiens se demandèrent si l'incarnation du Verbe, si la passion du Seigneur, si le baptême et les autres sacrements n'étaient d'aucun secours pour éviter le mal. Plusieurs réponses se firent entendre à la fois, et l'Église, en n'en admettant qu'une, repoussa les autres dans le domaine de l'hérésie. S'il fallut du temps pour que les avis fussent déterminés et les décisions prises, il en fallut encore bien plus pour que l'opinion catholique prévalût et réduisît au silence les systèmes opposés. Peut-être serait-il plus vrai de dire qu'elle n'y parvint jamais. Lorsqu'elle crut avoir remporté la victoire, elle n'avait en réalité obtenu qu'une trêve, et quelques siècles suffirent pour montrer que les solutions données par elle comme définitives n'étaient pas satisfaisantes. Mais la reprise des hostilités appartient à des temps plus modernes que nous n'osons pas aborder. Nous nous bornerons à raconter la première guerre entre les défenseurs de la liberté humaine et les champions de l'intervention divine. Saint Augustin, le chef de ces derniers, nous conduira à travers le champ de bataille, et ce sera en retraçant sa vie que nous apprendrons à connaître les combats philosophiques de son temps.

Nous verrons aussi l'autorité de l'église de Rome hautement proclamée par un de ses évêques. Ce n'est plus au nom de sa constante sagesse qu'elle réclame une sorte de suprématie sur les églises ses compagnes; c'est au nom de la parole de J.-C. : « Tu es Pierre, et sur cette pierre je bâtirai mon église, » qu'elle prétend dicter des lois et qu'elle établit son empire, comme si de tous temps il avait été reconnu. Les églises d'Afrique et celles de l'Orient semblèrent hésiter un moment à se donner un maître lorsque ce maître tardait trop à prendre parti pour elles; mais à peine eut-il condamné leurs adversaires qu'elles s'empressèrent d'admettre la justice de ses prétentions, heureuses d'acheter au prix d'un peu de leur indépendance l'appui qu'apporte toujours un chef et l'unité.

Saint Augustin naquit à Tagaste en Afrique, le 13 novembre 354, d'un père païen et d'une mère chrétienne. Son père se convertit, il est vrai, mais ce fut lorsque saint Augustin était déjà sorti de l'enfance. Ses premières années reçurent donc tour à tour la direction de son père Patrice, plébéien riche, païen, occupé de ses affaires et des choses du siècle, et de sa mère la douce sainte Monique, femme pieuse, d'un cœur tendre et d'un esprit rare, qui sans cesse attirée vers la contemplation des beautés célestes, eût voulu faire partager son bonheur à son mari et à son enfant, et qui ne pouvant mieux faire pour eux, leur présentait à chaque instant le spectacle d'une âme satisfaite en Dieu. Saint Augustin se montra soumis à ces deux impulsions si diverses. Il vivait comme son père avait vécu, recherchant les plaisirs et les avantages, travaillant à sa fortune et à sa gloire et croyant assez faire en se conformant aux lois humaines. Puis il rentrait en lui-même, et il y retrouvait ces désirs du vrai et du bon que sa mère lui avait inspirés. Les études abstraites lui plaisaient; il admirait les divers systèmes des philosophes, voulait choisir entre eux, hésitait, remettait à le faire en d'autres temps et retournait à ses soins accoutumés, à ses plaisirs d'habitude, sans crainte et sans remords, comme si les doctrines qu'il venait d'examiner et entre lesquelles il flottait encore ne demandaient pas toutes à être appliquées à la vie.

Il étudia d'abord à Mandaure, d'où il partit à l'âge de quinze ans pour aller passer quelque temps chez son père. S'étant ensuite rendu à Carthage pour y continuer ses études, il essaya d'introduire une sorte de règle dans sa dissipation, en prenant une concubine avec laquelle il vécut aussi fidélement que si elle eût été sa femme légitime. Les passions ne l'emportaient pas malgré lui. Il n'y cédait qu'autant qu'il le voulait et comme il le voulait. Sa conduite était le résultat d'une erreur bien plus que l'effet de l'entraînement. Rien, selon lui, ne s'opposait à la satisfaction de ses penchants, et c'est pourquoi il les suivait. Déjà sa concubine lui avait donné un fils lorsque étant âgé de dix-neuf ans, il lut le livre de Cicéron intitulé *Hortensius*. Les pensées du philosophe romain le frappèrent, l'attachèrent quoiqu'elles ne lui parussent pas irréprochables, et rendirent plus ardent que jamais en lui le besoin si souvent éprouvé de connaître Dieu. Dieu, le bien et la puissance, ne pouvaient être qu'une même chose; mais alors qu'était-ce que cette résistance au bien, ces ténèbres qui voilent la connaissance, ce néant dont la force paraît si grande qu'elle entraîne le genre humain à sa perte? Désormais décidé à ne plus négliger la recherche de la vérité, saint Augustin parcourut les systèmes philosophiques et les doctrines religieuses, s'arrêtant de préférence aux idées chrétiennes qui étaient alors les idées nouvelles. Son examen plus étendu et plus rapide que profond, le conduisit au manichéisme.

Dans cette secte l'existence du mal et son empire sur l'homme, recevaient une explication brillante et spécieuse. La douceur des mœurs manichéennes contribua en même temps à le séduire. Quelle devait être la charité de ces hommes qui respectaient jusqu'au moindre insecte, qui se plaisaient à reconnaître dans les fruits et dans les fleurs le souffle vivifiant de Dieu, et qui ne consentaient à se nourrir que pour délivrer le principe de vie enfermé dans les aliments, et le rapporter à sa source, à Dieu? Tant de douceur charma saint Augustin, qui la regarda comme parfaite parce qu'elle était extrême. Il prit parti pour les Manichéens, professa leurs dogmes, entraîna plusieurs de ses amis dans leurs erreurs, et pourtant il ne les adopta jamais qu'en qualité de système et non de croyance. Le fond du cœur de saint Augustin était réservé à de plus durables richesses, à de plus sérieuses convictions. Quelque chose semblait lui dire que ses yeux n'étaient pas ouverts, et au milieu de ses disputes et de ses exhortations il témoignait involontairement, par le retard qu'il mettait à prendre rang parmi les Manichéens, que tout cela n'était qu'un jeu de son esprit. En effet, il n'avait encore ni rien connu ni rien senti. Les grandes et profondes émotions devaient lui venir plus tard et plus heureusement.

Ayant achevé le cours de ses études, saint Augustin revint en 375 à Tagaste où l'on croit qu'il commença à professer la rhétorique. Lui-même nous rapporte ce qui le décida vers 378 à retourner à Carthage. Ce fut la mort d'un de ses amis et l'affreuse douleur qu'il en ressentit. La vue des lieux qu'ensemble ils avaient habités lui était devenue si pénible qu'il semblait en danger d'y perdre la vie ou la raison. Son chagrin n'était pas de ceux qui se nourrissent d'eux-mêmes et qui demeurent étrangers à tout ce qui se passe au dehors. Saint Augustin étudiait sa peine; il l'analysait. Il se plaisait à prévoir les déchirements qu'il éprouverait en passant devant la maison de son ami, en entendant sonner l'heure où il l'avait perdu, en revoyant les personnes qui lui avaient donné leurs soins, et peut-être eût-il regretté de voir ses blessures se fermer. Ce qui me porte à juger ainsi sa douleur, c'est que lui-même avoue qu'à peine de retour à Carthage il la sentit s'affaiblir. Plus tard il éprouva des pertes beaucoup plus grandes sans interrompre pour cela ni ses études ni ses travaux, et sans en être fortement troublé. Son esprit était ailleurs. Il professa la rhétorique à Carthage avec succès. Mais les doutes qu'il avait cru satisfaire dans le manichéisme se réveillaient toujours.

A mesure qu'il vivait dans la société des Manichéens il était frappé du déréglement de leurs mœurs et des détours au moyen desquels ils savaient éluder leur règle pour se livrer à tous les plaisirs qu'elle semblait proscrire. Plus il avançait dans l'étude de la philosophie et dans la connaissance des dogmes manichéens, et plus il s'étonnait des contradictions qu'il y rencontrait. L'âme divine, disaient les Manichéens, était envoyée dans le monde pour combattre le mal ou la matière. Elle était captive dans les corps qu'elle devait combattre et vaincre; mais le résultat du combat n'était pas douteux, puisque l'âme divine ne pouvait souffrir aucun dommage.

Qu'était-ce donc que sa captivité? Était-elle volontaire? Et, dans ce cas, quelle étrange tactique d'enchaîner sa liberté pour triompher plus aisément de celui auquel on s'asservit? Qu'était-ce encore qu'un combat dont l'issue est non-seulement très-probable, mais certaine, parce que la substance d'une des deux parties est incapable d'éprouver aucun dommage. Si Dieu est tout-puissant comment peut-il exister un principe opposé et de puissance égale? Et si ce principe lui est inférieur, comment expliquer le combat; car de celui qui est tout-puissant à celui qui ne l'est pas, il n'y a pas la différence du plus au moins, mais du tout au néant. Ou l'on puise sa force dans celui qui est toute la force, ou l'on n'est que faiblesse. Saint Augustin trouvait que les Manichéens ne répondaient pas à ces objections. Mais ceux-ci s'excusaient, alléguant leur ignorance, et lui répétaient sans cesse qu'il devait adresser ces questions à leurs docteurs, au savant Fauste entre autres, qui ne manquerait pas de les résoudre d'une manière tout à fait concluante. Malheureusement pour l'honneur de la secte, le docte Fauste vint à Carthage. Saint Augustin accourut à lui et lui exposa ses doutes avec l'ardeur et la confiance d'un enfant qui croit à l'infaillibilité de son maître. Mais quel ne fut pas son désappointement lorsqu'il n'entendit sortir de la bouche de Fauste que les mêmes et faibles réponses qui déjà lui avaient été faites par tous les Manichéens. En vain essaya-t-il à plusieurs reprises de découvrir un sens profond dans les paroles du docteur. Rien ne l'était moins que ses discours, et saint Augustin avoua tristement en le quittant qu'il n'avait rencontré qu'un homme honnête et simple. Il demeura cependant parmi les Manichéens, se réservant de les abandonner lorsqu'il aurait trouvé quelque chose de meilleur. Les doctrines religieuses que l'on professe en attendant mieux n'apportent ni le repos à l'esprit ni le contentement à l'âme. Aussi saint Augustin cessa bientôt de se plaire à Carthage et, cédant à ce besoin vague de changement qui le tourmentait, il se décida, malgré l'opposition de sainte Monique, à passer la mer et à se rendre à Rome.

Un soir, vers la fin de l'année 383, il se déroba aux instances de sainte Monique, l'assura qu'il ne voulait que reconduire un de ses amis à quelques lieues de là, et il sortit de la ville. Sainte Monique le suivit en pleurant jusqu'aux bords de la mer; mais enfin vaincue par ses promesses et persuadée qu'il ne voulait pas la quitter, elle consentit à se retirer dans une chapelle peu éloignée pour y passer la nuit. Lorsque le lendemain matin elle sortit pour retrouver son fils, le navire qui l'emportait était trop loin pour que ses cris et même ses regards pussent l'atteindre.

Arrivé à Rome, saint Augustin se logea chez un auditeur des Manichéens, et continua à faire sa société habituelle de ces hérétiques. Chaque jour cependant son esprit se détachait d'eux, et il n'était plus guère retenu dans les liens de cette secte que par la coutume et l'amitié. Les doctrines des Académiciens lui plurent, et ce goût nouveau contribua à le refroidir pour les idées manichéennes. Mais son séjour à Rome ne fut pas assez long pour que ce penchant se développât. Une supercherie qu'il découvrit dans ses élèves en rhétorique le dégoûta et lui fit souhaiter de s'établir ailleurs. Précisément à cette époque la ville de Milan venait de demander à Symmaque, préfet de Rome, un professeur d'éloquence, et saint Augustin, protégé par les Manichéens, après avoir été admis à prononcer une harangue devant Symmaque, obtint cet emploi. Il partit pour Milan en 384, accompagné d'Alype, qui s'était pris à l'aimer de telle sorte qu'il ne pouvait se décider à le quitter. Toujours à la recherche de nouvelles doctrines, saint Augustin ne manqua pas d'aller entendre les sermons que prononçait saint Ambroise, évêque de Milan.

Si la curiosité l'y conduisit d'abord, un sentiment plus respectable et plus grave le força d'y retourner assidûment. Le hasard, disons plutôt la Providence, voulut que saint Ambroise s'appliquât un jour à détruire plusieurs objections que les Manichéens élevaient sur divers endroits de l'Écriture. Saint Augustin, qui l'écoutait, jugea qu'il disait bien, et, examinant dès lors avec plus de soin la doctrine catholique, il crut avoir trouvé le système qu'il cherchait pour le préférer au manichéisme. Sur ces entrefaites sa mère, sainte Monique, arriva à Milan et apprit avec une joie extrême qu'il s'était retiré de ses anciennes erreurs. Cependant l'inquiétude de saint Augustin prenait un caractère plus sérieux à mesure qu'il approchait de la vérité. Il fréquentait l'église pour y entendre saint Ambroise, allait même visiter cet évêque, lisait les Écritures, et, plongé dans l'incertitude, il délibérait sur la religion qu'il devait embrasser. Les instances de sa mère et ses propres scrupules le décidèrent à renvoyer sa concubine et à s'engager dans le mariage. Il alla même jusqu'à choisir la femme qu'il voulait épouser ; mais elle était trop jeune encore et il fallut attendre.

Resté seul et à peine âgé de trente ans, faiblement secouru par sa volonté qui ne s'appuyait encore sur rien de bien solide, il prit bientôt une nouvelle maîtresse, donnant par là lieu de douter si le renvoi de la première lui avait assez coûté. Quelques-uns de ses amis, tels que Nébride et le riche Romanien, jadis son protecteur, étaient venus le rejoindre. Alype ne le quittait pas. Plusieurs autres jeunes gens s'étaient liés avec saint Augustin, et tous avaient formé le projet de vivre ensemble pour se livrer sans obstacle à l'étude et à la conversation. Saint Augustin, qui ne négligeait rien de ce qui pouvait l'instruire, avait imaginé cette communauté, et il n'y renonça qu'en voyant l'impossibilité pour quelques-uns de ses amis de se séparer de leurs femmes, et les difficultés qu'il y avait à les admettre dans leur société. Il ne laissa pourtant pas de mettre en commun, autant qu'il se pouvait, ses études et celles de ses amis. Les livres platoniciens lui apprirent à se faire de la nature divine une idée moins imparfaite que celle qu'il s'en était formée jusque-là à l'école des Manichéens. Bientôt il ouvrit saint Paul, et la lecture de ses ouvrages le remplit d'étonnement et d'admiration. Le langage de l'apôtre, si véhément et si fort, pénétra jusqu'à son cœur qui n'avait encore pris qu'une faible part aux combats de son esprit. Ses menaces le firent trembler, et il commença à considérer la foi religieuse et la pratique comme deux choses du plus grand intérêt. Il doutait encore, mais il était impatient de croire, lorsqu'il reçut la visite d'un nommé Politien qui revenait d'Afrique. Celui-ci lui parla d'abord de la merveilleuse vie de saint Antoine et des moines qui avaient suivi son exemple. S'étant ensuite aperçu que ni saint Augustin ni Alype n'avaient jamais entendu parler de ces solitaires, il entra dans de plus grands détails, et finit par leur raconter comment deux de ses amis, qui se promenaient avec lui aux environs de la ville de Trèves, étant entrés dans une cellule, et y ayant trouvé une vie écrite de saint Antoine, se mirent à la lire, et furent tellement touchés de ce qu'ils y apprirent qu'ils se déterminèrent tout à coup à ne plus rentrer dans la ville ni dans le monde, et à consacrer à Dieu ce qui leur restait de vie.

Pendant le récit de Politien saint Augustin sentait s'élever en lui comme une violente tempête. L'exemple du grand courage que les moines déployaient en s'arrachant au monde pour embrasser une vie de pénitence, et pour suivre aveuglément les inspirations salutaires qui pressaient aussi saint Augustin, mais auxquelles il résistait encore, le sentiment de sa faiblesse et son extrême désir d'en triompher, le mettaient hors de lui. A peine put-il se contenir en présence de Politien; mais, dès qu'il se trouva seul avec Alype, il se tourna vers lui en s'écriant : « Que faisons-nous ? Que dites-vous de « ce que nous venons d'entendre ? Les ignorants « ravissent le ciel; et nous, avec toute notre science, « nous sommes si stupides que nous demeurons « toujours ensevelis comme des bêtes dans la chair « et dans le sang. »

Lui-même nous dépeint l'état dans lequel il se trouvait :

« Je lui dis quelques paroles semblables, ajoute-« t-il, et le transport où j'étais m'emporta aussitôt « hors d'auprès de lui. Et lui cependant demeurait « dans le silence, tout étonné, et me regardait. Car « je ne parlais pas d'une manière ordinaire ; mon « front, mes joues, mes yeux, la couleur de mon « visage, et le ton de ma voix, étaient comme un « langage vivant et visible, qui faisait beaucoup « mieux connaître que mes paroles ce qui se pas-« sait dans mon âme. » . . . .

. . . . « Je m'en allai dans « le jardin où Alype me suivit à l'heure même. « Il savait que je ne me regardais pas moins en « secret lorsqu'il était avec moi que lorsque j'étais « tout seul, et il ne pouvait se résoudre à me quit-« ter, me voyant dans cet état. Nous nous assîmes « au lieu le plus éloigné de la maison et aussitôt

« je me vis dans un frémissement d'esprit et fus
« troublé d'une violente indignation contre moi-
« même de ce que je ne me soumettais pas à vos
« volontés et ne m'unissais pas à vous, mon Dieu,
« lorsque toutes les puissances de mon âme me
« criaient que je devais m'attacher à vos ordres,
« et semblaient m'élever dans le ciel par les
« louanges qu'elles vous donnaient. » . . . .
. . . . « Après qu'une
« profonde méditation eut tiré des plus secrets
« replis de mon âme, et exposé à la vue de mon
« esprit toutes mes misères et tous mes égare-
« ments, je sentis s'élever dans mon cœur une
« grande tempête qui fut suivie d'une grande
« pluie de larmes ; et afin de la pouvoir verser
« tout entière avec les gémissements dont elle était
« accompagnée, je me levai et me séparai d'Alype,
« jugeant que la solitude me serait plus propre
« pour pleurer tout à mon aise ; et je me retirai
« assez loin et à l'écart afin de n'être pas troublé
« même par la présence d'un riche ami. Voilà l'état
« où j'étais, dont il s'aperçut. Car je crois que
« j'avais dit quelque parole d'un ton de voix qui
« témoignait que j'étais tout prêt de fondre en
« larmes. Ainsi je me levai, et lui, tout rempli
« d'étonnement, demeura au même lieu où nous
« étions assis.

« Je me couchai par terre sous un figuier ; je ne

« saurais dire en quelle manière; et ne pouvant
« plus retenir mes larmes, il en sortit de mes yeux
« des fleuves et des torrents que vous reçûtes
« comme un sacrifice agréable. Je vous dis plu-
« sieurs choses ensuite, sinon en ces mêmes
« termes, au moins en ce même sens : Seigneur,
« jusques à quand, jusques à quand serez-vous
« en colère contre moi? Oubliez, s'il vous plaît,
« mes iniquités passées. (Car je savais bien que
« c'étaient elles qui me retenaient, et c'est ce qui
« me faisait dire d'une voix lamentable): Jusques
« à quand, jusques à quand remettrai-je tou-
« jours au lendemain? Pourquoi ne sera-ce pas
« tout à cette heure? Pourquoi mes ordures et
« saletés ne finiront-elles pas dès ce moment?

« Comme je parlais de la sorte et pleurais
« très-amèrement dans une profonde affliction de
« mon cœur, j'entendis sortir de la maison la plus
« proche, une voix comme d'un jeune garçon ou
« d'une fille qui disait et répétait souvent en chan-
« tant : « Prenez et lisez; prenez et lisez. » Je chan-
« geai soudain de visage, et commençai à penser en
« moi-même, si les enfants ont accoutumé de chan-
« ter en certains jeux quelque chose de semblable;
« et il ne me souvient point de l'avoir jamais re-
« marqué. Ainsi j'arrêtai le cours de mes larmes,
« et me levai sans pouvoir penser autre chose,
« si non que Dieu me commandait d'ouvrir le livre

« des épîtres de saint Paul, et de lire le premier
« endroit que je trouverais; car j'avais appris que
« saint Antoine étant un jour entré dans l'église
« lorsqu'on lisait l'évangile, avait écouté et reçu,
« comme particulièrement adressées à lui, ces pa-
« roles qu'on en lisait : « Allez, vendez tout ce que
« vous avez et donnez-le aux pauvres; vous aurez
« un trésor dans le ciel : et venez et me suivez; »
« et que par cet oracle qu'il entendit, il fut dans
« le même moment converti à vous.

« Je retournai donc aussitôt vers le lieu où
« Alype était assis, parce que j'y avais laissé les
« épîtres de saint Paul lorsque j'en étais parti. Je
« pris le livre; je l'ouvris, et dans le premier en-
« droit que je rencontrai, je lus tout bas ces pa-
« roles, sur lesquelles d'abord je jetai les yeux :
« *Ne vivez pas dans les festins et dans l'ivrognerie,*
« *ni dans les impudicités et les débauches, ni*
« *dans les contentions et les envies; mais revêtez-*
« *vous de notre Seigneur Jésus-Christ et ne cher-*
« *chez pas à contenter votre chair selon les plai-*
« *sirs de votre sensualité.* »

« Je n'en voulus pas lire davantage; et aussi
« n'en était-il pas besoin, puisque je n'eus pas plu-
« tôt achevé le lire ce peu de lignes qu'il se répan-
« dit dans mon cœur comme une lumière qui le
« mit dans un plein repos, et dissipa toutes les
« ténèbres de mes doutes. Puis, ayant marqué cet

« endroit du livre avec le doigt ou je ne sais quelle
« autre marque, je le fermai, et avec un visage
« tranquille je fis entendre à Alype ce qui m'était
« arrivé.

« Vous agissiez en même temps dans le cœur
« d'Alype, qui me le fit connaître en cette sorte.
« Il désira de voir ce que j'avais lu. Je le lui mon-
« trai; il lut encore ce qui suivait dans ce passage,
« et à quoi je n'avais pas pris garde : *Assistez celui*
« *qui est faible dans la foi*. Il prit ces paroles
« pour lui et me le déclara aussitôt. Ainsi il se
« trouva fortifié par cette exhortation du Saint-
« Esprit; et sans hésiter ni retarder, il se joignit à
« moi par une bonne et sainte résolution fort con-
« venable à ses mœurs, qui depuis longtemps
« avaient été sans comparaison plus pures et plus
« réglées que les miennes.

« De là nous allâmes trouver ma mère, et nous
« lui contâmes de quelle sorte tout s'était passé,
« sachant bien que rien ne lui pouvait donner
« plus de joie. Elle vous bénit, mon Dieu, de ce
« que vous m'aviez converti à vous, et d'une telle
« sorte que je ne pensai plus à me marier, renon-
« çant pour jamais à toutes les espérances du
« siècle. »

Voilà donc cet Augustin dont l'esprit subtil et
plein de doute s'est toujours refusé à toute conviction sérieuse, qui a si longtemps examiné

sans avoir choisi, qui oppose à tout entraînement le froid obstacle de l'argumentation, qui passe tour à tour en revue Platon, Cicéron, Manichée et saint Ambroise, et qui plus frappé des défauts que des mérites de chacun les juge et ne les suit pas; le voilà tout à coup arraché aux habitudes de sa vie et de son esprit par un mouvement qui n'a rien de réfléchi. Son âme s'est enfin émue et elle a commandé à tout le reste. C'est la seule fois durant le cours de la vie de saint Augustin que nous le verrons soumis à une impulsion du cœur. L'occasion était belle, et elle peut servir à expliquer les doctrines qui se développèrent dans l'esprit de saint Angustin sur la grâce et la prédestination.

A peine saint Augustin put-il abandonner sans éclat la chaire d'éloquence qu'il occupait à Milan, qu'il se retira dans une maison de campagne appartenant à son ami Vérécundo, pour y achever son éducation religieuse. Sainte Monique l'accompagna, ainsi que Navige, son frère, Trigetius et Licentius ses disciples, Lustidien et Rustique ses cousins, son fils Adéodat et saint Alype.

La vie que menaient ces nouveaux chrétiens rappelle les habitudes des disciples de Socrate. Ils se levaient avec le jour, priaient, et allaient ensuite tous ensemble se promener dans la campagne et s'asseoir dans un lieu écarté pour s'y entretenir de quelque chose d'utile. Leurs entretiens ne finissaient qu'à la nuit, et ils allaient alors au bain pour souper ensuite. Les deux jeunes disciples de saint Augustin, Trigetius et Licentius, couchaient dans la même chambre que lui, et souvent la nuit, lorsque le sommeil avait quitté l'un d'eux, celui-ci réveillait les autres en leur proposant quelque difficulté sur un point de doctrine ou de philosophie. Sainte Monique, chargée des soins du ménage, assistait aussi aux conférences que tenaient saint Augustin et ses amis. Son esprit ferme et pénétrant leur faisait souhaiter sa présence, et la modestie qui paraissait en elle donnait un charme tout particulier à ses discours. Rien n'était perdu de ce qui se disait dans ces entretiens. Les discussions suivaient une marche régulière, et des secrétaires mettaient par écrit les moindres paroles qui avaient été prononcées. C'est ainsi que plusieurs livres de saint Augustin ont été composés et nous sont parvenus. Le premier qu'il fit de cette manière fut le livre *Contre les Académiciens*. Ses amis avaient pris leur défense, tandis que, se souvenant de l'influence qu'il leur avait laissé prendre sur lui, il semblait vouloir les en punir en détruisant tous les raisonnements sur lesquels ils s'appuyaient. Vint ensuite le livre de *la Vie bienheureuse*, que saint Augustin place dans la connaissance de Dieu. Le livre de *l'Ordre*, en forme de Dialogue, suivit bientôt. Saint Augustin y déploie beaucoup de subtilité, quelque grandeur et trop peu de véritable discernement. L'Ordre, dit-il, est le principe qui fait faire à Dieu toutes les choses qui existent et de la manière qu'elles existent. Tout est dans l'ordre, le bien et le mal. Il n'y a pas de désordre; il ne peut pas y en avoir, et ce qui en revêt l'apparence n'est qu'un mélange de bien et de mal compris dans l'ordre.

Cette définition frappe d'abord par un certain air de grandeur et d'assurance. La pensée paraît y être à son aise, et ne point éprouver l'embarras de concilier des opinions et des doctrines contradictoires ou tout au moins diverses. Mais en l'examinant de plus près, peut-être y trouvera-t-on quelque chose de vague et de peu précis. Si, par l'ordre, saint Augustin entend la volonté de Dieu ou le plan de la Providence, rien de mieux ni de moins contesté parmi les chrétiens; nous lui demanderons seulement de nous le déclarer d'une manière positive et claire. S'il entend quelque chose d'abstrait, sa proposition se réduit à ceci : « L'ordre est ce qui est. » Si enfin il veut parler de quelque chose ayant l'existence et la volonté, et n'étant pas Dieu, qu'est-ce que Dieu, et que devient sa puissance absolue dans les affaires de ce monde? Tout est gouverné par l'ordre, dit encore saint Augustin, excepté Dieu et ce qui est uni à lui. C'est-à-dire que l'ordre est la loi des choses qui se meuvent, et que le mouvement, ainsi que le changement, étant exclu de la perfection, la perfection n'est plus soumise à l'ordre. Il n'y a pour l'âme qu'un seul moyen de s'unir à la perfection ou à Dieu, la connaissance qu'elle peut en acquérir. Le sage connaît Dieu, dit saint Augustin; son esprit demeure donc immobile. Saint Augustin se demande alors comment l'esprit peut demeurer immobile, quand le corps dans lequel il est enfermé se meut; puis il répond à sa propre objection que l'intelligence du sage connaît Dieu et est immobile, tandis qu'une enveloppe épaisse, et comme une vieille peau qu'il conserve et à laquelle il commande, sert le corps et les sens sous la direction de l'intelligence.

D'abord saint Augustin n'explique pas la différence qui existe entre le mouvement du corps et le mouvement de l'esprit. Le premier consiste dans le changement de lieu; le second dans le changement d'état. Le corps pourrait parcourir le monde sans que l'esprit qu'il contient fît aucun mouvement, si celui-ci parvenait à ne point se distraire de sa divine contemplation. D'autre part, le corps pourrait se tenir dans une complète immobilité, tandis que l'esprit agité subirait des variations infinies. Ce n'est donc pas le mouvement du corps qui entraîne et nécessite le mouvement de l'esprit. Mais la faiblesse et l'inconstance de l'esprit, qui se fatigue de la perfection même, et ne peut l'apercevoir, la saisir et la goûter que par de rapides éclairs et de courts élans. Que dire? Que la perfection peut exister sans l'immobilité? Non, certes. Que la connaissance de la perfection et la perfection ne sont pas une même chose? Peut-être. Et enfin ne pourrait-on pas dire qu'au moment où l'âme humaine conçoit exactement la perfection en Dieu, cette connaissance devient une *idée*, prend une existence réelle et acquiert l'immobilité? En effet, la connaissance de la perfection ne peut varier sans cesser d'être, et l'intelligence du sage, souvent détournée de la contemplation de Dieu ou de la connaissance de la perfection, peut y revenir et la retrouver. Ainsi le corps peut se mouvoir, l'esprit peut s'occuper de divers objets, et la connaissance de la perfection que l'esprit a acquise demeurer immobile, c'est-à-dire semblable à elle-même. En déclarant que le désordre n'existait pas, saint Augustin n'a pas entendu nier l'existence du mal. Au contraire; après avoir affirmé que le mal est dans l'ordre, il passe à examiner ce que c'est que le mal. Les divers systèmes des philosophes et les doctrines des hérétiques lui servent à exercer son rare talent de discussion et de réfutation; mais il évite de résoudre la difficulté, tout en assurant que le mystère peut être aisément éclairci. Les moyens qu'il indique pour y parvenir paraîtront étranges, surtout si l'on considère que la conversion de saint Augustin, arrivée peu de mois avant qu'il n'écrivît son livre de l'Ordre, n'avait pas été déterminée par la science ni par le raisonnement, mais par une impulsion involontaire et irréfléchie. « On connaîtra la nature du « mal, dit-il, si l'on veut s'appliquer à l'étude de la « science des nombres et de la dialectique. »

Cet ouvrage ne coûta pas à saint Augustin de grandes méditations. Quelques conversations lui suffirent, et l'on doit admirer la prodigieuse facilité avec laquelle il traitait des matières si épineuses. Ses improvisations métaphysiques étaient livrées au public sans presque qu'il en corrigeât la rédaction. Ce ne fut que plus tard qu'il entreprit de revoir tous ses ouvrages, et d'indiquer ce qu'il eût voulu retrancher de chacun d'eux.

A peine crut-il avoir épuisé ce qu'il avait à dire au sujet de l'ordre, qu'il écrivit ses *Soliloques*. Ce n'est plus avec ses amis qu'il s'entretient; c'est avec lui-même, ou plutôt « il ne sait pas qui est « celui avec lequel il s'entretient, nous dit-il, ni « s'il est au dedans de lui ou au dehors, et c'est « pour le connaître qu'il fait ce discours. » La question du bien et du mal l'occupe encore, mais cette fois il n'essaie pas de la résoudre par la science des nombres ni même par la dialectique. « Le mal,

« dit-il, n'est que l'absence du bien; c'est une né-
« gation et non pas une chose existante. » Cette
doctrine était celle des saints Pères; mais elle n'avait
pas été adoptée solennellement par l'Église, qui,
satisfaite de réfuter les opinions injurieuses à la
majesté divine et contraires à la révélation, n'avait
jamais hâte de se prononcer en faveur d'aucune
doctrine, et laissait ses serviteurs libres de réflé-
chir, de découvrir et d'avancer, se réservant de
les avertir s'ils prenaient une fausse route, ou de
les arrêter s'ils parvenaient à une solution qui lui
semblait définitive.

« Dieu, dit saint Augustin, a tiré l'âme du néant;
« il l'a créée de rien. Mais l'âme humaine, sortie du
« néant, peut y rentrer si elle ne se nourrit pas de
« ce qui est l'opposé du néant, la vie ou le bien.
« Elle peut se rendre tellement dépendante du
« corps qu'elle ne soit rien sans lui, et qu'en le
« quittant elle cesse d'exister. »

Il faut savoir bon gré à saint Augustin d'avoir
si bien expliqué les effets du péché sans porter
atteinte à la toute-puissance ni à la perfection divine. Plus tard, la discussion l'a entraîné dans
d'autres voies. Mais le premier coup d'œil qu'il a
jeté sur ces matières du point de vue catholique
a été juste, grand et profond.

Vers le carême de 387, saint Augustin revint à
Milan. Il y écrivit le livre *de l'Immortalité de l'âme*,

quelques ouvrages sur les lettres humaines, parmi lesquels il n'acheva qu'un livre *de la Grammaire*, les commencements *de la Dialectique* et *de la Rhétorique*, et l'ouvrage *des Catégories*. Le jour de Pâques de la même année, c'est-à-dire dans la nuit du 24 au 25 avril 387, saint Augustin, son fils Adéodat et son ami Alype reçurent ensemble le baptême. Venu en Italie comme pour se dégoûter des Manichéens en faveur des Académiciens, pour y écouter saint Ambroise et pour y entendre le récit de la pénitence de saint Antoine, qu'avait encore à y faire saint Augustin, maintenant que tout était accompli, et que l'Église l'avait emporté sur le siècle et sur l'erreur? aussi songea-t-il bientôt à retourner en Afrique, pour y vivre dans la solitude avec Alype et Adéodat. Il partit donc de Milan vers le mois de novembre 387, accompagné de sa mère, de son frère, de son fils et de ses amis, auxquels il faut ajouter Romanien et Évode, qui étaient venus le rejoindre à Milan. Tous se rendirent à Ostie d'où ils voulaient s'embarquer pour l'Afrique; mais la maladie de sainte Monique, qui dura neuf jours, et sa mort, qui la termina, les retint. Saint Augustin ne quitta point sa mère pendant le temps que dura sa maladie, lui rendant de pieux offices et la servant avec tendresse et humilité. Sainte Monique en était toute ravie, et elle se plaisait à en faire l'éloge devant ceux qui l'entouraient, le nommant son bon fils, et répétant souvent que jamais elle n'avait entendu sortir de sa bouche la moindre parole qui lui pût déplaire. Lorsqu'elle fut morte, saint Augustin lui ferma les yeux, puis il se sentit tout à coup frappé d'une douleur qui le perça jusque dans le cœur. Elle se voulait répandre au dehors par d'abondantes larmes; mais il les retenait avec une violence extrême, et il ne souffrait pas peu de peine dans ce grand combat contre lui-même. Son âme demeurait blessée. « Je « sentais, dit-il, comme déchirer cette vie compo- « sée de la sienne et de la mienne qui n'en faisaient « qu'une. » Ses amis ne voulurent pas le quitter, et il demeura au milieu d'eux, dissertant sur la perte qu'il venait de faire et sur l'heureux état auquel sa mère avait été appelée, avec une tranquillité qui surprenait les assistants, mais qui lui coûtait de violents efforts. Déjà pourtant il s'indignait contre sa douleur, et se demandait pourquoi elle résistait à sa volonté, d'où elle lui venait, qui lui donnait de la force. Il conduisit sa mère à la sépulture et il assista aux prières et au sacrifice sans verser une seule larme. Puis, étonné de ne pas encore éprouver plus de soulagement, il essaya de prendre un bain. Hâtons-nous de dire que le remède ne fut pas efficace; il se coucha, abîmé de tristesse, et humilié de se sentir si triste. Il s'endormit vers le matin, et, bientôt réveillé, il crut d'abord que sa douleur était beaucoup diminuée. Souvent l'on sort du sommeil le plus tristement commencé, avec une sorte de sérénité ou d'indifférence. Le réveil de la douleur tarde comme son sommeil a tardé, mais il arrive infailliblement. Aussi, lorsque le souvenir de sa mère se fut peu à peu réveillé dans le cœur de saint Augustin, il ne put plus retenir ses larmes. Il se dit qu'avec Dieu, il n'était pas devant un homme superbe qui peut-être en eût mal jugé, et, cessant de se contraindre, il pleura, et il trouva effectivement du soulagement et du repos dans ses pleurs. Si le cours des travaux de saint Augustin fut un moment interrompu par les soins qu'il donna à sa mère, il ne le fut pas par l'affliction que sa mort lui causa. Il avait longtemps pleuré son ami parce qu'il se plaisait dans ses regrets ; à peine pleura-t-il un jour sa mère, et encore fut-ce à son grand étonnement, tant il était habitué à considérer son esprit comme le maître chez lui. Le cœur n'était pas muet, mais de tout temps il avait été subordonné à l'esprit, et maintenant il commençait à être soumis à la volonté.

On ignore ce qui amena et retint saint Augustin à Rome après la mort de sa mère. Il y demeura jusque vers la moitié de l'année 388, et y écrivit le livre des *Mœurs de l'église catholique*, celui des *Mœurs des Manichéens*, celui de la *Grandeur de l'âme*, et le premier des trois *Sur le libre arbitre*. Arrivé à Carthage, il n'y fit pas un long séjour. Le désir de réaliser enfin ses projets de retraite le pressait, et accompagné de ses amis auxquels Sévère, depuis évêque de Milène, ne tarda pas à se joindre, il se rendit à Tagaste, y vendit son bien, en donna le produit aux pauvres, ne se réservant que ce qui lui était nécessaire pour vivre, et il se retira dans une maison très-proche de la ville. Là, il recommença la vie que déjà il avait appris à goûter à Milan. Débarrassé des soins de sa fortune, vainqueur des doutes et des penchants qui l'avaient tourmenté dans sa première jeunesse, il partageait son temps entre l'étude, le travail, la prière, la conversation, et les agréments de la vie qu'il se permettait encore, tels que la promenade, le bain, quelque lecture légère et divertissante, une correspondance suivie avec plusieurs de ses amis, et principalement avec Nébride. Souvent il était importuné par les visites de ses voisins, qui venaient tantôt admirer le grand changement qui s'était fait en lui, tantôt lui demander conseil sur quelque affaire qui les regardait, tantôt le prier de terminer un différend, de concilier des adversaires ou de les protéger auprès de l'autorité. Les amis qui entouraient saint Augustin dans sa retraite, semblaient être tacitement convenus de le considérer comme leur chef. C'était donc lui qui était chargé des intérêts, de la direction de la communauté. Il s'acquittait de toutes ces diverses fonctions avec une rare habileté, et chacune d'elles paraissait l'occuper en entier. La communauté prospérait en paix; les voisins étaient charmés d'avoir acquis un si excellent et si sage médiateur; Nébride recevait de longues réponses aux questions difficiles qu'il adressait à saint Augustin. Ses amis trouvaient toujours sa conversation aussi vive et aussi bien nourrie; et pendant les trois années qui s'écoulèrent ainsi, saint Augustin écrivit *deux livres sur la Genèse*, pour combattre les interprétations manichéennes, le *Livre des quatre-vingt-trois Questions*, le *Livre de la Musique*, celui *du Maître* et celui de *la véritable Religion*. Presque tous ces ouvrages sont dirigés contre les Manichéens.

S'étant transporté à Hyppone, en 391, pour satisfaire un chrétien qui désirait ardemment le voir et lui parler, il entra dans l'église au moment où l'évêque Valère parlait au peuple du besoin qu'il avait d'un prêtre. Le peuple, déjà tout ému de l'arrivée de saint Augustin, crut que Dieu même le lui envoyait au moment où l'évêque demandait un prêtre. Aussitôt il se précipite sur lui, le presse, l'entraîne, et le présente à l'évêque pour qu'il le prenne et l'ordonne. Saint Augustin pleurait et se défendait; mais voyant que ses larmes étaient attribuées au chagrin d'être ordonné prêtre et non pas évêque, il céda tout en protestant de son indignité, et exigeant seulement qu'on lui accordât quelque temps pour s'instruire des devoirs de son nouvel état. Il obtint la permission de demeurer enfermé à Hyppone jusqu'à Pâques, pour y apprendre à exercer la prêtrise.

Les fonctions qui lui furent attribuées étaient beaucoup plus considérables que ne l'avaient jamais été celles des prêtres. Contrairement à la coutume suivie jusque-là, et qui réservait à l'évêque le droit de prêcher, Valère chargea saint Augustin de ce soin, ainsi que d'administrer le baptême. Puis, voyant combien saint Augustin regrettait sa communauté chérie, il lui donna un jardin et une maison. Ses amis vinrent l'y trouver, et plusieurs autres s'étant joints à eux, saint Augustin fonda un véritable monastère d'où sortirent les principaux évêques d'Afrique de cette époque, tels que saint Alype, Évode, Sévère, Posside, Profuture, Urbain, Peregrin, Boniface et Fortunat.

Les erreurs qu'il avait partagées lui paraissant toujours les plus dangereuses, il était particulièrement soigneux de les combattre. Aussi, peu de temps après son ordination, écrivit-il, pour le manichéen Honorat, le livre de *l'Utilité de la foi*, et celui des *Deux âmes*. Il consentit à soutenir une discussion contre Fortunat, Manichéen de grand renom et que les catholiques de la ville redoutaient fort. La conférence eut lieu le 28 août 392, en présence d'un public nombreux. Saint Augustin demanda à son adversaire comment la nature divine pouvait être enchaînée à la matière si elle était inviolable. Il le pressa tellement par cet argument qu'il retourna de mille façons différentes, que Fortunat, poussé à bout, finit par déclarer que le Verbe de Dieu était effectivement lié dans la nation des ténèbres. L'assemblée n'en entendit pas davantage; mais, saisie d'horreur à ces paroles blasphématoires, elle se sépara tout à coup. On recommença pourtant le lendemain, mais ce ne fut pas plus heureusement pour Fortunat, qui, se trouvant dans l'impossibilité de répondre, fut réduit à prier saint Augustin de résoudre lui-même les difficultés qu'il lui objectait, ce que saint Augustin s'empressa de faire en lui exposant le dogme catholique. Il est plus facile de confondre que de convaincre; aussi Fortunat quitta Hyppone après sa défaite, et alla chercher dans des pays éloignés des auditeurs auxquels le bruit de sa conférence ne fût pas arrivé.

L'année suivante, saint Augustin parut à un concile qui se tint à Hyppone, et, tandis que c'était une chose inouïe jusque là d'entendre parler un prêtre devant des évêques, ce fut lui qu'on chargea de prononcer le discours d'ouverture et d'expliquer le Symbole. Il prit part aux discussions qui eurent lieu dans le concile, et à la rédaction de plusieurs de ses canons, se préparant ainsi et préparant la société chrétienne à l'élévation toute nouvelle qui l'attendait.

L'explication du sermon de J.-C. sur la montagne, et des épîtres de saint Paul aux Romains et aux Galates était achevée, lorsque saint Augustin aperçut de nouveaux ennemis contre lesquels il avait à combattre. Il s'agissait des Donatistes, qui, sous le prétexte d'une pureté et d'une rigidité excessive, s'étaient jadis séparés de l'Église dont ils blâmaient le relâchement et condamnaient la faiblesse, surtout dans les temps de persécution. C'étaient des schismatiques et non des hérétiques. Mais cela même, les rendant moins odieux, les rendait aussi plus formidables. La conformité de leur doctrine avec celle de l'Église et la plus grande sévérité de leurs mœurs étaient cause non-seulement que presque personne ne les quittait pour revenir à l'église, mais qu'un assez grand nombre de catholiques passaient de leur côté. Leur principale erreur consistait à rebaptiser ces derniers, prétendant que les péchés des catholiques les rendaient incapables d'administrer les sacrements, et, faisant ainsi dépendre l'efficacité des sacrements du mérite de ceux qui les administraient. La haine que les Donatistes éprouvaient pour les catholiques était d'autant plus forte que la diversité de leurs opinions était moins grande. Aussi n'était-ce, à proprement parler, qu'une question personnelle, et il suffirait, pour en être convaincu, de remonter à l'origine du schisme.

Presque exclusivement renfermés dans l'Afrique où ils avaient pris naissance, les Donatistes s'y trouvaient sur un terrain favorable à la violence de leurs passions. Ils disputaient peu; et sur quoi auraient-ils disputé, puisque leurs dogmes ne différaient en rien de ceux des catholiques? Mais ils calomniaient, ils injuriaient, ils tuaient. Quelques-uns d'entre eux, aveuglés par une fureur qu'ils croyaient légitime, couraient dans les campagnes, nus et les cheveux en désordre, pêle-mêle, hommes, femmes et enfants, poussant des cris affreux, portant le fer et le feu dans les villages catholiques. Ils vivaient dans les champs et dans les forêts, ne possédant rien, et se livrant à tous les penchants brutaux qui peuvent trouver leur satisfaction dans la vie sauvage; puis ils s'imaginaient donner la dernière main à leur sainteté en sacrifiant des catholiques et en se détruisant eux-mêmes. Comment les Donatistes, dont la seule faute était de trop exiger des catholiques, ont-ils pu donner naissance aux furieux *Circoncellions?* L'erreur n'engendre pas nécessairement le crime; mais ici pourtant le lien de l'une à l'autre est visible. Les Donatistes condamnaient les catholiques non comme docteurs, mais comme hommes. Les Circoncellions, ou le bas peuple des Donatistes, voulaient punir ces prévaricateurs si haut placés. Une fois le lien de l'unité rompu, il n'en coûtait pas plus aux Circoncellions de se séparer des trop modérés Donatistes, qu'il n'en avait coûté aux trop exigeants Donatistes de se séparer des catholiques. On était en Afrique, et les questions abstraites qui parlent à l'esprit plus qu'au caractère, et qui, par cela même, n'émeuvent que les hommes éclairés, n'étaient point en jeu.

D'après ce que nous venons de dire des Donatistes, il résulte que, pour les combattre, il fallait moins un homme savant qu'un homme habile, un esprit spéculatif qu'un esprit pratique.

Nous aurions bien mal réussi jusqu'ici à faire connaître saint Augustin si on le jugeait peu propre à remplir cette tâche. Son caractère était froid; son esprit infatigable. Plus logicien que penseur, il avait besoin de s'appuyer sur les faits sous peine de s'égarer s'il demeurait dans les abstractions. Les conférences lui allaient à merveille, et personne ne savait mieux que lui réfuter les accusations, mettre les accusateurs en contradiction entre eux, se rappeler les événements, et employer ses souvenirs à confondre ses adversaires. Personne aussi ne s'emportait et ne s'effrayait moins. Les fureurs des Circoncellions ne lui faisaient éprouver ni crainte ni colère. Il les combattait toujours, s'exposant à mille dangers, et, à peine les catholiques avaient-ils obtenu de l'empereur des lois contre ces fanatiques, que saint Augustin s'empressait de demander qu'elles fussent adoucies, et surtout d'empêcher qu'elles ne fussent exécutées avec trop de rigueur.

Dès l'année 394, et lorsque saint Augustin n'était encore que prêtre, il proposa aux Donatistes d'entrer en conférence avec eux; mais ceux-ci refusèrent. En 397, étant déjà évêque, et se rendant avec Alype à Cyrthe pour y ordonner un évêque, il passa par Tubursique, où un nommé Fortuné était évêque pour les Donatistes. Il lui fit dire qu'ayant entendu parler avec éloge de sa science et de sa bonne foi, il désirait s'entretenir avec lui sur les questions qui les divisaient. Fortuné alla donc trouver saint Augustin, et tous deux entrèrent bientôt en matière devant un assez nombreux auditoire. Le Donatiste vantait les persécutions que les siens avaient souffertes, et se plaignait de ce que les catholiques voulaient bien les juger, mais refusaient de discuter avec eux, se considérant d'avance comme ayant gagné le procès. Saint Augustin répliqua que personne plus que lui ne désirait une conférence et ne travaillait de meilleur cœur à l'obtenir. Fortuné le remercia de sa condescendance. Saint Augustin lui répondit en le complimentant sur sa douceur et son honnêteté, et tous deux se séparèrent tels qu'ils s'étaient rencontrés.

Saint Augustin, se trouvant à Hyppone, recommença en 400 ses tentatives pour amener les Donatistes à discuter publiquement contre lui. Il en écrivit à Crispin, évêque donatiste de Colame, pendant que de son côté Alype faisait la même proposition à Clarence, prêtre ou évêque de ce parti. Le mauvais résultat de ses démarches ne le rebuta point. En attendant que ses instances réitérées contraignissent les Donatistes à se présenter avec lui devant une assemblée régulière, il entreprit de les attaquer en détail et à mesure qu'il en rencontrerait. Il écrivit à un de ses parents nommé Séverin, pour le retirer du schisme, à un catholique nommé Généreux pour qu'il montrât sa lettre à un prêtre donatiste que Généreux voyait souvent, et à Petitien, évêque donatiste de Cyrthe, qui jadis n'avait quitté l'église catholique que pour se soustraire aux violences des Circoncellions, et qui depuis, zélé défenseur des opinions que la force lui avait imposées, s'était avancé jusqu'à attaquer fièrement les catholiques, et à exhorter les siens à tout sacrifier plutôt que de se réunir à l'Église. Parménien, qui avait aussi écrit contre les catholiques, était mort, mais ses lettres restaient. Pressé par ses amis, saint Augustin les réfuta; puis il écrivit sur le baptême et sur son inaltérable puissance. Toutes ces lettres, dont quelques-unes sont presque des ouvrages, ne contenaient pas des arguments très-variés. Pour prouver la fausseté des accusations intentées contre les catholiques, des lettres ni même des livres ne suffisaient pas. Il fallait un procès où l'on discuterait l'authenticité des pièces, et un jugement fondé sur le résultat de cet examen. Jusque-là les objections de saint Augustin se réduisaient à ceci : « Vous autres Donatistes, vous « avez aussi été divisés par un schisme. Plus tard « vos schismatiques vous sont revenus, et vous les « avez reçus sans les rebaptiser, et même sans sou- « mettre leurs prêtres à une nouvelle ordination. « Pourquoi prétendriez-vous traiter les catholiques « avec plus de rigueur, puisque vous avouez ne les « avoir quittés que pour des fautes personnelles que « vous reprochiez à quelques-uns d'eux, à peu près « comme vos schismatiques se sont séparés de vous?»

Venait ensuite un tableau des crimes des Circoncellions, et la question de savoir comment ces crimes étaient justifiés, ou tout au moins tolérés par les rigoureux Donatistes. En répondant à des lettres ou à des livres, on omet facilement les passages embarrassants. Aussi les Donatistes se taisaient sur leurs schismatiques, se taisaient sur les Circoncellions, et répétaient sans cesse leurs accusations contre les catholiques.

Convaincu que des exhortations particulières ne pouvaient avoir aucune influence sur les résolutions des Donatistes, saint Augustin imagina de faire parler un concile. Il avait été décidé quelques années auparavant que tous les évêques d'Afrique se réuniraient une fois l'an, tantôt dans une ville, tantôt dans une autre, pour y régler les affaires ecclésiastiques. L'année 401, le concile se tint à Carthage. L'on y décida que les Donatistes seraient invités à rentrer dans l'Église et que leurs prêtres ainsi que leurs évêques seraient reçus dans le même rang qu'ils occupaient parmi les Donatistes. Cette mesure n'avait pas seulement pour but de rendre plus facile le retour des schismatiques, elle était en même temps une réfutation indirecte de leur doctrine, puisque l'on déclarait considérer comme valables les sacrements administrés par les Donatistes. Mais le succès ne répondit pas à l'habileté de cette décision. Peu de temps après la tenue du concile, saint Augustin se plaignit de Crispin qui continuait à rebaptiser les paysans catholiques et ignorants qui venaient à lui. Bientôt il vit paraître la continuation de la lettre écrite par Petitien de Cirthe contre les catholiques, et, de même qu'il en avait réfuté le commencement, il entreprit de répondre à ce qui avait été écrit depuis. Petitien ne demeura pas sans réplique, et saint Augustin lui répondit de nouveau avec autant de modération que Petitien avait montré d'emportement. Des injures on en vint aux faits. Les Circoncellions, qui jusque-là n'avaient paru poussés que par une rage aveugle, semblèrent tout à coup recevoir une direction plus habile. On les vit quitter leurs bois, cesser leurs cris et leurs courses, et se porter le long des routes pour y attendre les chefs des catholiques et les faire périr. Saint Augustin lui-même, allant porter des consolations à quelques fidèles de son diocèse, faillit tomber entre leurs mains; mais ceux qui le conduisaient s'étant égarés, le menèrent par une autre route et déjouèrent ainsi, sans même le savoir, les projets homicides des Circoncellions. Les prêtres du lieu furent alors en butte à leurs violences, et plusieurs d'entre eux payèrent de leur vie le salut de saint Augustin.

Il fallait porter remède à un tel état de choses, et tout ce qu'il y avait d'honnêtes gens parmi les Donatistes s'employait à le demander. Le concile qui se tint à Carthage en 403, décida que chaque évêque catholique sommerait l'évêque donatiste de son diocèse de s'assembler avec ses collègues, pour choisir des députés qui pussent examiner, à l'époque et dans le lieu dont on conviendrait avec ceux que les catholiques députeraient de leur côté, toute l'affaire du schisme qui les divisait. Mais les Donatistes rejetèrent cette proposition en disant que les enfants des martyrs ne pouvaient ni s'assembler ni conférer avec une race de *traditeurs* tels que les catholiques. De retour à Hyppone, saint Augustin leur adressa une lettre pour les faire changer de résolution, mais il n'y parvint pas. De son côté, Posside, évêque de Calame, ayant fait la sommation voulue à Crispin, évêque donatiste du même lieu, en reçut une réponse si outrageante que celui même qui l'avait écrite en eut honte. Il l'aurait probablement rétractée s'il n'était pas plus difficile de reconnaître ses torts que de les aggraver. Voyant que les injures qu'il venait d'adresser à Posside n'avaient fait du tort qu'à lui-même, il voulut le punir de ne pas avoir souffert de ses coups. Une troupe de Donatistes, conduits par un prêtre nommé aussi Crispin, attendit Posside sur le chemin qu'il devait parcourir pour se rendre à un endroit de son diocèse. L'évêque, averti, changea de direction et alla se réfugier dans un lieu appelé Livet. Mais les Donatistes l'y suivirent et attaquèrent la maison où il s'était renfermé. Les habitants de ce lieu conjuraient les Donatistes de se retirer, et s'efforçaient d'éteindre le feu que les fanatiques y mettaient. Ils y parvinrent trois fois. Mais enfin la porte fut enfoncée, l'évêque arraché de sa retraite et cruellement maltraité. Tout le monde se préparait à voir comment l'évêque Crispin recevrait la nouvelle d'un tel attentat, et quelle serait la punition qu'il infligerait au prêtre conducteur de cette troupe de furieux. L'indignation fut générale, lorsque l'on vit ce prêtre conserver sa dignité et les bonnes grâces de son évêque. Le défenseur de l'Église intervint cette fois, et obtint de l'autorité séculière que l'évêque Crispin fût condamné à payer l'amende de dix livres d'or, portée par la loi de Théodose, du 15 juin 392, contre tous les hérétiques qui donnaient ou recevaient la cléricature. Crispin en appela au proconsul et parut devant son tribunal pour prouver que, n'étant point hérétique, la loi de Théodose ne pouvait lui être appliquée. Ce n'était pas au défenseur de l'Église, simple laïque, à soutenir le contraire. Aussi fit-on paraître Posside, qui, en sa qualité d'évêque, entreprit de convaincre Crispin d'hérésie. Il ne laissa aucun doute dans l'esprit du proconsul, qui approuva la condamnation de Crispin tout en lui offrant de le décharger de l'amende pourvu qu'il consentît à déposer son prêtre. Mais Crispin ne voulait ni convenir de ses torts, ni les réparer, ni les expier. Il en appela à l'empereur, qui reçut l'appel et examina l'affaire. La sentence définitive ne se fit pas longtemps attendre et fut plus rigoureuse que celles dont Crispin avait appelé. Non-seulement il fut condamné à payer les dix livres d'or, mais le juge et le tribunal qui n'avaient pas procédé contre lui avant l'affaire de Posside subirent la même condamnation, et les Donatistes furent expressément compris dans la loi des dix livres d'or, et généralement dans toutes les autres lois faites contre les hérétiques.

Les catholiques, qui n'avaient pas provoqué cette sentence, essayèrent de la mitiger, en obtenant de l'empereur que les lois contre les hérétiques ne fussent appliquées aux Donatistes que d'après la demande expresse des évêques catholiques. Le concile de Carthage de l'année 404 envoya pour cela des députés à l'empereur. Mais ceux-ci trouvèrent, en arrivant à Rome, l'empereur violemment indigné contre les Donatistes qui venaient de commettre de nouveaux excès contre Maximien, évêque de Bagaï. Malgré leurs intentions pacifiques et modérées, ils ne purent empêcher que dès le commencement de l'année suivante l'empereur Honorius fît paraître une loi par laquelle les membres du clergé donatiste étaient condamnés à l'exil, et les laïques à une amende pécuniaire. Les biens de ces derniers devaient même être confisqués, et s'ils parvinrent souvent à se soustraire à l'énormité de cette peine, ce ne fut que grâce à la charitable intervention de saint Augustin et aux indulgentes inspirations qu'il avait communiquées à presque tout le clergé africain. Ce que les lettres et les livres n'avaient pu faire, la crainte des lois l'opéra. Le parti des Donatistes diminua dès qu'il n'eut plus à combattre des prêtres et des évêques, mais des officiers de l'empereur. En effet, le remède convenait au mal, comme le mal répondait à la faute dont il tirait son origine. Séparés des catholiques pour de prétendus crimes qu'ils leur imputaient, tombés eux-mêmes dans des crimes bien plus énormes, ils ne purent être réprimés et convertis que par des lois humaines et par la force matérielle. La religion peut se féliciter de n'avoir pas été mêlée dans ces grossiers débats.

Les Donatistes se traînèrent encore pendant quelques années, perdant chaque jour beaucoup de partisans, et ne répondant rien aux nombreux écrits que saint Augustin ne cessait de leur adresser, et qui, impuissants à les abattre dans le temps de leur prospérité, ne laissaient pas alors que d'ajouter à leur faiblesse. Prêts à périr, ils voulurent tenter un dernier effort et essayèrent de ramener à eux le monde chrétien en intéressant sa curiosité. Après avoir si longtemps refusé le combat, ils l'offrirent et demandèrent à l'empereur une conférence publique avec les catholiques. Ceux-ci n'ayant jamais cessé de la souhaiter, tous furent bientôt d'accord pour l'obtenir de l'empereur, qui la fixa au 1er juin de l'année 411. Il serait trop long de raconter ici combien de fois les Donatistes se repentirent d'avoir demandé la conférence, et comme ils essayèrent de l'entraver sous mille prétextes frivoles. La conférence eut lieu à Carthage et sous la présidence du tribun Marcellin. Saint Augustin y parla presque seul pour les catholiques. Il y prouva la fausseté des accusations intentées par les Donatistes, et dès lors le fondement du schisme étant détruit il ne restait plus aucun doute sur le jugement de la cause. Marcellin, en effet, se prononça pour les catholiques. Après en avoir inutilement appelé à l'empereur, les Donatistes retournèrent aux moyens qui leur avaient servi jusque-là mieux que la discussion. A mesure que leur nombre décroissait, leur ardeur semblait s'accroître. Ils firent encore quelques martyrs parmi les catholiques. Ils parvinrent à faire envelopper le tribun Marcellin dans une condamnation politique. Ils essayèrent de loin en loin de discuter contre saint Augustin. Quoique furieux, ils étaient faibles; quoique sévères, ils n'étaient pas respectés. Que leur restait-il? Leur rage dont ils ne savaient plus que faire et qu'ils tournèrent contre eux-mêmes. En 420, il n'y avait presque plus d'autres Donatistes que les Circoncellions, et ceux-ci se montraient si empressés de se donner la mort, que l'autorité dut intervenir pour les protéger contre leur propre démence.

Pour ne pas interrompre le récit de la lutte que saint Augustin, à la tête des catholiques, eut à soutenir contre les Donatistes, nous avons dû passer sous silence bien d'autres événements de sa vie. Nous avons à peine indiqué son élévation à l'épiscopat sans dire que d'abord, en 395, Valère, évêque d'Hyppone, voulut l'avoir pour coadjuteur. Nous n'avons pas parlé de la vie qu'il mena lorsqu'il eut établi un monastère dans la maison épiscopale et qu'aux agréments d'une communauté studieuse et unie il eut ajouté les rigueurs de la pénitence et le lien de sa propre autorité. Nous n'avons rien dit de la victoire qu'il remporta contre la mauvaise coutume établie chez les catholiques, de faire, sous le nom d'*agapes*, des festins dans l'église. Enfin nous avons gardé le silence sur les nombreux ouvrages que saint Augustin écrivit avant la conférence de Carthage, et qui n'avaient pas pour but de combattre les Donatistes. Les livres du *Libre arbitre*, commencés à Rome en 388 et terminés à Hyppone en 395, méritent cependant un sérieux examen. Saint Augustin s'y montre, peut-être plus que partout ailleurs, éclairé parfois par de sublimes lumières, et égaré souvent par la minutieuse subtilité de son esprit. Il veut établir l'existence du libre arbitre, mais il ne croirait pas en être venu dignement à bout s'il n'y avait employé l'argumentation. Il ne sent pas combien sont belles

les vérités qui ne demandent ni ne supportent la démonstration. *Qu'est-ce qui est plus au pouvoir de la volonté que la volonté même?* s'écrie-t-il. *Personne n'est assez extravagant pour oser dire que nous ne voulons pas volontairement.*

Par de pareils jeux de mots qui se réduisent à ceci : que la volonté est ce qui nous fait vouloir, et que nous voulons par un mouvement de la volonté, saint Augustin croit nous apprendre ce que c'est que la volonté. Il passe ensuite à examiner d'où elle vient. *Tout bien vient de Dieu*, dit-il, *donc il n'y a pas de matière qui ne vienne de lui; mais ce mouvement d'éloignement que nous ressentons pour lui, et d'attrait pour un péché, étant un mouvement de défaillance, et toute défaillance venant du néant, n'hésitez pas à croire qu'il ne vient pas de Dieu. Cependant comme cette défaillance est volontaire, elle est en notre pouvoir; car, si vous craignez ce mouvement, il faut que vous ne le vouliez point, et si vous ne le voulez point il ne sera point.*

Puis, s'apercevant qu'il n'a pas réussi à découvrir d'où vient la mauvaise volonté, car autre chose est de dire qu'elle nous porte vers le néant, autre chose de dire qu'elle en sort, il ajoute que, *quand l'âme ne veut pas, elle ne se remue pas pour abandonner les biens célestes et choisir les biens inférieurs et qu'il n'est pas besoin de chercher l'origine de ce mouvement puisque nous avouons qu'il est volontaire et par conséquent punissable.*

Saint Augustin aurait mieux exprimé sa pensée, s'il eût dit que ce mouvement étant punissable, il faut croire qu'il est volontaire. L'Écriture lui avait raconté les châtiments que ce mouvement attire à l'âme, et sa confiance dans la justice divine lui faisait éprouver le besoin de conclure que l'âme pouvait s'en préserver.

Saint Augustin croyait toujours que plus on répète un raisonnement et plus on le rend clair. Aussi, revenant sans cesse sur sa volonté qui veut volontairement, il nous dit encore *que la bonne volonté est celle qui nous fait désirer la vie juste et honnête ; que si nous aimons cette volonté et si nous nous y unissons par le mouvement d'un désir aussi bon, et que nous la préférions à toutes les choses que nous ne pouvons retenir quand nous le voulons, il s'ensuit que les vertus dont la possession fait la vie juste et honnête, régneront paisiblement dans notre âme ; d'où il faut conclure encore que tout homme qui veut vivre dans la justice et l'honnêteté, s'il veut cela plus qu'il ne veut tous les biens passagers et fugitifs, il parvient à ce bien véritable avec tant de facilité qu'il ne lui en coûte rien autre chose pour avoir ce qu'il veut que de le vouloir.*

Nous verrons plus tard saint Augustin revenir

à ces argumentations, rentrer dans ce cercle vicieux, mais pour essayer d'en sortir par une autre voie, et ne plus taxer d'extravagance ceux qui osent dire que l'on ne veut pas volontairement, et que la volonté n'est pas au pouvoir de la volonté. Jusqu'ici pourtant il n'est occupé que de défendre le libre arbitre contre les Manichéens, et il ne songe pas encore que la gloire de Dieu puisse se mal trouver de ce qui convient à sa justice. Bientôt saint Augustin, mécontent de ne pas s'être expliqué sur l'origine des mauvais mouvements de la volonté, affirme qu'ils viennent de l'âme elle-même. Comment l'âme humaine, étant créée par Dieu, peut-elle avoir d'autres mouvements que ceux qu'elle a reçus de Dieu ou bien qu'une autre puissance, égale à celle de Dieu et non créée par lui, peut lui imprimer? Saint Augustin se tait sur ce point. Lorsqu'il nous parle du péché et de sa puissance, il semble avoir oublié ce qu'il nous a dit dans ses *Soliloques*, que le mal n'était que la négation du bien et n'avait aucune existence qui lui fût propre. Pourquoi nous parle-t-il encore des démons et de l'enfer? La méchanceté des uns n'est-elle que la privation de la vertu, et les tourments de l'autre que la privation du bonheur? Pourquoi, fidèle à son premier système et le développant, ne nous dit-il pas que toute nature intellectuelle vient de Dieu et participe à son essence ; que toute matière est aussi créée par Dieu, mais d'une substance et dans des conditions si différentes, qu'elle peut être considérée comme *néant* par rapport à la nature intellectuelle; que tant que nous maintenons notre âme dans les hautes régions de l'intelligence, nous conquérons, par nos désirs et par nos occupations, l'immortalité et la béatitude; que si, au contraire, nous nous attachons aux plaisirs que nous savons avec certitude être passagers, nous tuons notre âme, c'est-à-dire que, par l'inaction dans laquelle nous tenons notre intelligence, nous la rendons au néant, et que nous nous assimilons par nos goûts aux choses temporelles dont nous nous mettons en peine? Elles passent et nous passerons comme elles. Ce ne serait pas Dieu qui nous punirait, et rien ne s'opposerait alors à ce que nous ne vissions en lui qu'un être souverainement bienfaisant et miséricordieux, qui nous aurait créés avec tous les moyens de salut, et qui nous mènerait tôt ou tard au but pour lequel nous avons été mis au monde. Tout en supposant que cette noble partie de notre être, qui nous fait vivre lors même que nous l'avons condamnée à ne plus se mouvoir que dans d'étroites bornes, subisse les conditions de la matière à laquelle elle s'est volontairement attachée, encore est-il que notre nature intellectuelle ne saurait connaître exactement ces conditions. Aussi longtemps qu'elle connaît, elle existe ; et aussi longtemps qu'elle existe, elle ne peut connaître ce que c'est que de ne pas exister. Or, la nature matérielle étant comme le néant de la nature intellectuelle, les conditions de l'une ne peuvent être connues par l'autre. Mais y a-t-il de la vie sans intelligence ? Qui le sait ? Et peut-on assurer que l'intelligence n'existe pas, quoique en souffrance et en captivité, dans les vies les plus imparfaites ? Si cela est, elle doit conserver longtemps, et peut-être ne perdre jamais un secret souvenir de la dignité dont elle est déchue. Ce souvenir causera sa peine, mais rien ne nous défend d'espérer qu'en s'y livrant et en écoutant les regrets confus qu'il doit lui inspirer, elle ne se mette en état de remonter le chemin par lequel elle est descendue.

La question de la prescience divine occupe ensuite saint Augustin, et il ne semble pas heureux dans ses efforts pour la concilier avec la liberté humaine. Il se demande si Dieu ne prévoit pas ses propres actes, et si l'on peut douter néanmoins qu'il n'agisse volontairement et librement. Fatigué de ses interminables redites sur la volonté, il paraît se plaire à les retourner lui-même dans un sens tout opposé. *Faites, je vous prie, attention,* dit-il, *avec quel aveuglement on peut dire : Si Dieu a prévu ma volonté future, comme rien ne peut arriver autrement qu'il l'a prévu, il est nécessaire que je veuille ce qu'il a prévu.* Or, ajoute saint Augustin, *on ne veut pas ce que l'on veut vouloir.* Cet argument, qui semble supposer que non-seulement Dieu prévoit l'avenir, mais encore que l'homme connaît les prévisions divines, étonne véritablement les admirateurs de saint Augustin. La question est difficile, je dirai même impossible à résoudre d'une manière absolue, si l'on veut y parvenir au moyen du raisonnement. Et d'abord serait-il si injurieux à la majesté divine de dire qu'elle ne voit pas ce qui n'est pas? Bien au contraire, puisque, en admettant la prescience de Dieu, il faut dire que l'avenir est pour lui comme le passé et comme le présent, ou plutôt que le mouvement, et par conséquent le temps, n'existant pas pour Dieu, son regard et son intelligence embrassent l'éternité de toute éternité. L'avenir est donc comme le présent et comme le passé; s'il n'était pas, Dieu ne le verrait pas. De même que les actions et les volontés humaines ont leur rang dans le passé, elles l'ont aussi dans l'avenir sans que Dieu les efface ni les gêne. Il eût pu vouloir autrement qu'il n'a voulu; mais sa volonté ne pouvant changer pas plus que lui, il est nécessairement soumis à ses propres lois. L'homme a reçu ses commandements; s'il doit les exécuter, il doit le pouvoir. Dieu a rendu sa liberté si inviolable qu'il a voulu lui subordonner sa prescience. Si parfois il intervient dans les mouvements du cœur humain, ne croyons pas qu'il nuise à son indépendance, et surtout ne nous en plaignons pas, car c'est de lui qu'arrivent à l'âme ses vertus et ses contentements.

La plus belle partie du livre de saint Augustin est celle où il traite des peines infligées aux âmes. Non-seulement il n'en admet pas d'inutiles, mais il prétend qu'elles sont à double usage. Elles sont salutaires pour l'âme qui les supporte, et elles ennoblissent ce qui leur sert d'instrument. *Une créature plus noble qui pèche*, dit saint Augustin, *est punie par des créatures moins nobles qu'elle, de façon que le châtiment de la première serve en même temps à l'élévation de la seconde. Dans ce contact passager, la créature la plus noble gagne encore par la souffrance et l'humiliation, et l'autre par son commerce avec une créature qui est au-dessus d'elle. . . . .*

. . . . . Une âme, toute pécheresse qu'elle soit, orne si bien le corps, qu'elle lui donne une beauté parfaitement proportionnée, et qu'elle lui communique des mouvements de vie. Une telle âme ne convient donc pas au séjour du ciel par son péché, mais elle convient au séjour de la terre par son supplice, en sorte que, quoiqu'elle choisisse la beauté du monde dont Dieu est l'auteur et le modérateur est si bien réglée qu'elle sera

toujours la même ; car, quand les âmes justes sont dans leurs corps, elles ne leur donnent pas d'ornements par une misère qu'elles n'ont pas, mais par le bon usage qu'elles font de ces corps mêmes. Si l'on permettait aux âmes criminelles d'habiter dans les demeures célestes, cela serait contre les lois de l'ordre, parce que ces places ne conviennent pas à des âmes qui n'en sauraient faire un bon usage, ni contribuer à leur beauté. . . . . .

. . . . Un esclave surpris dans un crime et condamné à nettoyer un égout, lui sert d'ornement par sa honte même ; et la honte de l'esclave et la propreté de l'égout, réunies et réduites à une certaine unité, s'ajustent et conviennent si bien à la disposition de la maison, qu'elles contribuent à sa beauté.

Si l'on examine cet ouvrage, on y trouvera des traces de toutes les doctrines qui ont tour à tour occupé l'esprit de saint Augustin. Rien n'y est contraire à la croyance catholique, mais rien n'en porte exclusivement l'empreinte. Tantôt uniquement préoccupé de combattre les Manichéens, tantôt paraissant comme écouter encore les accents confus et lointains de ces hérétiques, tantôt déroulant les systèmes des philosophes païens, tantôt introduisant le dogme catholique au milieu d'éléments étrangers, sans lui faire prendre de racines ni produire de fruits, il rappelle involontairement aux lecteurs que si sa conviction a suivi sa conversion, elle ne l'a certainement pas précédée.

Les doctrines de saint Augustin devaient pourtant perdre de jour en jour de leur incertitude à mesure qu'il entrait dans le sens des Écritures et qu'il s'y conformait. Aussi, dès l'année 396 ou 397 au plus tard, dans les réponses qu'il adressa à saint Simplicien, successeur de saint Ambroise, sur diverses questions que celui-ci lui avait faites, il examina ces paroles de l'épître de saint Paul aux Romains : *Qu'avez-vous que vous n'ayez reçu ?* Et il conclut que la foi même et la bonne volonté nous viennent de Dieu. La réfutation de l'*Épître du fondement* et le livre du *Combat chrétien* ont pour but de s'opposer au manichéisme. On peut aussi placer dans la même année 396 le livre de la *Doctrine chrétienne*, quoiqu'il n'ait été achevé que beaucoup plus tard, vers 426 ou 427. Saint Augustin y enseigne le moyen de comprendre les saintes Écritures. Il commence par distinguer les signes, les choses, et les signes qui sont en même temps des choses. Ainsi on trouve dans l'Écriture des manières de parler symboliques, des récits historiques et des récits de faits vrais qui sont en même temps des symboles d'autres faits à venir. Pour discerner les uns des autres, saint Augustin donne une règle magnifique. « Si ce que vous lisez « dans l'Écriture, dit-il, vous paraît opposé à la

« charité, c'est-à-dire à l'amour de Dieu et du pro-
« chain, considérez-le comme symbolique. »

Bientôt après parurent les Confessions de saint Augustin, que tout le monde a lues, et dont par conséquent il est inutile de parler. Disons seulement qu'elles ont acquis un degré de célébrité vraiment extraordinaire, et que peut-être, grâce à la faveur dont saint Augustin a toujours joui, la subtilité y a passé pour de la profondeur, l'emphase pour de la chaleur. Il faut du courage pour raconter ses déréglements, et on ne peut le faire avec dignité et franchise que dans un esprit d'humilité qui ne comporte pas d'abjection. Mais rien ne paraît vrai que ce qui est simple, et l'exagération avec laquelle saint Augustin peint la noirceur de son âme à propos du vol d'une poire ou de tout autre crime du même genre, sa grande douleur en se rappelant de pareils actes, et les figures de rhétorique dont elle se pare, ne doivent toucher que médiocrement le lecteur sérieux.

Les opinions de Jovinien mirent saint Augustin dans l'embarras. Cet hérétique prétendait que la virginité n'avait pas plus de mérite que la chasteté conjugale, et permettait aux prêtres et aux moines de se marier. Déjà saint Augustin avait été considéré par la société catholique comme son défenseur, son soutien, son avocat. Pressé de combattre cette hérésie, saint Augustin craignait de paraître incliner vers les Manichéens qui condamnaient le mariage comme une œuvre de la chair, et par conséquent du mauvais esprit. Mettre au monde des enfants était, selon eux, bâtir des prisons à la nature divine. Jovinien soutenait au contraire que c'était donner des serviteurs à Dieu. Placé entre ces deux doctrines, et ne voulant en adopter aucune, saint Augustin écrivit deux ouvrages dont l'un porte pour titre : *Du bien du mariage*, et l'autre : *De la sainte virginité*. Il expose également dans les deux que l'union des sexes a été le premier péché d'Adam; que les désirs de la chair en sont la conséquence et la punition, c'est-à-dire le péché originel avec lequel nous naissons tous ; que le mariage en est le remède permis ; que la virginité est pour l'âme l'état de bonne santé. Quant aux enfants, il ne pense pas que l'on doive éprouver de l'inquiétude en mettant ces âmes à la disposition de Dieu, mais il ne croit pas qu'il soit absolument bon de les exposer au mal. Il ne serait pas précisément fâché que le monde finît ; mais il n'est pas d'avis qu'il faille rien faire pour cela.

La prudence qui dirigeait toutes les actions de saint Augustin, qui rendit son administration si douce à ses inférieurs, ses relations si agréables à ses collègues et à ses amis, ses travaux si productifs et ses discussions si modérées et si utiles, ne lui suffit pourtant pas toujours. Déjà, en 394 et avant d'être élevé à l'épiscopat, il avait écrit un commentaire sur l'épître aux Galates, dans lequel il ne suivait pas l'opinion de saint Jérôme. Presque en même temps il avait aussi travaillé à un livre sur le mensonge où il s'élevait contre ceux qui prétendaient qu'en reprochant à saint Pierre de judaïser, saint Paul n'avait eu d'autre intention que de plaire aux païens; et qu'au fond, bien loin de blâmer sincèrement saint Pierre, il avait lui-même, en d'autres occasions, usé des mêmes ménagements, et montré le même respect pour les coutumes des Juifs et la même confiance dans leur efficacité. Saint Jérôme était de cet avis, et cela était évident par son commentaire sur l'épître aux Galates. Aussi, en 397, saint Augustin lui écrivit une lettre dont il chargea un nommé Profuturus, pour lui exposer son opinion sur ce commentaire, et pour combattre celle de saint Jérôme. Profuturus passa par Rome et y fut retenu, de sorte que la lettre de saint Augustin ne parvint pas à saint Jérôme, et se répandit facilement en Italie, comme il arrive aux moindres choses d'un auteur considérable. La vérité se perd souvent dans les longues routes. Elle ne put aller de Rome en Palestine sans subir de grandes altérations, et saint Jérôme fut bientôt informé que saint Augustin avait publié un livre contre lui.

Peu endurant et nullement dissimulé, saint Jérôme, provoqué par une autre lettre que saint Augustin lui avait écrite en 402, lui demandant pourquoi il n'avait pas fait réponse aux difficultés qu'il lui proposait dans sa lettre de 397 confiée à Profuturus, saint Jérôme, dis-je, répondit qu'il ne savait de quelle lettre il voulait parler, n'en ayant reçu aucune, et se plaignant avec une colère mal réprimée de l'écrit qui avait paru à Rome sous le nom de saint Augustin, et qu'il espérait encore lui avoir été faussement attribué. Bientôt saint Jérôme, ayant vu une copie de la lettre en question, demeura convaincu qu'elle était bien de saint Augustin, et lui écrivit, en 403, pour s'en plaindre fortement. Saint Augustin, mieux informé enfin, s'empressa de lui expliquer comment cette lettre ne lui était pas parvenue, et le pria humblement de lui pardonner les expressions qui lui avaient déplu, et la publicité qu'elle avait reçue malgré lui. La querelle n'eut pas d'autres suites, et les deux saints continuèrent à correspondre de loin en loin sur divers points de doctrine. Mais le caractère et l'esprit de ces deux grandes lumières catholiques paraissent fort en évidence dans ce différend. Saint Jérôme s'y montre violent, susceptible, franc, orgueilleux, et pourtant se défiant assez de lui-même pour vouloir éviter avec saint Augustin des discussions qui pourraient tourner en inimitié. Il dit bien ce qu'il veut dire, et sou-

vent ce qu'il voudrait ne pas avoir dit. Saint Augustin, au contraire, ne s'emporte pas, et il oppose à la colère de saint Jérôme une douceur constante. Souvent il renouvelle ses questions et ses objections, et s'il craint pour leur amitié la violence de saint Jérôme, il ne se défie nullement de sa propre patience. Et pourtant, malgré tant de calme et de raison, saint Augustin se sert parfois d'expressions auxquelles on ne sait trop que reprocher, mais qui devaient nécessairement déplaire à saint Jérôme. J'en citerai un exemple, car il est difficile de définir autrement que par des exemples quelque chose de presque insaisissable. Saint Augustin déplore la division survenue entre saint Jérôme et Rufin, et il en parle à saint Jérôme comme il le ferait avec une personne étrangère à la querelle. Après avoir passé en revue toutes les tristes pensées que cet événement lui suggère, il trouve qu'il doit inspirer une profonde défiance de soi-même ; « car, dit-il, qui ne craindra qu'il
« ne lui arrive aussi de se brouiller avec ses amis,
« puisque vous-même, qui êtes vieux, et qui de-
« puis si longtemps vivez dans la pénitence, n'avez
« pu éviter une pareille faute et un si grand mal-
« heur ? »

Ce qui mettait ces discours dans la bouche de saint Augustin n'était certainement pas de la malveillance. Mais il manquait de cet instinct secret au moyen duquel on reconnaît, sans même les examiner, les paroles qui peuvent paraître offensantes. Il était poli parce qu'il avait appris à l'être; il était patient parce que sa loi le lui commandait, et que d'ailleurs il ressentait peu les injures; mais il n'avait ni cette finesse, ni cette grâce, ni cette délicatesse qui est le propre d'une âme facilement émue. Plus emporté, plus susceptible et par cela même meilleur juge de ce qui pouvait blesser son propre orgueil et l'orgueil d'autrui, saint Jérôme, persuadé que la discussion pacifique lui était impossible avec saint Augustin, refusa désormais de lui exposer ses opinions. En effet, en 414, saint Augustin se trouvant embarrassé de choisir entre les origines diverses que l'on donnait à l'âme, consulta saint Jérôme qui, s'excusant sur ses nombreuses affaires, évita de lui répondre. Saint Augustin commençait alors à s'occuper avec un soin particulier de la question du péché originel. Ce dogme, qui lui était d'un puissant secours pour expliquer la faiblesse humaine, s'accordait mal avec la doctrine, dès cette époque assez généralement répandue dans l'Église, qui faisait sortir chaque âme du néant au moment où un corps était prêt à la recevoir. Ces âmes si nouvellement créées étaient pourtant sujettes aux peines que le péché d'Adam avaient attirées sur elles, et saint Augustin cherchait en vain comment concilier la justice de Dieu avec les tourments que ces âmes naissaient pour éprouver. Le système de la procréation des âmes par les âmes, lui semblait mieux résoudre cette difficulté. L'âme d'Adam était alors la mère et comme la source des âmes humaines, et le poison qui avait souillé la première pouvait s'être introduit dans les autres. L'homme avait hérité du péché, et par conséquent de la peine. Mais cette génération des âmes, dépendante de la génération des corps, ou tout au moins obtenue par le même moyen, rabaissait la nature intellectuelle. L'esprit consentait bien à reconnaître qu'il avait été tiré du néant par Dieu, mais il ne voulait pas accorder que l'homme le créât. L'Église respecta cette noble prétention de l'esprit, et le jour vint où même elle la sanctionna. Cela n'arriva pourtant que beaucoup plus tard, et saint Augustin n'eut pas le bonheur de voir résoudre ses doutes. Saint Jérôme, qui dès lors pressentait la doctrine future de l'Église et la professait, refusa de s'en expliquer avec saint Augustin.

Mais il est temps d'arriver aux importants combats de saint Augustin : aussi, laissant de côté ses nombreuses conférences, tantôt avec des Manichéens, tantôt avec des Ariens ou d'autres hérétiques, ses différends avec quelques ecclésiastiques de son monastère, ou avec une noble famille qui se plaignait de ce que le peuple d'Hyppone avait forcé saint Augustin à ordonner prêtre son chef illustre; passant même plusieurs de ses sermons et de ses ouvrages dont le seul mérite fut l'opportunité; ses voyages dans l'intérieur de l'Afrique pour les affaires de l'Église; sa retraite à la campagne, que la faiblesse de sa santé lui rendit nécessaire; les preuves de désintéressement et de sagesse qu'il ne cessa de donner pendant tout le cours de son administration; les témoignages de respect qu'il reçut sans cesse et de toute part, considérerons-nous désormais saint Augustin comme le personnage le plus influent dans l'Église, et ne séparerons-nous pas le récit de sa vie d'avec celui des vicissitudes ecclésiastiques.

L'Église a toujours été prévenue par les hérétiques, et l'on pourrait dire presque avec certitude : Là où est un dogme rédigé par un concile, il y eut d'abord une hérésie. Les vérités sont éternelles, mais leur exposition est plus ou moins récente. C'est ce que l'on voit dans les questions du péché originel et de la nécessité de la grâce.

Au commencement du Ve siècle rien n'était fixé sur ces matières. Pour affaiblir le mérite des œuvres sur lesquelles s'appuyait l'orgueil des Juifs, saint Paul en était venu jusqu'à traiter avec mépris la volonté humaine, source naturelle des œuvres, et à lui opposer quelque chose qui en fût aussi indépendant qu'il lui était supérieur. Saint

Paul a rendu de si grands services à l'Église, et il en a été si magnifiquement récompensé, son apostolat, si productif, a été si généralement reconnu, que personne, pas plus parmi les hérétiques que parmi les catholiques, n'a osé révoquer en doute son infaillibilité. Son esprit pratique le rendait d'ailleurs très-précieux pour une église qui cherchait son principal appui dans la morale; et ce qu'il y avait d'un peu vague dans son style plaisait aux philosophes chrétiens, qui interprétaient selon leurs goûts ses obscurités et remplissaient ses lacunes.

Saint Paul fut donc beaucoup commenté et presque pas discuté. Saint Cyprien, saint Ambroise, saint Jean Chrysostôme et quelques autres parlèrent de la grâce divine et de l'impuissance humaine; mais ils le firent en panégyristes de la grandeur de Dieu plutôt qu'en docteurs. Enfin l'église, n'ayant pas été appelée à juger entre des opinions contraires, avait différé de se prononcer. Le terrain était libre encore au commencement du ve siècle. Un moine breton quittait alors son pays pour chercher fortune en Italie. Il se nommait Pélage. Les historiens catholiques le peignent comme un homme profondément astucieux, remuant, inquiet, d'un grand savoir et d'un rare génie. C'est le portrait qu'ils nous ont laissé de presque tous les hérésiarques. Sans lui accorder ni de si grands mérites, ni de si grands vices, nous n'avons reconnu en lui que de l'activité, de l'ambition, de la timidité, un certain bon sens et un esprit d'application qui se mouvait dans d'étroites bornes, et qui ne pouvait guère s'élever à de hautes spéculations. Moine libre, c'est-à-dire ne faisant partie d'aucune communauté ni d'aucun ordre, il vint à Rome par curiosité et par ambition, mais sans projet déterminé. Il y connut les deux Rufins : celui d'Aquilée et celui de Syrie. Le premier, célèbre adversaire de saint Jérôme, lui enseigna la doctrine origéniste connue sous le nom de l'*impeccance* ou de l'*apathie*, laquelle supposait que l'âme humaine pouvait par ses propres forces se maintenir indépendante du corps, vivre comme séparée de lui, n'en pas éprouver l'influence, vaincre non-seulement, mais ne pas en ressentir les passions. Le second, disciple de saint Jérôme et de Théodose de Mopsueste, partisan d'abord, puis ennemi d'Origène, amena Pélage à nier le péché originel. Lui-même s'était laissé emporter jusque-là en combattant la vie antérieure qu'Origène donnait aux âmes et dans laquelle selon lui elles avaient assez péché pour être condamnées à descendre ici-bas. Il se trouva que ces deux doctrines s'accordaient assez bien ensemble; car si le premier homme n'avait pas péché, la raison qui faisait que ses descendants étaient exposés et soumis au mal, n'existait plus. En rejetant le péché originel, il fallait presque admettre l'état d'impeccance ou d'apathie. Les âmes souffraient la peine qu'elles avaient encourue par leur faute dans une autre vie, en habitant le corps humain, et il n'était pas nécessaire d'enchérir sur le supplice en les exposant à se perdre pour l'éternité. Pénétré de ces opinions mais n'osant pas les déclarer, Pélage ne changea rien à la vie exemplaire qu'il avait embrassée et acheva de gagner l'estime et la confiance des esprits les plus éclairés et des cœurs les plus chrétiens. Paumaque, saint Paulin, saint Jérôme lui-même, et Julienne mère de la vierge Démétriade, sont comptés parmi ses amis. Plusieurs jeunes gens attirés par le bruit de sa vertu et par les agréments de ses manières, recherchèrent sa société, et ce fut à eux qu'il confia ses pensées. Elles furent reçues avec une sorte d'enthousiasme par ses nouveaux disciples, et quelques-uns d'entre eux se consacrant à leur service, formèrent comme une école dont Pélage était le chef, s'instruisirent, s'exercèrent, amassèrent un trésor de citations et poussèrent ensuite Pélage à lever son drapeau.

Parmi ses disciples deux surtout partageaient tous ses travaux et lui étaient d'un grand secours. C'était Anien et Célestius. Pélage s'occupait principalement à interpréter les Écritures. Anien lui faisait toutes les traductions dont il avait besoin, et Célestius préparait les ouvrages de polémique. Ainsi entouré et excité, Pélage devint plus courageux et fit répandre dans le public ses commentaires sur saint Paul et un autre livre contre le péché originel. L'approche d'Alaric le décida à quitter Rome et à se rendre, au commencement de l'année 409, avec Célestius en Sicile, où, se trouvant plus éloigné du saint-siége, il s'enhardit à faire paraître un livre portant pour titre *De la Nature*. Il y attaque *ceux qui au lieu de s'en prendre à leur propre volonté dans leurs péchés, accusent la nature de l'homme et tâchent de s'excuser par là*. C'était les Manichéens et non pas les catholiques qui tâchaient de s'excuser en alléguant l'imperfection de leur nature. Les catholiques au contraire, tout en avouant leur faiblesse naturelle, s'en reconnaissaient coupables en l'attribuant au péché du premier homme. Ils voulaient être solidaires de leur père commun, et Pélage en les accusant de vouloir rejeter leurs fautes sur leur nature, n'agissait pas avec bonne foi. La nécessité de la grâce semblait pourtant admise par Pélage, mais il ne s'expliquait pas sur la nature de cette grâce, et l'on pouvait même croire qu'il voulait parler seulement du libre arbitre, le considérant comme une grâce de Dieu, auteur de la nature humaine. Presque en même temps Célestius publia un livre sur l'impeccance, intitulé : *Définitions*. Il s'y montre plus franc et plus audacieux que Pélage et il essaie d'y prouver que l'homme peut, au moyen de ses propres forces, s'abstenir de tout péché. *Il faut demander*, dit-il, *si le péché vient de la volonté ou de la nécessité; s'il vient de la nécessité ce n'est point un péché; s'il vient de la volonté, on peut l'éviter. Il faut aussi demander si l'homme doit être sans péché? Sans doute qu'il le doit. S'il le doit, il le peut; s'il ne le peut, il ne le doit donc pas; et si l'homme ne doit pas être sans péché, il doit donc être avec le péché, et alors ce ne sera plus un péché, si c'est l'état où l'on doit être. Que si quelqu'un vous dit : Donnez-moi donc un homme qui soit sans péché; il faut répondre : Je vous donne un homme qui peut être sans péché. S'il dit : Je ne le puis, répondez-lui : De qui est-ce la faute? S'il dit : C'est la mienne, dites-lui : Comment est-ce votre faute, si vous ne pouvez être sans péché?*

Les catholiques pouvaient répondre : C'est par votre faute que vous ne pouvez désormais être sans péché, car vous en avez volontairement perdu les moyens. Mais Célestius niait le péché originel, et sa doctrine de l'impeccance suivait naturellement et logiquement.

Encouragé par le succès qu'il obtint en Sicile auprès de beaucoup de laïques, et même de quelques évêques, Pélage leva son regard jusque sur saint Augustin, et essaya d'acquérir son suffrage. Il se rendit à Hyppone accompagné de Célestius, en 411, et n'y ayant pas trouvé saint Augustin, il alla le rejoindre à Carthage. Mais il ne put avoir un entretien avec lui comme il s'en flattait, et dirigeant ailleurs ses recherches pour se procurer un appui, il se sépara de Célestius qui demeura à Carthage et il se rendit en Palestine dans le dessein de gagner à son parti, Jean, évêque de Jérusalem, dont le caractère indépendant s'était déjà fait connaître à l'occasion de ses nombreux différends avec saint Jérôme. Avant de quitter l'Afrique, Pélage écrivit pourtant une lettre à saint Augustin pour lui exprimer ses regrets de ne pas avoir pu s'entretenir avec lui, et il en reçut une réponse polie mais mesurée.

Nous avons déjà vu comment saint Augustin s'expliquait sur le compte de la volonté humaine. Nous l'avons entendu demander dans ses livres du libre arbitre : *Qu'est ce qui est plus au pouvoir de la volonté que la volonté elle-même?* et s'écrier que : *personne n'est assez extravagant pour oser dire que nous ne voulons pas volontairement.* Cette pensée que la volonté vient de l'homme, et l'exécution de Dieu, se retrouve exposée d'une manière plus dogmatique dans le livre que saint Augustin écrivit contre Porphyre et dans son commentaire de l'épître aux Romains. Dans le premier de ces ouvrages, saint Augustin dit que : *Jésus-Christ a voulu paraître parmi les hommes et leur faire prêcher sa doctrine dans le temps et dans les lieux où il savait qu'il y aurait des personnes qui croiraient en lui.* Dans le second, après avoir cité ces paroles de saint Paul : *Vous me direz peut-être pourquoi Dieu se plaint-il? Car qui est-ce qui résiste à sa volonté?* saint Augustin ajoute : *L'apôtre répond de façon à nous faire comprendre que les personnes spirituelles qui ne vivent plus selon l'homme terrestre, peuvent pénétrer les premiers fondements de l'élection et de la réprobation des hommes, et découvrir comment Dieu en prévoyant dans les cœurs les premiers mouvements de la foi et de l'impiété fait choix de ceux qu'il sait qui croiront et condamne ceux qu'il sait qui demeureront dans l'incrédulité, en sorte que le choix des premiers et la condamnation des derniers, n'est pas fondée sur la différence de leurs œuvres; mais qu'en vue de la foi des premiers, il leur donne la grâce de faire de bonnes œuvres, et qu'en punition de l'incrédulité des derniers, il les abandonne et les endurcit pour leur laisser faire le mal.* Déjà plus haut, saint Augustin avait dit que: *Tous les hommes sont égaux, quand on les considère avant tout mérite. Or, il ne peut y avoir de choix proprement dit, entre des choses parfaitement égales. Ainsi, comme le Saint-Esprit n'est donné qu'à ceux qui croient, quand Dieu nous donne le Saint-Esprit pour nous faire faire le bien par la charité, il ne fait pas choix de nous à cause de nos bonnes œuvres, puisque c'est lui qui en est l'auteur; mais il nous choisit à cause de notre foi. Car on ne reçoit pas le don de Dieu, c'est-à-dire le Saint-Esprit qui nous fait opérer le bien par la charité qu'il répand dans nos cœurs, à moins qu'on ne croie, et qu'on ne persévère dans la volonté de recevoir ce précieux don. Ce n'est donc pas parce que Dieu a prévu, dans sa prescience éternelle, qu'un homme ferait de bonnes œuvres, qu'il fait choix de lui, puisque, au contraire, ces bonnes œuvres seront des dons de sa grâce; mais il a fait choix de cet homme parce qu'il a prévu qu'il aurait la foi; et c'est en conséquence de cette foi prévue de toute éternité, que Dieu choisit ceux à qui il donne son Saint-Esprit, afin qu'en faisant de bonnes œuvres ils obtiennent la vie éternelle. C'est pourquoi l'apôtre dit bien que Dieu opère tout en tous; mais il n'est dit nulle part que Dieu croit tout en tous. Car lorsque nous croyons, cela vient de nous; mais quand nous faisons le bien cela vient de Dieu. . . . . C'est à nous de croire et de vouloir, mais c'est à Dieu de donner à ceux qui croient et qui veulent, le pouvoir de faire le bien par son Saint-Esprit qui répand la charité dans nos cœurs.* Saint Augustin dit encore que : *Ce qui commence le mérite des élus, ce n'est pas leurs œuvres, mais leur foi, qui leur obtient de Dieu la grâce de faire le bien ; de même, ce qui commence le démérite des réprouvés, c'est leur infidélité et leur impiété, en conséquence de laquelle Dieu les punit en les abandonnant à faire le mal. . . . . Ceux sur qui Dieu exerce sa miséricorde, il leur fait faire le bien ; et ceux qu'il endurcit, il leur laisse faire le mal : mais Dieu exerce cette miséricorde en conséquence du mérite de la foi, et il endurcit en punition de l'iniquité qui a précédé.*

Il résulte de ces passages que saint Augustin considérait le premier mouvement du cœur humain vers Dieu comme appartenant à l'homme. On aurait pu lui objecter que ce mouvement, appelé *foi*, ne pouvait guère exister sans la connaissance des vérités auxquelles il faut croire, et qu'un sauvage, par exemple, qui n'aurait jamais entendu parler de J.-C., croirait difficilement en lui. Mais saint Augustin opposait d'avance à cette difficulté la prescience de Dieu, qui, découvrant au fond du cœur d'un homme le germe de la foi, lui faisait parvenir les notions nécessaires pour qu'il pût le développer. Je ne sais aussi comment il se serait justifié de n'attribuer à Dieu que les bonnes œuvres, tandis que ce fut précisément pour les flétrir que saint Paul leur assigna une origine toute humaine. Enfin cette doctrine de saint Augustin ne s'éloigne pas autant qu'on peut le croire de celle de Pélage. Cet hérésiarque faisait tous les hommes égaux. Tous pouvaient avoir la foi, puisque la source en était dans leur cœur; mais la foi ne pouvant se développer sans la connaissance du dogme, Dieu faisait entendre sa doctrine à tous les cœurs bien disposés, ou, pour mieux dire, il donnait à tous les hommes les moyens de s'instruire suffisamment, réservant des récompenses à ceux qui lui prêteraient une oreille attentive et une intelligence soumise, et des peines à ceux qui, au contraire, ne lui apporteraient qu'un esprit plein de défiance. Dans la doctrine de l'égalité des hommes et de leurs chances de salut, saint Augustin ne différait pas d'avec Pélage. S'il n'avouait pas que Dieu accorde à tous les hommes les moyens d'arriver à la connaissance de la vérité, du moins ne contestait-il pas que les saintes Écritures ne fussent prêchées à beaucoup d'hommes qui n'y ajoutaient aucune foi. Mais il reconnaissait un autre don de Dieu plus particulier et plus intime; c'était le saint Esprit, qui, au moyen de la charité, faisait faire les bonnes œuvres. Pélage était d'un autre avis, et l'on ne sait trop pourquoi; car cette intervention directe de Dieu dans le cœur de l'homme aurait fort bien pu s'allier avec le reste de sa doctrine, du moment que l'on convenait que l'opération divine était déterminée par la disposition humaine.

Mais les deux ouvrages que nous venons de citer de saint Augustin, ont été écrits avant la naissance de l'hérésie pélagienne. Vers l'année 412 pourtant, après que Pélage était venu en Afrique, lorsque Célestius, établi à Carthage, ayant demandé à entrer dans les ordres, avait été dénoncé comme professant une fausse doctrine, par Paulin, diacre de Milan, et dans l'intervalle qui s'écoula entre la convocation et la réunion d'un concile demandé par Aurèle, évêque de Carthage, pour le juger, saint Augustin adressa au tribun Marcellin trois livres sur la rémission des péchés, où, après avoir défendu le péché originel et établi la nécessité de la grâce, il répond aux objections que Pélage faisait en faveur de la liberté. Il y soutient que la grâce étant un secours, il faut que la volonté agisse et fasse ses efforts avec elle, car, dit-il, on ne peut être aidé que quand on fait quelques efforts de son côté.

Plus tard le tribun Marcellin n'ayant pas été pleinement satisfait des explications de saint Augustin, celui-ci lui répondit par le livre *de l'Esprit et de la Lettre,* où il s'exprime ainsi : . . . .
. . . . . « Quand Dieu agit donc ainsi avec

l'âme raisonnable, afin qu'elle croie à sa parole, sans doute que Dieu opère en l'homme la volonté même de croire, et que sa miséricorde nous prévient en tout. Mais, comme j'ai dit, c'est à la volonté à consentir à la vocation de Dieu ou d'y refuser son consentement. » Voici donc le rôle de la volonté changé, mais non détruit. Tantôt elle prévenait l'action de Dieu, maintenant elle ne sait plus que lui résister. Pourtant elle agit encore.

Pendant que saint Augustin terminait ces ouvrages, le commentaire de saint Paul, composé par Pélage, lui tomba entre les mains, et le détermina à traiter de *la Grâce de la nouvelle alliance*, dans une lettre qu'il adressa à son ami Honorat. Là, l'insuffisance des œuvres, ou, disons mieux, la nécessité de la grâce pour accomplir les bonnes œuvres est bien établie, mais il n'y est pas question de la volonté ou de ce premier mouvement par lequel l'âme aspire à Dieu. Ce silence de la part de saint Augustin, ne doit pas étonner, soit qu'on le considère comme un moyen d'arriver plus tard à parler de la volonté tout autrement qu'il ne l'a fait jusque-là, soit qu'en répondant à Pélage, il n'éprouvât le besoin de s'expliquer que sur la nature du secours que Dieu accordait à l'homme, ce qui était le point contesté entre ces deux docteurs. Que cette lettre fût réellement écrite contre Pélage, cela paraît évident par ces mots qui la terminent : « Au reste, ce n'est pas sans raison qu'à l'occasion des questions que vous m'avez proposées, j'ai traité de la grâce de la nouvelle alliance, et que je me suis étendu à vous l'expliquer; car elle a ses ennemis qui, au lieu de révérer la profondeur de ce mystère, et d'attribuer à Dieu ce qu'il y a de bien en eux, se l'attribuent à eux-mêmes; et ce ne sont pas des gens à mépriser, mais des gens qui vivent dans la continence et qui se rendent recommandables par la pratique des bonnes œuvres. »

Cependant le concile convoqué par Aurèle s'ouvrit à Carthage, au commencement du carême de l'année 412. Paulin y parut contre Célestius, l'accusant d'avoir enseigné les six propositions suivantes :

1° Qu'Adam avait été créé mortel, et qu'il devait mourir, soit qu'il péchât ou qu'il ne péchât point.

2° Que le péché d'Adam n'a fait tort qu'à lui seul, et nullement au genre humain.

3° Que les enfants qui naissent sont dans le même état où était Adam avant sa prévarication.

4° Que tous les hommes ne meurent point par la prévarication et la mort d'Adam, comme ils ne ressuscitent pas tous par la résurrection de Jésus-Christ.

5° Qu'on parvient au royaume des cieux aussi bien par la loi que par l'Évangile.

6° Qu'avant l'avénement du Seigneur, il y a eu des hommes sans péché.

Sommé de renier ces doctrines, Célestius hésita, prit mille détours, et, ayant enfin refusé de le faire, il fut excommunié par le concile. Il en appela à l'évêque de Rome, et s'embarqua ensuite pour Éphèse où il espérait trouver des appuis.

Plus heureux que son disciple, Pélage avait su obtenir la faveur de Jean, évêque de Jérusalem. La douceur de ses manières, l'agrément de son esprit et la pureté de ses mœurs lui captivaient la bienveillance des dames chrétiennes, que la piété attirait de toutes parts en Palestine. Ses doctrines plaisaient à l'évêque de Jérusalem par leur ressemblance avec l'*Origénisme*. D'ailleurs Pélage était prudent. Il se contentait de répandre peu à peu ses croyances dans les cœurs déjà disposés en sa faveur, et il savait éviter sans peine les déclarations de principes trop explicites. Saint Jérôme pourtant ne pouvait se méprendre à ces faux semblants de sainteté. Aussi, interrogé par Ctésiphon sur les erreurs nouvelles qui se répandaient sourdement, il répondit par une lettre dans laquelle, tout en s'abstenant de nommer Pélage, il le désigne clairement et l'apostrophe avec violence. Pélage chargea Anien de répondre à saint Jérôme, et si la lettre de celui-ci avait manqué de modération, la réponse d'Anien n'en eut pas davantage, et en obtint encore moins de saint Jérôme dans ses préfaces aux commentaires de Jérémie, où il trouva moyen d'attaquer, de menacer même les Pélagiens, et de se plaindre d'eux.

Vers l'année 413, Demetriade, jeune Romaine de grande famille et possédant d'immenses richesses, se détermina à consacrer à Dieu sa fortune, sa virginité et le reste de ses jours. La haute position de Demetriade fit de sa vocation un événement dont le monde chrétien tout entier s'occupa. Les plus grands évêques lui écrivirent pour l'en féliciter, et Pélage mêla sa voix aux leurs. Sa lettre fut longtemps attribuée à saint Jérôme, ou même à saint Augustin, tant elle était pleine d'onction et de dignité. Mais aussitôt que l'auteur réel de la lettre fut connu, on commença à en contester le mérite, et on lut avec défiance un passage où Pélage disait à Demetriade : « Vous avez ici de quoi vous préférer aux autres; car la noblesse du sang et les richesses sont moins de vous que de vos parents. Mais il n'y a que vous qui puissiez vous donner les richesses spirituelles. C'est en ces choses, qui ne peuvent être que de vous et qu'en vous, qu'il faut vous louer. »

Les partisans que Pélage gagnait chaque jour et dans toutes les classes, et les propositions condamnées dans Célestius, inquiétaient Aurèle, qui, en 413, pria saint Augustin, alors à Carthage, de prêcher contre ces nouvelles doctrines. Saint Augustin ne manqua pas de le faire, mais avec une modération tout à fait extraordinaire. Après avoir parlé de ceux qui niaient le péché originel, il termine ainsi son sermon : « Obtenons si nous pouvons de nos frères qu'ils ne nous appellent pas hérétiques; nous pourrions peut-être donner ce nom, si nous le voulions, à ceux qui soutiennent ces opinions, mais nous ne le faisons pas. Que leur mère les souffre avec compassion pour les guérir. Qu'elle les supporte pour les enseigner, de peur qu'elle ne soit obligée de les pleurer comme morts. Ils vont trop loin; c'en est trop; il faut une grande patience pour les souffrir plus longtemps. Qu'ils n'abusent pas de cette patience de l'Église. On ne doit peut-être pas encore blâmer notre longanimité. Mais nous devons craindre de nous rendre coupables par notre négligence. »

Il fallait être fortement entraîné par le discours pour oser dire, en 413, à Carthage, que l'Église n'appelait pas hérétiques les ennemis du péché originel, tandis que le concile tenu à Carthage même, en 412, les avait condamnés. Que saint Augustin eût oublié cette condamnation, ou qu'il ne l'eût pas considérée comme définitive, toujours est-il qu'en 413 il ne pensait pas que Pélage et ses disciples fussent encore séparés de l'Église. De toutes parts cependant arrivaient à saint Augustin des demandes de secours contre la nouvelle doctrine. Les semences répandues en Sicile par Pélage et Célestius, avaient germé. Un nommé Hilaire, de Syracuse, écrivit à saint Augustin pour se plaindre que l'on enseignait dans son pays que l'homme pouvait être sans péché et garder facilement les commandements de Dieu, et qu'un enfant mort sans baptême ne pouvait périr avec justice parce qu'il était né sans péché. Quelque temps après, deux évêques espagnols envoyèrent à saint Augustin l'écrit de Célestius sur l'impeccance, le priant de le réfuter, ce qu'il fit par son livre de *la Perfection de la justice de l'homme.*

Pélage se faisait de nombreux partisans; quelques-uns pourtant le quittaient pour revenir à l'Église. Deux jeunes moines siciliens, qui avaient été des premiers à le suivre, dégoûtés de ses doctrines, remirent à saint Augustin le livre de Pélage portant pour titre: *De la nature*, qui jadis les avait séduits. Saint Augustin y répondit par son ouvrage *De la nature et de la grâce.* Il s'y montre inquiet de ce que l'on semble dire que l'homme *obtient* la grâce de Dieu qui, selon lui, ne devrait plus être appelée grâce si elle n'était donnée gratuitement. Il admet pourtant encore l'existence et l'action de la volonté, puisqu'il dit que Dieu n'abandonne pas si l'on ne l'abandonne, et qu'il cite ces paroles de saint Jérôme : « Dieu nous a créés libres; nous ne sommes pas entraînés par la nécessité aux vertus ni aux vices; autrement, où il y a nécessité, il n'y a pas de couronne. »

Tandis que l'Afrique se soulevait contre Pélage et ses disciples, ceux-ci vivaient paisiblement en Palestine, protégés par l'évêque de Jérusalem, vénérés par les chrétiens du plus haut rang et du plus grand mérite, suivis par quelques adeptes, et seulement inquiétés de loin en loin par saint Jérôme. L'arrivée d'Orose, envoyé par saint Augustin à saint Jérôme en 415, changea l'état des choses. Saint Jérôme ignorait que les erreurs de Pélage fussent connues de saint Augustin et réfutées par lui. Il ignorait le jugement et la condamnation de Célestius, de même qu'il n'avait pas connaissance du livre de ce dernier. Mieux informé par Orose, il se plaignit hautement, et il excita les catholiques, qui commencèrent à murmurer contre Jean de Jérusalem et contre la protection qu'il accordait à Pélage. Intimidé par ces témoignages de mécontentement, Jean assembla son clergé le 30 juillet 415, pour examiner avec lui les accusations portées par Orose contre Pélage. Orose se présenta, vanta les travaux de saint Augustin contre Pélage, raconta la condamnation de Célestius, et donna lecture de la lettre de saint Augustin à

Hilaire. Pélage ne sut pas répondre. Il s'emporta un moment contre saint Augustin; puis, rappelé à l'ordre par l'indignation qu'il avait provoquée, il avoua quelques-unes des propositions qui lui étaient reprochées, en nia les conséquences, accorda tout ce que Jean lui proposa; enfin, il se conduisit avec si peu de mesure et de fermeté, que Jean, effrayé pour lui des suites de sa maladresse, leva la séance en déclarant brusquement que Pélage admettait le secours de la grâce pour éviter le péché, et que dès lors il n'y avait plus rien à lui objecter.

Mais les catholiques, poussés par saint Jérôme, n'étaient plus disposés à tout passer sous silence. Ils protestèrent, disant que Pélage, Breton de naissance, devait être jugé par des évêques latins, et ils insistèrent avec tant de zèle que Jean n'osa pas leur résister et prononça que l'affaire serait portée devant le pape Innocent et qu'en attendant sa décision les deux partis déposeraient les armes. On se soumit en apparence, mais Jean devait savoir qu'il y avait un homme sur lequel ni les commandements, ni les défenses, ni les arrêts, ni les menaces ne pouvaient rien, un homme qui, soutenu par la double force de son caractère et de sa conscience, se croyait tenu de n'obéir qu'à ses propres impulsions; je veux parler de saint Jérôme. L'accommodement était à peine accepté que saint

Jérôme, le méprisant, fit paraître ses dialogues contre les Pélagiens. Il ne se contenta même pas de dédaigner tacitement l'accord en le rompant; mais il déclara que c'était un moindre péché de suivre un mauvais parti qu'on croit bon, que de n'oser défendre un bon parti qu'on connaît tel, et qu'il ne consentait pas à garder la trêve imposée, de crainte qu'une fausse paix n'enlevât les avantages que la guerre avait conservés.

La protection que Pélage trouvait dans l'évêque de Jérusalem l'enhardit à répondre. Il le fit par quatre livres sur le libre arbitre, dans lesquels tout en évitant de définir nettement sa doctrine, il s'efforce d'amoindrir le mérite de la grâce en supposant qu'elle n'est donnée que pour rendre l'exécution des bonnes œuvres plus facile. Saint Jérôme brûlait de répliquer, mais il craignit d'affaiblir l'intérêt en prolongeant la discussion et il chercha d'autres moyens de nuire aux novateurs. Il fallait les surprendre en leur opposant de nouveaux accusateurs qui ne fussent pas suspects d'inimitié devant des juges qui, n'étant pas convoqués expressément pour s'occuper de cette affaire, ne pourraient être ni choisis par Jean, ni soumis à son influence. Vers la fin de l'année 415, il se tenait à Diospolis, ville de Palestine, un concile de quatorze évêques rassemblés pour procéder à une nomination, et saint Jérôme eut bientôt découvert deux évêques des Gaules, nommés Eros et Lazare, et qui chassés de leurs siéges et de leurs pays pour des crimes avérés, étaient venus cacher leur honte à Bethléem. Saint Jérôme les trouva disposés à le servir et dès lors leur sainteté ne lui parut plus douteuse. Mais son zèle l'égara. Le concile de Diospolis eut à décider entre deux accusateurs criminels qui n'osant pas se présenter devant lui se contentaient de lui envoyer leur mémoire, et un accusé dont la réputation était éclatante et qui se rendait à son appel accompagné d'un disciple instruit et éloquent prêt à répondre à tout ce qui lui était imputé. Cette fois Pélage fut habile. Il refusa d'abord de rendre raison de ce qui n'était pas écrit par lui, mais par Célestius, et alla même jusqu'à prononcer anathème contre ceux qui admettaient cette proposition attribuée à Célestius : *que la grâce dépend de la volonté*, et généralement contre tous ceux qui s'opposaient à la doctrine de l'église catholique. Quant aux propositions qui étaient bien de lui, il sut leur donner un sens orthodoxe et s'excusa sur celles qui semblaient obscures en disant que son intention avait toujours été de se conformer au sens de l'Évangile, tel que l'Église l'adoptait. Lorsque ensuite il s'enquit de ce qu'étaient ses dénonciateurs, lorsqu'il demanda au concile s'il connaissait bien la vie passée d'Eros et de Lazare, et qu'il s'étonna de leur impudence, il emporta le suffrage unanime des évêques. Pélage sortit absous de l'assemblée. Orose retourna tristement en Afrique, pour apprendre au circonspect saint Augustin le résultat de l'imprudence de saint Jérôme ; ce dernier souffrit dans son monastère des attaques brutales et des violences extrêmes qu'il attribua peut-être avec raison aux Pélagiens, et dont il se plaignit au pape Innocent.

Pélage, jouissant avec mesure de son triomphe, rassura ses partisans, s'efforça de se rattacher aux plus fermes soutiens de l'Église et particulièrement à saint Augustin, et prit aisément les dehors d'un homme injustement persécuté pour la foi et par ses ennemis personnels. Mais les choses ne pouvaient se passer en Afrique comme en Palestine. Pélage n'y avait ni amis zélés ni adversaires imprudents. Saint Augustin écrivit d'abord à Jean de Jérusalem pour le presser, non pas d'abandonner Pélage, mais de le ramener à de meilleurs avis. Aurèle de Carthage convoqua un concile qui s'assembla vers l'automne de 416, et dans lequel, après qu'Orose eut raconté les événements qui venaient de se succéder en Palestine, après que l'on eut achevé la lecture des lettres qu'Eros et Lazare écrivaient en Afrique pour se plaindre des Pélagiens, après avoir lu les actes du concile qui avait condamné Célestius, les pères attendris par les lamentations des uns, et indignés par les erreurs des autres, anathématisèrent, sans les entendre, Pélage et Célestius à moins qu'ils ne reniassent clairement leurs dogmes pernicieux. Peu de temps après, Silvain, primat de la Numidie, assembla aussi pour le même objet un concile qui à son tour condamna Pélage et Célestius à reconnaître la nécessité de la grâce et l'existence du péché originel. Ces deux conciles adressèrent chacun une lettre synodique à l'évêque de Rome dans laquelle ils semblent regarder son approbation comme indispensable à la validité de leur sentence. Jamais, jusque-là, dans les grandes querelles qui agitèrent les chrétiens au sujet de la consubstantialité ou de tant d'autres dogmes, la souveraineté de l'église romaine n'avait été aussi nettement établie. On serait même disposé à croire, surtout si l'on se souvient que les catholiques de Jérusalem avaient demandé que Pélage, étant Breton, fût jugé par des évêques latins, que c'était en sa qualité de membre de l'église latine que l'on déférait plus particulièrement sa cause à l'évêque de Rome.

Quoi qu'il en soit, Innocent ne l'entendit pas ainsi et il répondit aux deux comités et à une lettre que lui avaient adressé Aurèle, Evode, Alipe, Augustin et Possédius, par trois décrétales datées du 27 janvier 417. Il y loue le zèle des évêques africains et leur soumission à son autorité : « Vous saviez, écrit-il aux pères du concile de Carthage, vous saviez bien ce qui est dû au siége apostolique, quand vous avez jugé qu'il fallait référer cette cause à notre jugement. Vous observez, ainsi que le doivent les évêques, les traditions des pères et vous ne croyez pas devoir vous écarter de ce qu'ils ont ordonné par une sentence non humaine mais divine : à savoir que toutes les affaires qui se traitent dans les provinces les plus éloignées, ne seraient pas terminées que ce siége apostolique n'en ait eu connaissance, afin que le jugement qui lui paraîtrait juste fût confirmé par son autorité. »

Il écrit à peu près dans les mêmes termes aux évêques du concile de Miboc. « En vous adressant au saint-siége, dit-il, pour savoir quel sentiment il faut tenir dans les choses douteuses, vous avez gardé la forme de l'ancienne règle que vous savez aussi bien que moi avoir été observée dans tout l'univers. C'est surtout lorsqu'on attaque quelques articles de la foi, que je crois que nos frères les évêques ne doivent référer ces causes qu'à Pierre, c'est-à-dire à l'auteur de leur nom et de leur dignité comme vous venez de faire. » Passant ensuite à l'examen de la cause, il expose le dogme catholique du péché originel, et il ordonne de retrancher de l'église ceux qui ont des sentiments contraires.

Satisfait de la décision d'Innocent et instruit que Pélage faisait grand bruit de son acquittement par le concile de Diospolis, saint Augustin voulut le confondre en prouvant qu'il n'avait été absous que parce qu'il avait renié ses propres doctrines. Il se procura les actes du concile de Diospolis et les publia dans un livre qu'il fit paraître vers ce temps, intitulé : *de Gestis Pelagii*, ou *de Gestis Palestinis*.

La fortune de Pélage et des siens fléchissait. Après avoir réussi à se faire ordonner prêtre à Éphese, Célestius avait été chassé de cette ville, s'était réfugié à Constantinople, n'avait pu s'y faire supporter, et s'était enfin rendu à Rome pour y suivre l'appel qu'il avait interjeté au saint-siége quelques années auparavant. Les conciles d'Afrique avaient obtenu du pape Innocent une condamnation positive des dogmes pélagiens. Enfin, Jean, évêque de Jérusalem, ami de Pélage et protecteur de ses doctrines, venait de mourir. Pélage pourtant ne se découragea pas et redoubla d'efforts. Il dressa une profession de foi qu'il envoya à l'évêque de Rome et dans laquelle il exposait sa croyance sur la Trinité, sur l'incarnation et sur les matières qui étaient en contestation. Rien n'y paraissait contraire à la foi catholique, et cela est si vrai que l'auteur des livres carolins et Guillaume de Paris, attribuèrent cette profession de foi, l'un à saint

Jérôme et l'autre à saint Augustin. Pélage la terminait ainsi : « Telle est, Très-Saint Père, la foi que nous avons apprise dans l'église catholique; telle est la foi que nous tenons et que nous avons toujours tenue. S'il nous est échappé quelque chose par surprise ou par ignorance, nous souhaitons d'être corrigés par vous qui êtes héritier de la foi et du siège de saint Pierre. Mais si le jugement de Votre Sainteté approuve cette confession de foi, quiconque voudra me décrier ne fera que montrer son ignorance ou sa malignité. Il ne fera pas voir que je suis hérétique. Il montrera qu'il n'est pas catholique. » Cette profession de foi n'arriva à Rome qu'après la mort d'Innocent, et l'élévation de Zosime qui lui succéda. Célestius s'y trouvait en même temps; et ayant pris connaissance de la profession de foi de Pélage, il en dressa une sur ce modèle qu'il présenta presque en même temps à Zosime. Le caractère plus hardi de Célestius y avait pourtant laissé son empreinte. Sa soumission à l'autorité romaine y est à la vérité humblement établie. « Pour les disputes qui se sont élevées sur des questions qui n'intéressaient pas la substance de la foi, dit-il, je n'ai rien établi définitivement et comme auteur; mais ce que j'ai puisé dans les sources des prophètes et des apôtres je le présente à votre sainteté pour être approuvé par sa décision, afin que si, comme il peut arriver à des hommes, nous sommes tombés dans quelque erreur, elle soit corrigée par votre jugement. » Mais il rejetait absolument le dogme du péché originel et s'exprimait ainsi : « Le péché qui est commis par l'homme ne naît pas avec l'homme; et ce n'est pas le crime de la nature mais de la volonté. »

Pendant que Zosime, touché des protestations de Pélage et de Célestius, convoquait son clergé pour les juger; pendant que Pélage s'insinuait dans l'esprit de Praéle, successeur de Jean de Jérusalem, et tâchait d'obtenir la faveur de Sévère Sulpice, et de Cyrille d'Alexandrie, un nouvel appui s'élevait pour le pélagianisme dans Julien, qui sortait d'une grande famille romaine et chrétienne. Son père avait été fait évêque de Capoue. Sa mère était illustre par sa piété. Lui-même habile, ferme, prudent, doué d'un esprit pénétrant, d'une rare facilité à tout apprendre, de mœurs rigides, du moins en apparence, de manières douces et réservées, possédait tout ce qui sert à rendre considérable, à plaire, à dominer, et à dissimuler sa pensée sans pourtant souffrir qu'elle s'altère. Encore très-jeune, il était déjà connu par son esprit, son érudition et la régularité de sa vie. Demeuré libre de très-bonne heure et chargé de la direction de sa famille il fut élevé au diaconat, puis au sacerdoce, et bientôt promu par saint Innocent à l'évêché d'Eclane, grâce à l'éclat de sa réputation qui fit souhaiter à saint Augustin de le connaître.

Cependant Julien avait rencontré Pélage lors du séjour de celui-ci à Rome, et il partageait ses doctrines, les cachant avec soin tant qu'il fut dans le clergé de second ordre, essayant de les répandre par ses discours dès qu'il fut élevé à l'épiscopat, et se déterminant à se mettre enfin à la tête du parti après qu'il eut vu Célestius de retour à Rome, et qu'Innocent eut cessé de vivre. Le premier accueil que Zosime fit aux justifications de Pélage et de Célestius, pouvait l'y encourager. Ce pape assembla son clergé dans la basilique de Saint-Clément à Rome, puis, ayant fait paraître Célestius et ayant écouté la lecture de sa profession de foi, il lui demanda s'il condamnait toutes les choses dont on l'avait accusé. Célestius répondit : « Je les condamne selon le jugement d'Innocent d'heureuse mémoire, votre prédécesseur. » Passant ensuite à discuter le mérite des accusations portées contre lui par Eros, par Lazare et même par le diacre Paulin, il satisfit le pape et le clergé qui se retirèrent après avoir renvoyé la décision de l'affaire à deux mois, afin de s'entendre avec les évêques d'Afrique.

Peu de jours après, le pape et son clergé se réunirent de nouveau pour prendre connaissance de la profession de foi de Pélage et de la lettre de recommandation de Praèle qui l'accompagnait. Si les déclarations de Célestius avaient satisfait l'assemblée, celles de Pélage y excitèrent un ravissement et un enthousiasme qui se manifestèrent par des cris, des actions de grâce et des pleurs. Zosime, fortement ému, écrivit deux lettres aux évêques d'Afrique, la première au sujet de Célestius, et la seconde au sujet de Pélage, dans lesquelles il les réprimandait d'avoir porté un jugement précipité, et de s'être laissés convaincre par les assertions d'Eros et de Lazare. « Est-il possible, mes chers frères, leur disait-il, que vous n'ayez jamais entendu dire quels hommes sont ces tourbillons et ces tempêtes de l'Église? Ignorez-vous leur vie et leur condamnation? Quoique l'autorité spéciale du saint-siége les ait déjà excommuniés, apprenez encore par ces lettres quelles sont les mœurs de ces hommes. » Il s'étonnait de ce que de pareils accusateurs avaient osé décrier des hommes d'une foi si intègre, et il assurait n'avoir rien trouvé que de catholique dans la foi de Pélage et de Célestius. Ces lettres, ces professions de foi de Pélage et de Célestius, et la lettre de Praèle, partaient pour l'Afrique, en même temps que tous les accusateurs de Célestius et nommément le diacre Paulin, étaient sommés de se présenter dans deux mois à Rome.

Les Africains reçurent ces communications avec surprise et mécontentement. La soumission qu'ils avaient affectée pour le saint-siége les embarrassait, et tout en voulant se soustraire aux décisions de Zosime, ils ne voulaient pas se priver de l'appui qu'ils trouvaient dans les décisions d'Innocent. Ils opposèrent donc ces deux papes l'un à l'autre. A peine Aurèle, évêque de Carthage, fut-il informé de ce qui s'était passé à Rome, qu'il convoqua tous les évêques africains à s'assembler autour de lui; mais craignant de ne pouvoir envoyer les arrêts du concile à Zosime avant l'expiration du terme fixé par lui, il s'empressa de lui écrire en son nom et au nom du petit nombre d'évêques qui arrivèrent les premiers à Carthage pour le prier de ne rien ordonner qui fût contraire à la sentence de son prédécesseur, et d'attendre au moins pour s'y décider le résultat du concile qui allait se tenir à Carthage.

Deux cent quatorze évêques s'assemblèrent à Carthage vers l'automne de l'année 417. Quoique la lettre synodale qu'ils adressèrent à Zosime ne soit point parvenue jusqu'à nous, il est facile d'en deviner le contenu par ce que nous en rapportent saint Augustin et saint Prosper. Les évêques se plaignaient à Zosime de sa précipitation et de sa crédulité; ils déclaraient ne pas se contenter des déclarations vagues de Célestius, et finissaient par ces mots : « Nous avons résolu que la sentence émanée du saint-siége, de l'apôtre saint Pierre, par l'organe du vénérable Innocent contre Pélage et Célestius, demeurât en son entier jusqu'à ce qu'ils confessassent clairement la grâce de Dieu par Jésus-Christ. »

Porteur de cette lettre ainsi que d'un mémoire que Paulin adressait à Zozime pour s'excuser de se rendre à sa sommation, le sous-diacre Marcellin partit pour Rome. Zosime lut avec chagrin la lettre du concile et ne sut plus reconnaître dans les évêques africains ni même dans le diacre Paulin, cette entière soumission à l'église de Rome qu'Innocent avait si bien établie. Innocent servait les volontés des évêques, et Zosime les contrariait. Il répondit par des plaintes aux plaintes qui lui étaient adressées. Il se montrait mécontent de la longue lettre du concile d'Afrique, de son peu de respect pour le saint-siége apostolique auquel la tradition des saints pères a donné une si grande autorité que personne n'oserait disputer sur les décisions qui en sont émanées. Enfin il assurait les évêques africains qu'il avait eu égard à leurs observations, que l'affaire était encore en suspens et qu'il n'avait pas jugé en dernier ressort. Cette lettre qui arriva à Carthage le 29 avril 418, trouva les évêques assemblés en concile général de toute l'Afrique.

Zosime avait déclaré qu'il prononcerait en dernier ressort entre les accusateurs de Pélage et Célestius, et Pélage et Célestius eux-mêmes. Il avait déclaré que leur foi lui semblait irréprochable, et il n'avait pas jugé nécessaire de rétablir le dogme qu'il ne croyait pas attaqué. Les évêques d'Afrique, dans leur concile tenu en 417, avaient maintenu la condamnation de Pélage et de Célestius, et refusé de se présenter au tribunal de Zosime. Dans le concile qui eut lieu en 418, ils réglèrent les affaires de la foi par les huit canons suivants : selon eux pourtant leur soumission au saint-siége était entière.

1° Quiconque dit qu'Adam, le premier homme, a été créé mortel, en sorte que soit qu'il péchât ou qu'il ne péchât pas il devait mourir ou sortir de son corps par la nécessité de la nature, et non en punition du péché ; qu'il soit anathème.

2° Quiconque dit qu'il n'est pas nécessaire de baptiser les enfants nouveau-nés, ou dit qu'on les baptise à la vérité pour la rémission des péchés ; mais qu'ils ne contractent aucun péché d'origine, en sorte que la formule du baptême se trouve fausse à leur égard ; qu'il soit anathème.

3° Quiconque dira que la grâce de Dieu qui nous justifie par Jésus-Christ, n'est utile que pour la rémission des péchés qui ont été commis, et n'est pas aussi un secours pour n'en point commettre ; qu'il soit anathème.

4° Quiconque dira que la même grâce de Dieu par Jésus-Christ notre Seigneur, ne nous aide à ne pas pécher que parce qu'elle nous donne l'intelligence des commandements, pour nous faire connaître ce que nous devons chercher ou ce que nous devons fuir, et qu'elle ne fait pas que nous aimions à faire, ou que nous puissions faire ce que nous avons connu devoir faire ; qu'il soit anathème. . . . .

5° Quiconque dira que la grâce de la justification nous est donnée, afin que nous puissions faire plus facilement ce qu'on nous commande de faire par le libre arbitre, comme si, quand même la grâce ne nous serait pas donnée, nous pouvions sans elle, quoique difficilement, observer les commandements de Dieu ; qu'il soit anathème. . .

6° Quiconque pensera que ces paroles de l'apôtre saint Jean : *Si nous disons que nous sommes exempts de péché, nous nous séduisons nous-mêmes, et la vérité n'est pas en nous;* doivent être entendues de sorte que ce soit l'humilité, et non la vérité qui nous fasse dire que nous ne sommes pas exempts de péché ; qu'il soit anathème. . . . . . .

7° Quiconque dira que ce n'est pas pour eux-mêmes que les saints disent dans l'Oraison Dominicale, *remettez-nous nos dettes;* cette demande ne leur étant pas nécessaire, mais qu'ils la font pour ceux de leur peuple qui sont pécheurs, et que c'est pour cela que chaque saint ne dit point : *Remettez-moi mes dettes*, mais : *Remettez-nous nos dettes*, pour donner à entendre que c'est plutôt pour les autres que pour soi que le juste fait cette demande ; qu'il soit anathème.

8° Quiconque prétend que c'est par humilité, et non selon la vérité, que les saints disent ces paroles de l'Oraison dominicale, *remettez-nous nos dettes*, qu'il soit anathème.

Il paraît certain que les évêques ajoutèrent un neuvième canon aux huit qui précèdent, pour condamner cette phrase dont Pélage avait coutume de se servir : *Je sais bien où les enfants morts sans baptême ne vont pas; je ne sais pas où ils vont.*

Ces arrêts dans lesquels le concile avait confiance, n'étaient pourtant pas les seuls moyens qu'il employât pour parvenir à la défaite des Pélagiens. Saint Augustin, peut-être d'accord avec les évêques du concile de 417, avait conservé des relations avec la cour de Rome. Il y faisait représenter à l'empereur Honorius combien la trop grande indulgence de Zosime était dangereuse pour la foi, et il le priait de la contre-balancer par sa propre autorité. Placé entre deux cent quatorze évêques d'un côté et un seul de l'autre dont l'élévation d'ailleurs était récente, encouragé par la multitude des catholiques qui, soutenus à leur tour par les évêques africains, n'épargnaient à Zosime ni le blâme ni les reproches, flatté peut-être d'être appelé à tirer l'Église de la position difficile où elle se trouvait placée, Honorius donna, le 9 avril 418, une loi ou rescrit contre les Pélagiens et leurs doctrines. Après une courte exposition des erreurs du parti, Honorius ordonne que Pélage et Célestius soient chassés de Rome, et que tous ceux *qu'on surprendra, tenant des discours en faveur de cette détestable secte, soient pris et accusés à l'audience publique; et que si le fait est prouvé, ils soient irrévocablement condamnés par sentence publique et conduits en exil.* Zosime ne pouvait guère résister. Il fit sommer Célestius de paraître devant lui encore une fois pour s'expliquer nettement sur ses doctrines, mais Célestius, effrayé par les menaces d'Honorius, quitta Rome précipitamment sans même répondre à la sommation du pape. Zosime alors céda, et la condamnation portée par lui contre les Pélagiens suivit de si près le rescrit impérial, que plusieurs historiens ecclésiastiques ont cru ou prétendu croire qu'elle l'avait précédé. La question de la grâce n'était pas approfondie; mais les adversaires du péché originel et nommément Pélage et Célestius y encouraient une condamnation formelle. Cette constitution envoyée à toutes les églises du monde, en même temps que le rescrit impérial, arriva en Afrique pendant que les évêques députés par le second concile pour y attendre les résolutions de Zosime, se trouvaient encore à Carthage. Ils écrivirent à Zosime pour le remercier, le féliciter et lui rendre avec effusion tous les honneurs qu'ils ne lui avaient accordés jusque-là qu'avec hésitation. Pélage était d'un naturel timide, d'un caractère doux, d'un esprit souple. Il avait pensé et parlé; il n'était pas d'humeur à discuter et à combattre. Accablé par ces condamnations répétées, il se tut, s'effaça, et ne nous a laissé aucune trace de ses dernières années. Plus hardi, plus ardent, plus ferme que son maître, Célestius essaya de résister. Mais il n'avait ni le calme de l'esprit et l'enchaînement des idées qui font les systèmes, ni le charme des manières et la facilité du caractère qui font les partisans. Avec un esprit élevé et une âme forte, c'était un solitaire souvent inspiré, mais incapable de grands travaux. Il retourna à Rome en 421 et en 428 pour s'y faire écouter, la première fois par Volurien, préfet du prétoire, et la seconde par le pape Céleste. Toujours repoussé, il alla chercher un appui dans Nestorius qui alors commençait à faire parler de lui. Il en reçut un accueil flatteur; mais bientôt le protecteur, incapable de se maintenir davantage, abandonna Célestius, ou plutôt l'entraîna dans sa ruine. Célestius disparut, et nous ignorons le lieu de sa retraite ainsi que l'époque de sa mort. Peu importe, car aussitôt après que les condamnations ecclésiastiques définitives furent prononcées et les lois d'Honorius publiées, Célestius perdit son importance, et le parti se trouva sans chefs. C'est alors que Julien se déclara, et le moment fut bien choisi pour son honneur. Il avait été prudent ; il devint brave ; et il trouva moyen de justifier sa longue dissimulation, en mettant la réputation qu'elle lui avait acquise au service de son parti. A peine Zosime avait-il promulgué sa constitution, que Julien s'en montra mécontent. Sa naissance le plaçait dans la société des familles les plus nobles et les plus puissantes; ses talents le faisaient rechercher par tout ce que l'Église possédait de plus illustre ; ses vertus le rendaient cher au peuple dont il avait soulagé la misère par l'abandon de tous ses biens. La noblesse, l'Église et le peuple, entendirent Julien se plaindre de ce que les évêques africains et l'empereur avaient gêné la liberté de Zosime et l'avaient contraint presque malgré lui à signer une constitution favorable au manichéisme, et où l'on supposait une hérésie pour trouver moyen de condamner les hommes auxquels on l'attribuait. Ces discours ébranlèrent plusieurs prélats et beaucoup d'autres personnes qui commencèrent à murmurer assez hautement pour que Zosime en fût instruit. Son indulgence pour les

Pélagiens avait disparu depuis la loi d'Honorius. Il somma Julien de se soumettre avec toute l'Église à sa constitution. Julien lui écrivit une lettre qui fut aussitôt répandue par toute l'Italie, et dans laquelle il s'en excusait tout en condamnant les propositions imputées à Célestius, qu'il expliquait tout autrement que Zosime ne l'avait fait. Il condamnait les paroles en ayant soin de leur donner un sens étranger à la question. Ces détours n'égaraient plus personne depuis que tout le monde les employait : aussi Zosime ne répondit aux artifices de Julien que par des menaces ; et Julien, disposé à tout souffrir depuis qu'il s'était décidé à tout oser, brava les lois séculières et ecclésiastiques qui étaient d'autant plus rigoureusement exécutées qu'elles étaient plus récentes, et en appela en son nom, comme en celui de dix-sept évêques qui s'étaient attachés à lui, de la constitution de Zosime au futur concile général. Ainsi, à peine le siége romain eut-il essayé d'établir sa souveraineté sur toutes les églises, qu'il se trouva quelqu'un d'assez hardi pour demander d'où lui venait cette autorité si absolue, et pour rappeler que jusque-là elle avait été réservée à l'assemblée de tous les évêques. En même temps qu'il faisait cette démarche courageuse qui excita l'indignation et l'étonnement de toutes les églises dont elle tendait pourtant à relever le pouvoir, tant il est vrai que l'habitude de la soumission n'est pas difficile à prendre, Julien faisait paraître en son nom et au nom des siens un manifeste ou un corps de doctrine dans lequel il s'efforçait d'établir sa catholicité. Il y exposait sa croyance sur la Trinité, l'Incarnation, les principaux mystères de la vie de Jésus-Christ, le jugement dernier et la résurrection des morts. Voici ce qu'il dit au sujet du baptême : « Nous confessons un seul baptême selon la tradition de l'Église et le précepte de Dieu. Nous tenons et enseignons qu'il est véritablement nécessaire à tous les âges, et que personne ne peut sans le baptême obtenir la rémission des péchés et le royaume des cieux. » Et au sujet de la grâce : « Nous disons pour sauver la justice de Dieu que les préceptes de la loi sont possibles, et qu'on peut tous les accomplir par la grâce de J.-C., laquelle nous aide et nous accompagne dans toutes les bonnes œuvres, et par le libre arbitre, qui est lui-même un don de Dieu. Cependant nous admettons tellement cette grâce, que nous prétendons qu'elle ne suit pas ceux qui la rejettent, et qu'elle n'abandonne point ceux qui la suivent. »

Mais le péché originel y est aussi nettement rejeté que dans les professions de foi de Pélage et de Célestius. « Ce que nous avons exposé, dit Julien, de la bonté de la nature, des bénédictions et de la dignité du mariage, nous oblige de rejeter par une conséquence nécessaire le péché naturel, quelque nom qu'on lui donne, pour ne point faire à Dieu, créateur de toutes choses, l'injure de croire qu'il a créé quelque chose avec le péché, et que les témoignages des Écritures sont faux. Il prononce ensuite *anathème* contre tous les hérétiques et particulièrement « les Manichéens et leurs semblables, qui, en établissant le péché naturel, prétendent que le démon est l'auteur des noces, et que les enfants qui naissent sont les fruits d'un arbre qui appartient au diable; » contre ceux qui « prétendent que jusqu'à la Passion de Notre Seigneur, tous les hommes ont de droit appartenu au démon parce qu'ils étaient les fruits de la volupté qui accompagne l'usage du mariage; » contre ceux qui « disent que le Fils de Dieu n'a commencé de faire du bien aux hommes que depuis sa Passion; » contre ceux qui assurent que « tous les péchés ne sont pas effacés par le baptême, ou que les saints de l'ancienne loi sont sortis de ce monde étant en péché, ou que l'homme est nécessité au péché; » contre ceux qui disent « qu'on ne peut pas avec la grâce de Dieu éviter les péchés; » contre ceux qui prétendent « qu'on peut sans la grâce et le secours de Dieu éviter le péché, ou qui nient que les enfants aient besoin de baptême, ou qu'il faille le leur administrer avec des paroles différentes de celles dont on se sert pour les adultes; »

et contre ceux, enfin, qui affirment « qu'un enfant né de parents baptisés, n'a pas besoin de baptême et que tout le genre humain ne meurt pas en Adam. »

Cette profession de foi était connue depuis fort peu de temps lorsque Zosime mourut. Le peuple et le clergé ne purent lui donner un successeur sans se diviser. Les uns nommèrent Boniface, et les autres Eulalius que la protection des Pélagiens devait rendre odieux aux catholiques. Mais la puissance séculière l'emportait déjà sur l'autorité ecclésiastique, et, trop souvent appelés à intervenir dans les affaires de l'Église, les empereurs se souvenaient quelquefois que leur volonté pouvait être, sinon la plus sage, du moins la plus forte. Eulalius plaisait à Honorius; et cela suffit pour que les catholiques fussent renvoyés à un concile qui devait juger les deux concurrents. Afin que ce concile ne se trouvât pas en état de prononcer, l'empereur en convoqua un second plus nombreux pour le commencement de juin de l'année 419; mais dans l'intervalle qui s'écoula entre la dissolution du premier concile et la réunion du second, Eulalius contrevint à un ordre de l'empereur et perdit sa faveur. Dès lors le concile n'était plus nécessaire. Honorius contremanda les évêques, reconnut Boniface, chassa Eulalius, et, craignant que la protection qu'il lui avait accordée n'eût enhardi les Pélagiens, il publia contre eux une nouvelle loi par laquelle, non-seulement tous ceux qui refuseraient de signer la constitution de Zosime, mais ceux qui connaîtraient sans les dénoncer le nom des opposants et le lieu où ils se cachaient, seraient condamnés aux peines portées déjà contre Pélage et Célestius.

Plus les lois sont sévères, et moins il est facile qu'elles soient exécutées. Julien ne se cachait pas; il ne signait pas, et il n'était pas envoyé en exil. A la tête de ses dix-sept évêques, il avait protesté contre Zosime, refusé de se soumettre à son jugement, appelé à un concile général; puis, à la mort de Zosime, il lui avait donné pour successeur un de ses partisans, et il était parvenu à le soutenir quelque temps sur la même ligne et presque au-dessus de l'élu des catholiques. Ce triomphe avait été court, et Julien eût succombé si, comme Pélage, il eût été capable de découragement, ou si, comme Célestius, il eût manqué d'assurance, de mesure et d'habileté. Mais Julien était aussi infatigable dans l'action qu'éloquent dans la parole, subtil et profond dans la pensée, prudent et courageux en toute chose. Il se défendait par des intrigues contre les lois impériales et les condamnations ecclésiastiques, par des traités contre saint Augustin. Celui-ci, digne adversaire de Julien, ne s'était pas contenté de travailler à obtenir des condamnations et de diriger la marche de l'Église. Il avait écrit plusieurs ouvrages contre les défenseurs de la liberté humaine. L'un d'eux, adressé à Pinien et à Albine, portait pour titre : *de la Grâce de J.-C.*, et avait pour but de réfuter les livres de Pélage sur le libre arbitre, et ses lettres à Démétriade, à saint Paulin et à Constantius. La doctrine de Pélage y est clairement exposée par saint Augustin qui rapporte les paroles mêmes de son adversaire. « Nous distinguons trois choses, disait Pélage, et nous les rangeons dans l'ordre qui leur convient. Nous plaçons en premier lieu le pouvoir, secondement le vouloir, troisièmement l'être. Nous mettons le pouvoir dans la nature, le vouloir dans le libre arbitre, l'être dans l'effet qui est produit. La première chose, c'est-à-dire le pouvoir, appartient proprement à Dieu qui l'a donné à sa créature. Les deux autres, c'est-à-dire le vouloir et l'être, doivent être rapportés à l'homme, parce qu'ils proviennent du libre arbitre comme de leur source. Ainsi la gloire de la bonne œuvre appartient à l'homme, ou plutôt elle appartient à l'homme et à Dieu, qui a donné à l'homme le pouvoir de vouloir et de faire le bien, et qui aide sans cesse ce pouvoir par le secours de sa grâce. Mais de ce que l'homme a toujours le pouvoir de vouloir et de faire le bien, cela vient de Dieu seul. Ce pouvoir peut donc être seul, et il peut être séparé de la volonté et de l'action, au lieu que la volonté et l'action ne peuvent être sans le pouvoir. C'est pourquoi il m'est libre de n'avoir pas la bonne volonté ni la bonne action, mais je ne puis en aucune façon ne pas avoir le pouvoir de vouloir et de faire le bien ; il est en moi quand même je ne le voudrais pas, et la nature ne peut jamais en être destituée pour un seul instant. Éclaircissons ceci par quelques exemples. De ce que nous pouvons voir avec nos yeux, cela ne vient pas de nous ; mais il dépend de nous de faire un bon ou un mauvais usage de nos yeux. Enfin, pour tout dire en deux mots, de ce que nous pouvons faire, dire et penser toute sorte de bien, c'est l'œuvre de celui qui nous a donné ce pouvoir et qui aide ce pouvoir ; mais de ce qu'en effet nous agissons, nous parlons, nous pensons bien, c'est notre propre ouvrage, puisque nous pouvons également tourner au mal nos actions, nos paroles et nos pensées. Il faut donc le répéter encore, puisque vous ne cessez de nous calomnier : quand nous disons que l'homme peut être sans péché, l'aveu de ce pouvoir que nous avons reçu de Dieu est un hommage que nous lui rendons de ce qu'il nous l'a donné ; et nous ne donnons à l'homme en cela aucun sujet de s'élever, puisque nous ne parlons que de ce qui est un don de Dieu ; car il ne s'agit alors ni du vouloir ni de l'être, mais seulement du pouvoir. »

Saint Augustin commence par s'indigner de ce que Pélage attribue à Dieu ce qui a toujours besoin du secours de Dieu, c'est-à-dire le pouvoir, qui n'est pas assez fort pour se passer d'aide, tandis que la volonté et l'action, dont l'origine lui semble purement humaine, agissent seules et d'elles-mêmes. « Elles agissent seules ou elles n'agissent pas, répondait Pélage. » Mais ne quittons pas encore saint Augustin. La dignité divine étant ce qui lui importe le plus, il ne peut supporter que l'homme veuille et agisse de lui-même, mais il exige que Dieu veuille et agisse avec lui. Il explique littéralement ces mots du moins positif de tous les auteurs sacrés : « Dieu opère en nous le vouloir et le faire, » et il prétend prouver que l'homme ne veut ni n'exécute sans la coopération de Dieu. S'il est difficile d'établir que le mouvement intérieur et invisible de la volonté ne vienne pas directement de Dieu, il est encore plus extraordinaire de soutenir que l'action n'appartienne pas à l'homme qui l'exécute. Faudra-t-il dépouiller l'homme, non-seulement de toute puissance, de tout mérite dans la volonté, mais encore de toute part dans l'action ; car si Dieu coopère avec nous, que faisons-nous et que sommes-nous pour lui résister ou lui céder volontairement? Saint Augustin avoue que ces questions sont difficiles à résoudre, « et que, lorsqu'on soutient le libre arbitre, il semble que l'on nie la grâce de Dieu, tandis que, si l'on veut établir la grâce de Dieu, il semble que l'on anéantisse le libre arbitre. » Pourtant il n'hésite pas à dire que le libre arbitre existe, mais qu'il ne peut par lui-même ni vouloir ni exécuter; que c'est Dieu qui veut, qui pense, qui parle et qui agit en nous et avec nous; et que l'homme, « qui vient à Dieu, y est aidé par un secours qui ne lui fait pas seulement connaître ce qu'il doit faire, mais qui lui fait faire ce qu'il connaît. » Il blâme Pélage de ce qu'ayant attribué le pouvoir à Dieu (Pélage avait parlé du pouvoir de faire le bien, et saint Augustin prend ici le mot de *pouvoir* pour celui de *liberté*), et ayant avoué que l'homme fait quelquefois un mauvais usage de son pouvoir ou de son libre arbitre, il fait Dieu la source du pouvoir de faire le mal, et par conséquent du mal même. Saint Augustin veut que l'homme ne conserve en lui rien de ce qui lui vient de Dieu lorsqu'il ne suit pas ses commandements, et qu'ainsi il n'ait pas le pouvoir de faire le bien lorsqu'il fait le mal. La liberté humaine est ici plus que compromise; mais ce n'est pas là le seul inconvénient de cette doctrine, et saint Augustin nous découvre, en la soutenant, ce qui donnait lieu aux Pélagiens d'accuser les catholiques, et lui-même en particulier, de manichéisme. Voulant prouver que le pouvoir de faire le mal ne vient pas de Dieu, il dit : « Pélage, parlant de ce pouvoir naturel dans son premier livre pour la défense du libre arbitre, s'y exprime ainsi : *Dieu a mis en nous un pouvoir qui peut se porter de deux côtés ; c'est comme une racine féconde, capable de produire, selon qu'il plaît à la volonté de l'homme, des fruits très-différents, et qui peut, au choix de celui qui la cultive, être ornée des fleurs des vertus ou hérissée des ronces de tous les vices.* Pélage ne fait aucune attention à ce qu'il dit ; il ne s'aperçoit pas qu'en établissant une seule et même racine qui produit et le bien et le mal, il contredit ouvertement la vérité de l'Évangile et la doctrine de l'apôtre. Le Sauveur dit précisément *qu'un bon arbre ne peut produire de mauvais fruits, et qu'un mauvais arbre n'en peut produire de bons.* Saint Paul, en disant *que la cupidité est la racine de tout mal*, nous avertit en même temps et nous fait entendre que, par opposition, la charité est la racine de tout bien. Par conséquent, si ces deux arbres, le bon et le mauvais, sont deux hommes dont l'un est bon, et l'autre est mauvais, qu'est-ce qui fait l'homme bon, sinon la bonne volonté qui est en lui une bonne racine ? Et au contraire, qu'est-ce qui fait l'homme mauvais, sinon la mauvaise volonté, comme c'est la mauvaise racine qui fait le mauvais arbre? Or, les actions, les paroles et les pensées sont les fruits qui proviennent de ces racines et de ces arbres. Ce qui est bon vient de la bonne volonté, et ce qui est mauvais de la mauvaise volonté. » En vain Pélage s'efforçait-il de se justifier en reconnaissant que le pouvoir de vouloir et de faire le bien vient de Dieu, que nous recevons de lui tout ce qu'il peut donner sans gêner la liberté humaine; que la volonté et l'action ne sont rien sans le pouvoir de vouloir et d'agir; que l'apôtre a dit : « Nous ne sommes pas capables de former de nous-mêmes aucune bonne pensée comme de nous-mêmes; mais c'est Dieu qui nous en rend capables, » et que nous *rendre capables* de former une bonne pensée et nous en donner le *pouvoir* ne sont absolument qu'une même chose; que J.-C. a dit aussi : « Sans moi vous ne pouvez rien faire; » c'est-à-dire *vous n'avez le pouvoir* de rien faire; qu'enfin il ne prétendait pas borner l'intervention de Dieu, et faire de sa grâce une sorte de dot que l'homme reçoit en naissant et dont il fait l'usage qui lui plaît; mais que, loin de là, il enseignait que « Dieu aide sans cesse ce pouvoir par le secours de sa grâce. » Saint Augustin n'était pas facile à apaiser. Aux textes qu'alléguait Pélage, il opposait des textes plus nombreux; à ses considérations sur la liberté humaine et sur la justice divine, des considérations en apparence plus graves sur la toute-puissance et la dignité de Dieu; à sa doctrine «du secours de la grâce par laquelle Dieu aide sans cesse le pouvoir qu'il a donné à l'homme,» des réserves contre la bonne foi de Pélage. Saint Augustin avouait que cette partie du pélagianisme avait un certain air de catholicité, mais il ajoutait que jamais les novateurs n'étaient plus dangereux que lorsqu'ils empruntaient le langage de la véritable doctrine. Aussi demandait-il ce que Pélage entendait par le secours de la grâce divine, et s'il voulait parler d'une excitation ou d'une coopération aux bonnes pensées et aux bonnes œuvres. C'était là en effet tout le nœud de la question. La réponse se trouvait dans les livres de Pélage, et saint Augustin la rapporte dans les propres termes où elle était écrite. « Sans doute Dieu opère en nous le bon vouloir, disait Pélage, le vouloir juste et saint, lorsque, nous voyant engagés dans les affections terrestres, et uniquement attachés aux biens présents comme des animaux sans raison, il nous anime à y renoncer par l'éclat de la gloire future et les promesses des récompenses célestes; lorsque, par les rayons de la sagesse éternelle, il réveille notre volonté engourdie pour l'exciter au désir de posséder Dieu; lorsque enfin il nous invite à tout bien. »

Saint Augustin pense qu'on ne peut rien trouver de plus sensible pour convaincre Pélage lui-même, que la grâce, par laquelle Dieu opère en nous le bon vouloir, n'est autre chose selon lui que la loi et l'instruction. S'il était permis de différer d'avec un si grand docteur, nous dirions que cette conclusion ne nous semble pas ressortir nécessairement des paroles de Pélage. La loi et l'instruction sont de magnifiques dons sans doute, et il n'est pas besoin de se séparer de l'Église pour le reconnaître ; mais il est un autre enseignement plus direct de Dieu au cœur de l'homme, qui remplace les leçons des docteurs, qui demeure secret, dont la puissance est immense et serait irrésistible si la justice divine pouvait le comporter. Quel est l'homme dont le péché ne vienne d'ignorance? Et quel est l'esprit assez pervers pour préférer le mal et ses souffrances aux délices du bien? Non; si l'homme s'égare, c'est que la lumière lui manque, c'est qu'il doute, c'est qu'il ne connait pas; mais Dieu met ordre à ce qu'il n'ignore pas complétement. Dans la solitude des déserts comme dans la corruption des villes, il lui parle; il l'instruit; il mesure le rayon d'après les ténèbres où il le laisse tomber ; il n'éclaire pas complétement, car alors personne ne pécherait, mais il n'abandonne personne, car alors aucun ne se sauverait.

Rien dans Pélage ne s'oppose à cette doctrine,

qui d'ailleurs ne pouvait lui déplaire, puisqu'elle ne contrarie pas la liberté humaine, et ne confond pas l'action de Dieu avec l'action de l'homme. Je ne sais même ce que l'on peut entendre par ce *rayon de la sagesse éternelle qui réveille notre volonté engourdie pour l'exciter au désir de posséder Dieu, et qui nous invite à tout bien,* si ce n'est le bienfait de cet enseignement mystérieux. Quant à saint Augustin, il lui fallait la coopération positive de Dieu, non-seulement dans chaque bonne pensée, mais dans chaque bonne œuvre, et il était impossible que Pélage en vînt jusque-là.

Mais nous n'avons pas encore achevé de passer en revue tous les reproches que saint Augustin adressait à Pélage. Dans les premiers ouvrages de saint Augustin, nous l'avons entendu déclarer que *Dieu nous choisit à cause de notre foi,* et que, *lorsque nous croyons, cela vient de nous ; que c'est à nous de croire et de vouloir;* que *ce qui commence le mérite des élus, c'est leur foi,* et que *Dieu exerce sa miséricorde en conséquence du mérite de la foi.* Plus tard il nous a répété que *l'on ne peut être aidé que si l'on fait quelques efforts de son côté.* Mais il a suffi que Pélage, en rapportant ces paroles de l'apôtre saint Jacques : « Soyez soumis à Dieu et résistez au diable, et il fuira de vous ; » se soit exprimé de la sorte : « L'apôtre nous montre ici comment il faut résister au démon; il nous apprend qu'il faut pour cela être soumis à Dieu, et qu'en faisant sa sainte volonté, nous méritons d'obtenir la grâce divine afin de résister plus facilement, par l'assistance du Saint-Esprit, aux suggestions de l'esprit de malice. » Il a suffi, disons-nous, de cette adhésion de Pélage aux anciennes doctrines de saint Augustin, pour que celui-ci s'écriât que c'était là convertir la grâce en une dette contractée et acquittée par Dieu ; que l'Apôtre a dit : « C'est par grâce que vous avez été sauvés par la foi ; » et, peu après : « Cela ne vient pas de vous, mais c'est un don de Dieu ; que la foi, c'est-à-dire le commencement de tout mérite que nous pouvons acquérir, n'est elle-même précédée d'aucun mérite qui l'obtienne ; qu'il est impossible *de nier que la foi*, sans laquelle il ne peut y avoir de charité ou d'amour de Dieu, et par conséquent de bonnes pensées et de bonnes œuvres, *ne soit un don, un pur don.* » Il cite, à l'appui de sa thèse, l'exemple d'Assuérus. « Ce superbe monarque, dit-il, est assis dans son trône royal, revêtu de tout l'éclat capable de relever sa grandeur, et environné au dehors de tout ce qui pouvait le rendre redoutable. A l'approche de la reine qui vient sans être mandée, il devient furieux comme un taureau ; il lève les yeux, et jette sur elle un regard enflammé non de tendresse, mais d'indignation et de courroux. La reine, saisie d'effroi, change de couleur, s'évanouit, et laisse tomber sa tête sur une de ses filles qui l'accompagne. Un roi ainsi disposé, ajoute saint Augustin, a-t-il déjà fait quelques pas vers Dieu? A-t-il désiré d'être gouverné par lui? A-t-il soumis sa volonté à celle de ce souverain Seigneur? Et pourtant Dieu touche son cœur et change sa fureur en douceur. »

Pélage ne répondit pas; mais, à son tour, il aurait pu demander à saint Augustin qui donc lui avait appris que jamais Assuérus n'avait souhaité de connaître Dieu; qui lui avait déroulé les replis du cœur d'Assuérus pour l'assurer qu'il ne lui était jamais arrivé d'éprouver comme un secret désir d'une vie meilleure; par qui avait-il été admis à connaître les rapports intimes de Dieu avec sa créature; qui l'assurait enfin que la douceur imprévue d'Assuérus n'était pas uniquement profitable au peuple d'Esther, et qu'il n'était pas un de ces hommes qui servent d'aveugles instruments à la volonté de Dieu, sans que le mérite de leurs bonnes ni de leurs mauvaises actions leur soit imputé. L'acte par lui-même est sans vie, et c'est pourquoi je m'étonne que saint Augustin ait prétendu y faire coopérer Dieu. Ce n'est qu'après avoir été vivifié par le cœur qu'il rapporte au cœur un surcroît de force, comme l'arbre naît de la semence et la semence de l'arbre. Il ne faut pas sonder trop avant dans la profondeur des plans divins. La grâce de Dieu se fait puissamment sentir à travers toutes les subtilités dont l'esprit humain l'a enveloppée; ne disputons dès lors ni sur sa nature ni sur ses conditions; mais soyons sûrs que tous peuvent la mériter et que tous ceux qui la méritent l'obtiennent, et ne prétendons pas que ceux mêmes dont les mérites seraient insuffisants pour l'acquérir ne puissent la recevoir. Si, dans le cours des histoires ou de la vie, il se présente des événements qui semblent rendre inexplicable soit la justice, soit la miséricorde divine, ne doutons pas que là il s'est passé quelque chose dont la connaissance nous est interdite; car, pour éprouver le sentiment religieux le plus faible même et le plus vague, il est d'abord nécessaire de croire à la justice suprême et à la bonté infinie de Dieu. Saint Augustin ne contestait ni l'une ni l'autre, mais il croyait les défendre en répétant avec enthousiasme cette parole de saint Ambroise: « Dieu rend pieux qui il lui plaît. »

Dans un second traité, adressé comme le premier à Pinien et à Albine, saint Augustin s'attachait à prouver que Célestius et Pélage niaient le péché originel. Quant à Célestius, l'innocence de la nature humaine formait en effet la principale partie de sa doctrine, et rien n'était plus facile que de l'en convaincre, puisqu'il n'avait jamais essayé de le dissimuler. Pélage était moins absolu; sa doctrine sur le libre arbitre le conduisait à douter fortement du péché originel. Il était arrivé au doute; Célestius partait de la négation. Les motifs de l'importance toute particulière que saint Augustin mettait à l'acceptation de ce dogme, nous sont révélés dans sa lettre au prêtre Sixte, écrite dans l'année 418. Le péché originel sert de glaive à saint Augustin pour trancher le nœud de la question sur la justice divine. Il commence par se plaindre de ce que « ces aveugles (il parle des Pélagiens) s'imaginent qu'en confessant que l'homme n'a pas même le bon vouloir sans le secours de Dieu, on le dépouille de son libre arbitre; et que *si l'on croit que sans aucun mérite précédent de la part de l'homme, Dieu fait miséricorde à qui il lui plaît, appelle ceux qu'il veut, donne l'esprit de religion et de piété à qui bon lui semble, c'est attribuer à Dieu une injuste acception de personnes.* Mais, dit saint Augustin, l'acception des personnes ne peut avoir lieu dans une cause où tous les hommes sont coupables et enveloppés dans la même masse de péché et de condamnation; de sorte que celui qui est condamné reçoit la peine qui lui est due, et que celui qui est délivré reçoit un bienfait qui ne lui est pas dû. » Les Pélagiens disaient que « si tous sont enveloppés dans la même cause et coupables du même crime, il y a de l'injustice que l'un soit sauvé et l'autre puni. Il serait donc juste, répliquait saint Augustin, de punir l'un et l'autre ; on ne saurait le nier. Il n'y a donc plus qu'à rendre grâces à notre Sauveur de nous avoir préservés du supplice dont la condamnation de nos semblables nous apprend que nous méritions d'être punis comme eux ; car si tous les hommes étaient délivrés, on ne connaîtrait pas ce que la justice doit au péché ; et si personne ne l'était, on ignorerait le prix de la grâce. »

En 411, saint Augustin avait dit que « Dieu, en prévoyant dans les cœurs les premiers mouvements de la foi et de l'impiété, fait choix de ceux qu'il sait qui croiront, et condamne ceux qu'il sait qui demeureront dans l'incrédulité, en sorte que le choix des premiers et la condamnation des derniers ne sont pas fondés sur la différence de leurs œuvres, mais proviennent de ce que, en vue de la foi des premiers, Dieu leur donne la grâce de faire des bonnes œuvres, et qu'en punition de l'incrédulité de derniers, il les abandonne et les endurcit pour leur laisser faire le mal. . . . . . . Ce n'est donc pas parce que Dieu a prévu, dans sa prescience éternelle, qu'un homme ferait de bonnes œuvres, qu'il fait choix de lui, puisque au contraire ces bonnes œuvres seront des dons de sa grâce ; mais il a fait choix de cet homme parce qu'il a prévu qu'il aurait la foi, et c'est en conséquence de cette foi prévue de toute éternité que

Dieu choisit ceux à qui il donne son Saint-Esprit, afin qu'en faisant de bonnes œuvres ils obtiennent la vie éternelle. » Pressés par saint Augustin qui, pour soutenir que la grâce était accordée gratuitement, et ne pouvait être obtenue par aucun mérite précédent, déclarait que « tous les hommes ont péché en Adam avant que d'avoir commis des péchés qui leur soient propres et personnels; que par conséquent tout pécheur est inexcusable, soit qu'il n'ait d'autre péché que le péché originel, soit qu'il y en ait ajouté d'autres par sa propre volonté, soit qu'il connaisse ce qu'il doit faire, soit qu'il l'ignore; que l'ignorance elle-même ne peut servir d'excuse, parce que, dans ceux qui n'ont pas voulu s'instruire, l'ignorance est un péché; et que, dans ceux qui ne l'ont pu, elle est une peine du péché; que si, par ces considérations, la justice divine est parfaitement à l'abri de toute attaque, le fait de la gratuité du choix que Dieu fait des hommes est prouvé jusqu'à l'évidence par des textes nombreux d'abord, et enfin par la condamnation des enfants morts sans baptême, qui n'ont pourtant aucun péché personnel à expier; » pressés, disons-nous, par ces paroles de saint Augustin : « Voici un enfant dont la naissance est le fruit d'un mariage chrétien; il comble de joie ceux qui l'ont mis au monde, et cet enfant, étouffé malheureusement par sa mère ou par une nourrice endormie, se trouve exclu pour toujours des avantages de la foi qui règne dans sa famille. En voilà un autre qui est né d'un commerce criminel, et qu'une mère dénaturée a exposé par la crainte de l'infamie; il est recueilli par la compassion charitable et chrétienne de personnes étrangères qui ont soin de le faire baptiser, et il devient participant du royaume éternel; » pressés par l'exemple de Jacob et d'Esaü, par ces mots de saint Paul : « Rebecca portait dans son sein deux jumeaux qu'elle avait conçus d'Isaac notre père; ces enfants n'étaient pas encore nés et n'avaient encore fait ni bien ni mal..... Dieu, afin de montrer la fermeté inébranlable de son décret fondé sur son propre choix, lui déclare que, non en vertu d'aucunes œuvres de leur part, mais en vertu de sa vocation, l'aîné sera assujetti au puîné; » et par ceux-ci du prophète Malachie : « J'ai aimé Jacob et j'ai haï Esaü; » pressés par ces témoignages, et n'osant confesser hautement que les enfants naissent sans péché, et que, s'ils meurent avant d'en avoir commis, baptisés ou non, ils ne peuvent être condamnés à aucune peine, les Pélagiens s'étaient servis des propres paroles de saint Augustin, et avaient répondu que « Dieu prévoit par sa science divine de quelle manière chacun des enfants qu'il retire du monde se serait conduit s'il avait vécu jusqu'à l'âge de raison; et en conséquence il fait mourir sans baptême celui dont il sait que la vie aurait été criminelle, par une juste punition des mauvaises actions qu'à la vérité il n'a pas faites, mais qu'il aurait faites. » Il y a une différence entre cette manière de s'exprimer et celle que nous venons de citer comme ayant été employée par saint Augustin en 411; elle consiste à attribuer à l'homme le mérite des bonnes œuvres, au lieu de ne lui accorder que celui de la foi. Cette différence, que nous avons toujours remarquée entre l'ancienne doctrine de saint Augustin et la doctrine de Pélage, n'est d'aucune importance dans ce cas-ci, où il s'agit seulement de savoir si la grâce, quelle qu'elle soit d'ailleurs, est accordée à certains mérites, et si ce que l'on rencontre quelquefois d'apparemment arbitraire dans les jugements de Dieu, peut trouver son explication dans la prescience divine, ou s'il faut se contenter de s'écrier avec l'Apôtre : « Les jugements de Dieu sont impénétrables et ses voies sont incompréhensibles. » Il faut aussi remarquer que les Pélagiens n'étaient pas unanimes dans cette explication des décrets de Dieu à l'égard des enfants nouveau-nés. Célestius niait hardiment le péché originel, et ne considérait le baptême dans les enfants que comme un secours pour éviter plus facilement le péché, et dans les adultes, que comme une amnistie accordée aux péchés commis. Plus modéré et moins absolu dans l'exposition de ses doctrines, Pélage évitait de se prononcer sur la chute du premier homme, reconnaissait quelque chose de mystérieux dans les liens qui attachent l'esprit à la matière, et se contentait de dire, comme nous l'avons rapporté, « qu'il savait bien où les enfants morts sans baptême n'allaient pas, mais qu'il ne savait pas où ils allaient. » Les Pélagiens discutaient beaucoup sur des matières difficiles et contre des adversaires dont la force égalait la subtilité. Ils n'avaient pas de chef duquel ils pussent recevoir le mot d'ordre, et chacun d'eux suivait les penchants de son esprit et les entraînements de son caractère. Les moins fermes dans leurs convictions et les plus timides allèrent donc jusqu'à avancer que les enfants morts sans baptême encouraient la damnation éternelle, mais que Dieu ne privait du baptême que ceux dont il avait prévu les mauvaises œuvres. A peine cette explication fut-elle donnée par quelques Pélagiens, qu'elle parut à saint Augustin absurde et extravagante. Il demande d'abord comment, avec cette doctrine, l'on peut assurer que les enfants morts après avoir reçu le baptême possèdent la vie éternelle. Car, que le baptême ne préserve pas absolument du péché, cela est évident; or, si Dieu a prévu que ces enfants tomberaient dans le péché, pourquoi leur a-t-il donné le baptême, et s'il a prévu qu'ils vivraient avec justice, pourquoi les a-t-il fait mourir? Enfin il termine sa lettre à Sixte par ces mots : « Mais, en réfutant sérieusement des gens qui, battus de toutes parts, en sont réduits à armer la colère de Dieu contre des péchés qui n'ont jamais été commis et qui ne le seront jamais, n'avons-nous pas à craindre qu'on ne nous soupçonne de former nous-mêmes ces chimères pour les combattre? On ne pourra se persuader qu'ils soient assez stupides pour avoir de tels sentiments, ou pour espérer de les faire entrer dans l'esprit de personne. Il est pourtant vrai qu'ils en viennent jusque-là; et, si je ne l'avais entendu de leur propre bouche, je ne perdrais pas le temps à réfuter une idée aussi absurde. »

Saint Augustin trouvait extravagant de prétendre que Dieu punissait dans les enfants les péchés qu'ils auraient commis s'ils avaient vécu. Il pouvait avoir raison. Mais il trouvait que Dieu punissait en eux un péché qu'ils n'avaient jamais commis et qu'ils ne commettraient peut-être pas. Cela valait-il beaucoup mieux? La doctrine de la propagation des âmes l'aidait à soutenir ce système. Selon lui, toutes les âmes, ou du moins le germe des âmes se trouvant en Adam lorsque celui-ci pécha, elles avaient contracté la souillure de son crime et la voie par laquelle ces âmes se développaient et passaient dans les corps était elle-même une suite du péché et comme une propriété du démon. C'est ce que saint Augustin nous apprend dans son livre : *des Noces et de la Concupiscence.* Il y soutient que toute volupté est mauvaise; que le mariage n'est pas un bien, mais n'est qu'un préservatif contre un mal plus grand; que dans l'état d'innocence où l'homme avait été créé, il n'aurait pas éprouvé plus de peine à commander à ses sens qu'il n'en éprouve aujourd'hui à ouvrir ou à fermer les yeux; que le but de l'union des sexes n'étant que de mettre au monde des enfants, l'attrait qui les y porte est inutile et condamnable; qu'enfin dans le mariage même il n'y a de véritable chasteté qu'à condition que les époux ne perdront jamais de vue le but de leur union, qui doit être de créer des enfants, non pour le plaisir de les avoir et de les aimer, mais pour en faire des serviteurs de Dieu. Ainsi que l'affection que les époux éprouvent l'un pour l'autre et les parents pour les enfants, leur fasse oublier un instant de se dire : Nous ne sommes unis que pour créer des enfants, et nous ne créons des enfants que pour les donner à Dieu, et la chasteté conjugale est aussitôt perdue. Ce fut contre cet ouvrage que Julien fit ses premières armes. Il le réfuta par quatre livres dans lesquels il demande comment, si la nature humaine n'est pas mauvaise en elle-même, ce qui sert à la propager peut être condamné d'une manière absolue; quel est le mal proprement dit contre lequel Dieu nous a donné d'autres commandements que de l'éviter et de le vaincre ? Dieu nous a-t-il enseigné la manière de mentir sans pécher ? De prendre ce qui ne nous appartient pas sans mériter de reproches ? Nous a-t-il dit : telles œuvres sont mauvaises et pourtant vos penchants vous y entraînent; voici le moyen de tout concilier; cédez un peu dans de certaines limites et à de certaines conditions; employez vos forces à ne pas céder davantage et vous serez considéré comme ayant bien agi. On peut transiger ainsi avec ce qui n'est pas essentiellement mauvais; et c'est ce que Julien disait de la concupiscence comme de tous les autres penchants humains. L'usage de nos facultés ne lui semblait pas mauvais, et il n'en condamnait que l'abus. Voici ses propres paroles avec lesquelles il termine son premier livre : « Celui qui garde la modération dans l'usage de la concupiscence fait un bon usage d'un bien; celui qui n'y garde pas cette modération fait un mauvais usage d'un bien; celui qui par amour de la virginité s'en abstient entièrement, fait encore mieux, car il méprise le remède par la confiance qu'il a en sa santé et en ses forces, pour livrer de glorieux combats. » Ni Julien, qui fait de la concupiscence un bien dont il est beau de s'abstenir, ni saint Augustin, qui en fait un mal auquel il est permis de se livrer, ne l'ont considérée sous son véritable aspect, c'est-à-dire comme le lien le plus fort qui attache l'âme à la matière. Personne ne doute qu'il ne faille un jour briser ces liens, et l'on sait combien l'effort en est douloureux. Tous les préceptes du christianisme tendent à les délier peu à peu, pour que le déchirement soit moins pénible et la délivrance plus complète. Tel est en effet le charitable but du jeûne, de la chasteté, de la pauvreté, et de tant d'autres commandements qui n'attirèrent plus tard à l'Église le reproche de trop insister sur les œuvres que parce que leur signification demeura cachée autant pour ne pas embarrasser les esprits simples qui n'auraient pu la comprendre, que pour ne pas égarer les esprits légers, qui auraient pu en conclure que la matière dont il fallait se séparer autant que possible était mauvaise. Julien s'applique ensuite à réfuter ce que saint Augustin avait dit sur la manière dont la génération se serait faite dans l'état d'innocence, sur les causes de la pudeur qui obligea Adam et Ève à cacher leur nudité après le péché, et sur de minutieux détails que saint Augustin eût pu passer sous silence, et dont l'explication ne servit qu'à exercer la moquerie de Julien. Ces quatre livres sont écrits avec esprit, amertume, verve et ironie. La pensée y manque de gravité, et la forme de modération. La logique y est serrée; les raisonnements, sans être nouveaux, y sont présentés avec tant d'assurance et de concision, qu'ils éblouissent d'abord. Julien demande à saint Augustin s'il n'était pas du sentiment des Paterniens, selon lesquels « l'homme, depuis les pieds jusqu'aux reins, était l'ouvrage du diable; » si telle n'est pas sa doctrine : « que Dieu et le diable ont fait ensemble un accord, par lequel tout ce qui naîtrait appartiendrait au diable, et tout ce qui serait baptisé appartiendrait à Dieu, à la charge que Dieu rendrait féconde l'union des deux sexes que le diable a inventée. » Il s'étonne que l'on dise que le péché originel remis aux parents est pourtant transmis par eux aux enfants, comme si l'on pouvait donner ce que l'on n'a pas; et il demande qu'on lui explique comment on peut avec justice imputer un péché à celui qui n'a pas voulu et qui n'a pu pécher. Cet ouvrage parut en même temps qu'une traduction latine de quelques-unes des Homélies de saint Jean Chrysostôme, par Annien; mais il fit plus de bruit. Annien suivait les exemples de Pélage. Il essayait de dissimuler sa propre doctrine en vantant celle des catholiques et en employant à peu près les expressions mêmes dont ils se servaient. « Le saint évêque Jean, dit-il, paraît combattre avec nous dans tous ses ouvrages, pour une si bonne cause, et surtout dans ses Homélies. Car qu'y inculque-t-il plus aux hommes que la noblesse de leur nature, que tous les sages louent d'un concert unanime contre la rage de Manès ? Que loue-t-il plus souvent que le don glorieux de la liberté que nous avons reçue de Dieu ? C'est la confession de cette liberté qui met la principale différence entre nous et les Gentils, lesquels croient l'homme créé à l'image de Dieu si malheureusement nécessité au mal par le destin, qu'il est contraient d'envier le sort des bêtes. Qu'insinue-t-il plus expressément contre les nouveaux docteurs que la possibilité des commandements de Dieu, et le pouvoir donné à l'homme d'acquérir toute la vertu que Dieu lui commande ou lui conseille? Avec quels éloges et quelle précaution parle-t-il de la grâce? car il n'est ni outré ni trop réservé. Il établit tellement la liberté, qu'il reconnaît partout le secours de la grâce nécessaire pour accomplir les commandements de Dieu ; et il admet tellement le continuel secours de la grâce, qu'il n'éteint pas les efforts de la volonté. »

Lorsque Pélage commença à émettre sa doctrine, il pouvait prétendre ne pas s'écarter des docteurs catholiques, puisque ceux-ci n'avaient pas encore porté leur attention d'une manière spéciale sur les questions que Pélage soulevait. Mais, depuis que saint Augustin à la tête des conciles avait réglé les croyances, depuis que dans ses traités il avait abaissé la liberté sans qu'une voix s'élevât dans l'Église pour le désapprouver, il n'était plus temps pour les Pélagiens de prendre les dehors des catholiques et de se confondre avec eux. Le parti de Pélage avait atteint le point par lequel tous les partis qui se soutiennent quelque temps passent, et où la hardiesse doit remplacer la dissimulation. Julien, nouvellement placé à la tête des Pélagiens, était, par sa position et son caractère, plus propre qu'Annien à en changer la timide direction, et il s'y employa activement. Persuadé que les dix-huit évêques signataires de sa protestation à l'arrêt de Zosime reculeraient devant les sacrifices que leur fermeté pourrait leur coûter, il s'appliqua à se faire des partisans dans le clergé du second ordre, qui, ayant moins à perdre et plus à gagner, était plus propre aux entreprises. Il lui adressa à cet effet une lettre dans laquelle il attribuait aux catholiques des opinions que jamais aucun d'eux n'avait professées, comme par exemple « que le libre arbitre avait péri, » proposition que l'Église n'a jamais approuvée tout en adoptant les principes dont elle était la conséquence; « que l'apôtre saint Paul, ou même tous les autres apôtres, ont continuellement été souillés par une concupiscence effrénée; que J.-C. n'a pas été exempt de péché, qu'il a menti, et a été souillé d'autres fautes par la nécessité de la chair. »

A ces accusations évidemment calomnieuses,

Julien en ajoutait d'autres dont les catholiques pouvaient se défendre avec plus de difficulté. « Les Manichéens, disait-il, prétendent aussi que le mariage tel qu'il se fait aujourd'hui, n'a pas été institué de Dieu, et c'est ce qu'enseigne saint Augustin; ils disent que les mouvements charnels et l'usage du mariage ont été inventés par le diable; que pour cette raison, les innocents naissent coupables et que ceux qui naissent de cet accouplement diabolique ne sont pas les créatures de Dieu, mais celles du diable, ce qui est évidemment manichéen; que les saints de l'ancien Testament n'ont pas été sans péché, c'est-à-dire que leurs offenses n'ont pas été effacées même par la pénitence, et qu'ils ont été surpris par la mort dans ces péchés; que le baptême ne donne pas la rémission des péchés, et n'ôte pas les crimes; qu'il ne fait pour ainsi dire que les racler, en sorte que les racines de tous les péchés demeurent dans la chair qui est mauvaise. Nous, au contraire, poursuivait Julien, nous soutenons que tous les hommes de leur nature ont le libre arbitre et qu'il n'a pû périr par le péché d'Adam; que les noces qui se font aujourd'hui sont d'institution divine; que les époux ne sont pas coupables, mais les fornicateurs et les adultères; que l'homme est l'ouvrage de Dieu; qu'il n'est contraint ni au bien ni au mal par la puissance divine; qu'il est aidé par la grâce de Dieu dans les bonnes œuvres, et qu'il est porté au mal par les suggestions du démon, que les saints de l'ancien Testament ont passé de cette vie à la vie éternelle dans une parfaite justice : que la grâce de J.-C. est nécessaire à tous, aux grands et aux petits; qu'il faut baptiser l'enfant né de parents baptisés, et que le baptême efface tous les péchés. »

Cependant les dangers s'accumulaient autour de Julien à mesure que sa renommée grandissait et que son influence devenait plus redoutable. Les évêques qui s'étaient joints à lui, hésitaient. Les membres du bas clergé ne pouvaient lui prêter qu'un faible appui, et pourtant son courage allait toujours en augmentant, et il avait coutume de répondre à ceux qui lui conseillaient la prudence : « qu'il y « avait plus de gloire pour lui devant Dieu à dé- « fendre la vérité quand tout le monde l'attaquait. » Aussi écrivit-il un livre, intitulé : *Du bien de la constance contre la perfidie de Manès*, pour soutenir ses disciples et leur inspirer la force dont lui-même était si richement doué. Déjà les évêques appelants d'Italie, persécutés par Boniface et par Honorius, étaient ou déposés ou soumis ; Julien lui-même ne parvenait à se soustraire à la rigueur des lois portées contre lui, que par l'éclat de sa réputation et la grandeur de sa famille, lorsque saint Augustin reçut à la fois communication de la lettre de Julien au clergé de Rome, et de la réfutation de son propre ouvrage *sur les Noces et la Concupiscence*, et les instances de Boniface pour qu'il s'empressât d'y répondre. Il était alors occupé d'un ouvrage sur l'origine des âmes, qu'il adressait à un jeune homme nommé Vincent Victor, lequel avait écrit contre lui. Cette question l'embarrassait, puisqu'il n'osait se prononcer pour la propagation des âmes, et que toutes les opinions contraires à celle-ci ne lui semblaient pas satisfaisantes. Aussi ne fut-il pas longtemps retenu par ce travail, et tourna-t-il sans peine ses pensées vers la question qui l'intéressait davantage.

Il écrivit un nouveau livre *sur les Noces et la Concupiscence* pour répondre à la réfutation que Julien avait publiée du premier. Il détermine d'abord la différence qui existe entre la doctrine catholique et la manichéenne, en disant : Les catholiques enseignent que la nature humaine a été créée bonne par un Dieu bon ; mais qu'ayant été viciée par le péché elle a besoin d'être réparée par J.-C. Les Manichéens, au contraire, disent que Dieu n'a point créé bonne la nature humaine, et que le péché ne l'a pas corrompue, mais que le prince des ténèbres éternelles a créé l'homme par le mélange des deux natures qui ont toujours été, et dont l'une est bonne et l'autre mauvaise. Saint Augustin répond ensuite à ce que Julien objectait, qu'il ne pouvait y avoir de péché sans volonté. Le saint docteur accorde ce principe (et comment le nier?), mais il ajoute : « que tous ont péché par la mauvaise volonté d'Adam; parce que ce seul homme était tous les hommes. » Il termine enfin ce livre en rapportant quelques-unes des propositions de Julien qui paraissent conformes aux saintes Écritures, et en disant que « ces propositions sont vraies et catholiques dans les livres saints, mais qu'elles ne le sont pas dans Julien, parce qu'elles ne sont pas employées dans un esprit catholique. »

Après cela saint Augustin répondit à la lettre de Julien au clergé de Rome, et à la protestation des dix-huit évêques contre la constitution de Zosime, en adressant à Boniface quatre livres, dans lesquels on retrouve les mêmes arguments, les les mêmes principes, le même refus d'en admettre les conséquences, les mêmes subtilités, les mêmes contradictions, le même enchaînement et les mêmes beautés que dans ses autres ouvrages. Ces écrits, en arrivant à Rome, en 421, n'y trouvèrent plus Julien. Il avait enfin succombé. Déposé de son siége, chassé de son pays, suivi d'un petit nombre de proscrits comme lui et pour lui, il était allé chercher en Cilicie, auprès de Théodose de Mopsueste, un appui qui ne lui fut pas refusé.

Moins pressé dès-lors, saint Augustin, peu satisfait de son second livre *des Noces et de la Concupis-*

cence, entreprit de mieux répondre à Julien dans six livres qu'il composa expressément. Ces livres sont célèbres et fort connus ; et pourtant ils ne renferment presque rien qui ne se trouve déjà dans les ouvrages précédents de saint Augustin. Saint Augustin est tombé dans la faute presque inévitable de ceux qui essaient de réfuter, mot à mot, les ouvrages auxquels ils sont contraires. Les détails les ont frappés, les injures blessés, les faussetés indignés, et ils descendent aux détails, ils rétorquent les offenses, ils relèvent les mensonges sans penser que l'impression sous laquelle l'importance de ces erreurs comme de ces calomnies avait grandi, n'étant point partagée par le lecteur, la réfutation semble elle-même tachée de tous les défauts dont elle n'est pour ainsi dire que le reflet. Les livres de saint Augustin contre Julien sont écrits avec plus de chaleur que saint Augustin n'en met d'ordinaire dans ses ouvrages, avec gravité et avec subtilité. La pensée n'y est presque jamais nouvelle et elle y est souvent futile. Il faudrait lire chaque proposition de Julien avant d'en lire la réfutation dans saint Augustin ; alors, peut-être en retrouvant le sentiment qui a dicté cette dernière, on jugerait du point de vue même où son auteur était placé ; le défaut dans les proportions frapperait moins, et l'on admirerait davantage. La seule proposition qui nous y paraisse digne de remarque, parce qu'elle eût été plus tard condamnée par saint Augustin lui-même, est celle-ci : « Qui peut douter que les enfants qui n'ont point été baptisés, et qui n'ayant que le péché originel, ne sont coupables d'aucun péché personnel, ne soient dans la damnation la plus légère? Quoique je n'ose cependant dire qu'il leur serait plus expédient de n'être point que d'être dans cette damnation. » Il insiste aussi sur ces paroles de l'Apôtre aux Corinthiens : *Si un seul est mort pour tous, donc tous sont morts, et J.-C. est mort pour tous.* Jusqu'ici donc, saint Augustin conclut que *tous les hommes* sont morts en Adam, de ce que J.-C. est mort pour les racheter tous ; nous le verrons plus tard se contenter de garder cette conclusion tout en repoussant le principe d'où elle émane.

Julien ne demeura pas sans répondre aux nouveaux ouvrages de saint Augustin. Il réfuta le second livre *des Noces et de la Concupiscence*, et écrivit, de la Cilicie où il s'était retiré, un Traité sur l'amour et un Commentaire du Cantique des cantiques. Dans l'ouvrage contre saint Augustin, la pensée est commune et le style véhément et grossier. Le Traité sur l'amour et le Commentaire sur le Cantique des cantiques, ne sont pas parvenus jusqu'à nous, mais les auteurs qui en ont parlé reprochent à Julien de ne point ménager assez la pudeur de ses lecteurs et d'employer un style indécent à des matières par elles-mêmes assez difficiles.

L'hérésie se répandait dans les provinces par la même voie qui avait servi à y apporter le christianisme ; l'exil des religionnaires. Pélage avait enseigné sa doctrine à Jérusalem ; Célestius à Ephèse, Julien l'introduisit en Cilicie, où grâce à la protection de l'évêque Théodose elle fit de rapides progrès. En même temps un moine nommé Leporius la répandait dans les Gaules, et partout on s'appliquait vainement à faire les parts égales entre la grâce et la liberté. Mais le lieu où se vidaient de tels différends était maintenant déterminé. Les novateurs ne pouvaient plus choisir le terrain qui leur convenait le mieux pour y jeter les semences de leurs doctrines. Ils n'étaient plus jugés dans le pays où ils avaient vécu, enseigné, et où ils auraient pu trouver parmi leurs juges des amis ou même des partisans. Le christianisme avait une capitale où les causes étaient portées, et un représentant suprême qui prononçait sur elles. La sagesse des évêques de Rome, l'habitude contractée par l'ancien monde, de considérer comme souveraine l'autorité résidant à Rome, l'émigration des empereurs vers d'autres bords, l'affaiblissement du pouvoir séculier qui en fut une conséquence, les dehors de la puissance qu'il conserva encore longtemps, comme les signes demeurent souvent après que les choses dont ils étaient la représentation ont disparu, et le partage de la véritable autorité qui se fit à l'abri de cette apparence entre la force militaire des barbares et le gouvernement éclairé du clergé, telles furent les causes principales qui élevèrent le siége romain au-dessus de tous les autres. Rome était encore la capitale de l'Empire, et depuis longtemps les empereurs n'y résidaient plus. Les jeunes nations qui l'envahirent y rencontrèrent une jeune religion qui les soumit, et l'un des représentants nombreux de cette religion, héritant à la fois du respect universel pour le lieu de sa résidence, de l'organisation politique, sociale et administrative laissée par les empereurs, profitant de l'énergie de ses nouveaux disciples, de la prudence de ses prédécesseurs et du besoin généralement senti par l'Église d'unité et de direction, en devint aisément le chef.

Julien le savait bien lorsqu'à la mort du pape Boniface et de l'empereur Honorius, il quitta l'asile assuré qu'il avait trouvé auprès de Théodore et les partisans qu'il s'y était formés, pour retourner à Rome d'où ses ennemis l'avaient chassé, y tenter de nouveaux efforts en faveur de sa doctrine qu'il n'espérait pas faire passer pour catholique tant qu'elle demeurerait sous le coup de la condamnation romaine. Il y arriva en 423 et il s'y maintint jusqu'en 425, après que la défaite de l'usurpateur Jean et l'élévation du jeune Valentinien, permirent au pape Célestins de remettre en vigueur les anciennes lois portées par Honorius contre les hérétiques. Expulsés une seconde fois de Rome, Julien, Célestin qui s'était joint à lui, et quelques autres, se retirèrent à Constantinople où ils ne demeurèrent pas longtemps en paix; Atticus, évêque de cette ville, ayant obtenu leur condamnation d'un concile qu'il convoqua expressément. Ils se retirèrent alors dans des solitudes ignorées et ils attendirent en silence que les germes jetés par eux eussent levé, et que le moment de reparaître et de parler fût venu.

A peine saint Augustin commençait-il à goûter le repos que la retraite des Pélagiens lui faisait espérer, que de nouveaux troubles s'élevèrent du côté opposé. La doctrine de saint Augustin portait ses fruits. Ce docteur avait eu le tort de prétendre expliquer ce qu'il eût été bon de considérer comme mystère. Lui-même s'apercevant des écueils qu'il préparait aux esprits simples ne cessait de répéter : *Si vous ne comprenez pas, soumettez-vous sans comprendre;* mais il ne s'opposait pas à ce que l'on essayât d'abord de pénétrer dans les questions qu'il prétendait approfondir. Et quel pouvait être l'homme assez humble et assez sensé pour s'arrêter dans ses recherches, en disant à saint Augustin : Mon esprit est borné; le vôtre ne l'est pas : je ne vous comprends pas, je vous crois. Une soumission aussi grande est possible devant la Divinité; elle serait excessive devant un homme, quel qu'il fût d'ailleurs. Les anciens Pères de l'Église, dont la tâche difficile a été de régler les mystérieuses questions de la Trinité et de l'Incarnation, n'ont point eu le téméraire espoir de les comprendre ni de les résoudre dans leurs détails. Ils ont apporté les textes sacrés, les ont lus avec respect, en ont adoré les obscurités, en ont extrait le sens littéral, l'ont réduit en formules, et, après avoir déclaré qu'ils ne chercheraient pas à en expliquer les contradictions apparentes, ils l'ont imposé à la foi de ceux qui voulaient être chrétiens. Leur sage humilité a reçu sa récompense; car leurs décisions, acceptées par l'Église universelle, ont terminé les querelles, tandis que les sentences et les explications de saint Augustin, contradictoires et motivées, ont soulevé des orages qui sont allés grossissant jusqu'à nos jours.

Déjà, au commencement du v° siècle, quelques moines zélés de la communauté d'Adrumet, dans la Byzacène, ayant pris connaissance de la lettre de saint Augustin au prêtre Sixte, en conclurent que le libre arbitre n'était plus, et que « Dieu, au jour du jugement, ne rendrait pas à chacun selon ses œuvres, mais selon ses propres préférences. » D'autres au contraire, du même monastère, penchaient vers les doctrines de Pélage, et ceux qui, placés entre ces deux opinions, trouvaient moyen de se tenir également éloignés de l'une et de l'autre en disant que, « lorsque le Seigneur viendra rendre à chacun selon ses œuvres, il trouvera en nous de bonnes œuvres qu'il a préparées lui-même afin que nous y marchions, » n'étaient écoutés par personne.

L'abbé Valentin, le chef de cette communauté, envoya consulter Évode, évêque d'Uzale, qui lui répondit : « Le premier homme a été créé avec un libre arbitre sain et parfait ; mais les blessures que le libre arbitre a reçues l'ont affaibli. Le libre arbitre est encore dans l'homme, mais blessé et affaibli. » Ces paroles n'apprenaient rien à Valentin, qui partageait les opinions de saint Augustin sur la grâce, et elles ne lui donnaient pas de nouvelles armes contre ses moines. Mais deux de ceux-ci, fatigués de leurs doutes et des discussions qui troublaient la paix de leur retraite, résolurent de s'adresser à saint Augustin lui-même, et partirent pour l'aller trouver. Saint Augustin les écouta avec bonté, et composa, pour leur instruction, un traité qu'il intitula : *De la Grâce et du libre Arbitre*. Les tendances personnelles de saint Augustin s'y font remarquer comme ailleurs. Dans ce livre, écrit contre l'erreur nouvelle du prédestinationisme aussi bien que contre l'hérésie déjà si souvent réfutée du pélagianisme, saint Augustin se contente d'opposer des textes nombreux à la première, et il réserve ses argumentations pour combattre la seconde. Parmi les citations qu'il apporte en faveur de la liberté humaine et qui n'étaient pas difficiles à trouver, celle-ci, tirée de l'*Ecclésiastique*, est frappante : « Ne dites pas : *Dieu est cause que je me suis éloigné de lui*, car c'est à vous à ne pas faire ce qu'il déteste; ne dites pas : *C'est lui qui m'a jeté dans l'égarement*, car Dieu n'a pas besoin de l'homme pécheur. Le Seigneur hait toute abomination et tout déréglement, et ceux qui le craignent n'aiment point ces choses. Dieu, dès le commencement, a créé l'homme, et il l'a laissé dans la main de son propre conseil. Si vous le voulez, vous observerez ses commandements et vous garderez avec fidélité ce qui est agréable à Dieu. Il mettra devant vous l'eau et le feu, portez la main du côté que vous voudrez. La vie et la mort sont devant l'homme : ce qu'il aura choisi lui sera donné. » Voilà les belles paroles dont l'*Ecclésiastique* se sert pour consacrer le libre arbitre. Rien n'est plus clair ni plus grand. Saint Augustin ne cherche pas à affaiblir cet imposant témoignage; il en ajoute au contraire plusieurs autres, tels que ceux-ci, de l'apôtre saint Paul : *J'ai voulu que le bien que je vous propose n'eût rien de forcé, mais qu'il fût entièrement volon-*

taire, et servez vos maîtres de bon cœur et avec une pleine volonté. Mais le zèle de saint Augustin pour la liberté humaine ne va pas plus loin. A peine a-t-il établi que l'homme n'est pas forcé au mal, qu'il craint d'avoir fourni des armes à ceux qui soutenaient qu'il est libre de choisir le bien. Il retombe alors dans les mêmes redites dont ses précédents ouvrages sont remplis. « La foi vient de Dieu, dit-il, c'est pourquoi l'Apôtre, après avoir dit : *La grâce vous a sauvé par la foi*, ajoute : *Cela ne vient pas de vous, mais c'est un don de Dieu.* D'un autre côté, pour empêcher l'homme de dire qu'il a mérité par ses œuvres le don de la foi, il ajoute tout de suite que *ce don n'est pas fait en conséquence des œuvres, afin que personne ne s'en glorifie.* » Saint Augustin dit encore que « les bonnes œuvres elles-mêmes viennent de Dieu, de qui nous viennent aussi la foi et le saint amour. »

Nous avons déjà vu que quelques Pélagiens reconnaissaient que la grâce nous était donnée d'après le mérite de la foi que Dieu prévoyait en nous. D'autres disaient, comme saint Augustin l'avait dit, que « si la grâce n'était pas donnée selon le mérite des bonnes œuvres, puisque c'est par elle que nous faisons le bien, elle était pourtant donnée selon les mérites de la bonne volonté qui nous fait agir, parce qu'elle est précédée par la bonne volonté qui nous fait prier, et qui est elle-même précédée par la volonté de croire; et que c'était selon ces mérites que Dieu donnait sa grâce, en exauçant les prières qu'on lui adressait. Saint Augustin réfute cette opinion par les arguments que nous avons déjà tant de fois répétés; il oppose des textes à des textes; il observe que si Dieu a dit : *Convertissez-vous, et vous vivrez*, nous lui disons aussi : « O Dieu, convertissez-nous; » que s'il nous ordonne de « nous faire un cœur nouveau et un esprit nouveau, » il nous dit ailleurs : *Je vous donnerai un cœur nouveau, et je mettrai en vous un esprit nouveau.* Il change les élans du cœur de l'homme vers le dispensateur de tout secours, en maximes dogmatiques; et il prétend concilier ces textes contradictoires en disant que c'est bien l'homme qui croit, qui veut et qui agit, mais que c'est Dieu qui le fait croire, vouloir et agir. De cette doctrine à la doctrine du prédestinationisme, il n'y a qu'un pas. Il s'agit de savoir si Dieu accorde à tous les hommes la grâce nécessaire pour croire, vouloir et agir, et si les hommes peuvent se soustraire aux effets de cette grâce; ou si, en étant nécessaire, elle est en même temps irrésistible, et n'est par conséquent donnée qu'à ceux en qui nous la voyons produire ses fruits. Nous ne tarderons pas à connaître si saint Augustin a franchi ce pas.

Ce livre de saint Augustin apaisa en grande

partie les troubles du monastère d'Adrumet. Quelques moines pourtant, poussés par la logique ou par le goût de l'indépendance, déclarèrent que, puisque l'homme ne pouvait absolument rien croire, rien vouloir et rien faire sans y être porté par Dieu même, il était inutile de le reprendre et de le corriger de ses fautes.

Informé de l'effet produit par ses paroles, saint Augustin essaya de l'atténuer par un nouvel ouvrage qu'il composa sur la correction et la grâce, et qu'il envoya à l'abbé Valentin. Il est difficile de paraître réfuter une opinion sans rien dire qui lui soit contraire. Aussi, voulant combattre ceux qui reconnaissaient l'impuissance humaine à faire le bien, et demandaient à n'être pas punis s'ils faisaient le mal, saint Augustin est forcé de s'exprimer ainsi : « C'est par votre faute que vous êtes « méchants, et c'est une faute plus grande encore « de ne vouloir pas être repris de votre méchan« ceté; comme s'il fallait louer vos fautes, ou du « moins les regarder avec indifférence, comme des « choses qui ne méritent ni blâme ni louange; « comme si la crainte, la honte ou le regret d'être « repris ne pouvaient servir de rien, ou que la « piqûre salutaire de la correction pût procurer « d'autre utilité que de faire recourir par la prière « à celui qui est la bonté même, afin qu'il rende « bons et dignes de louanges ceux qui sont mé-

« chants et qui méritent d'être repris. Que celui
« qui ne veut pas qu'on le reprenne, et qui dit au
« supérieur qui le reprend : Priez plutôt pour moi,
« fasse lui-même pour soi ce qu'il veut que les
« autres fassent pour lui. C'est à quoi tend la ré-
« primande qu'on doit lui faire. La peine qu'il a,
« et par laquelle il se déplaît à lui-même, lorsqu'il
« sent la pointe de la correction, le réveille et l'ex-
« cite à prier avec plus d'instance. Elle le porte à
« demander à Dieu, qui est toujours plein de misé-
« ricorde, un accroissement de charité qui le fasse
« renoncer à toute action capable de lui causer de
« la confusion et des regrets, pour se conduire
« d'une manière digne de louange et d'approba-
« tion. Telle est l'utilité de la correction. »

Quel est le péché dans lequel saint Augustin dit que nous sommes tombés par notre faute? Veut-il parler, comme à l'ordinaire, du péché que nous avons commis en Adam, et par lequel nous méritons tous la damnation éternelle? Est-ce de ce péché qu'il est utile de reprendre les hommes? Non, évidemment; saint Augustin parle ici des péchés qui nous sont personnels, et, en avouant que nous y tombons non par la faute d'Adam, mais par notre propre faute, de façon à ce que nous pourrions ne pas y tomber, il semble près de reconnaître que l'homme pourrait s'abstenir de faire le mal. Et pourtant voici ce qu'il nous dit encore :

«Car, de ce que personne n'est exempt de péché,
« il ne s'ensuit pas que chacun en particulier n'en
« soit pas responsable, et, quoique le péché origi-
« nel puisse être appelé un péché étranger, en ce
« sens que chacun le contracte par la naissance
« qu'il tire de ses père et mère, il n'est pas moins
« certain qu'il est notre péché à chacun de nous,
« parce que, comme dit l'Apôtre : *Tous les hommes*
« *ont péché en un seul.* Il faut donc reprendre et
« corriger ce qu'il y a de condamnable en nous par
« une suite de notre origine, afin que la douleur
« causée par la correction fasse naître en celui que
« l'on reprend la volonté et le désir de la régénéra-
« tion ; ce qui n'arrive néanmoins qu'aux enfants de
« la promesse, en qui Dieu, par une secrète inspira-
« tion, opère intérieurement le vouloir même, à la fa-
« veur de ce qu'il y a d'humiliant et de piquant dans
« la remontrance et dans la punition extérieure. »

La correction n'est donc qu'un moyen dont il est possible que Dieu se serve pour ramener le pécheur dans la droite voie. C'est bien aussi ce que disaient les moines fatalistes d'Adrumet. Ils ajoutaient que si la correction n'était qu'un moyen dont Dieu pouvait se servir, et si elle n'avait par elle-même aucune force, il était inutile de l'employer, puisque Dieu ne manquerait pas d'autres moyens à défaut de celui-là pour faire exécuter sa volonté. Fournir des moyens d'action à la toute-

puissance divine leur paraissait presque une impiété. La correction, selon eux, n'était pas seulement superflue, elle était injuste ; car, disaient-ils, si nous péchons, c'est que Dieu ne nous accorde pas sa grâce, et que sans elle nous ne pouvons rien. Saint Augustin leur répond qu'ils ne peuvent alléguer leur impuissance contre la justice de la correction, puisque leurs péchés, résultant de cette même impuissance, doivent pourtant leur attirer un châtiment éternel. Ils ne peuvent non plus se plaindre de ce châtiment, car il sera appliqué, et à tous ceux qui comme eux auront abandonné la foi, et à ceux qui ne l'auront jamais reçue, et enfin aux enfants qui sont incapables d'avoir aucune faute personnelle à expier. Dès que saint Augustin a touché à la question de la justice des peines et de la grâce, il oublie tout le reste. Il parle à des prédestinationistes qu'il veut ramener à la saine doctrine, et voici comment il s'y prend : « La grâce de Dieu préserve l'homme de tout péché, dit-il ; elle est une et multiple ; elle fait croire, vouloir, agir, et enfin persévérer. Mais quelques-uns font cette difficulté : « Si Adam a eu la persévérance dans
« cette rectitude où il a été créé sans défaut, sans
« doute il y a persévéré ; et s'il y a persévéré, il n'a
« pas péché et n'a point abandonné Dieu, ni la jus-
« tice dans laquelle Dieu l'avait créé. Or, la vérité
« nous apprend qu'Adam a péché et abandonné la

« justice. Il n'a donc point eu la persévérance dans
« le bien, et, s'il n'a point eu la persévérance, il ne
« l'a point reçue. Car, comment n'aurait-il pas per-
« sévéré s'il avait reçu la persévérance? Or, si ce qui
« a fait qu'Adam n'a pas persévéré, c'est qu'il n'a
« pas reçu le don de la persévérance, comment a-t-il
« péché en ne persévérant pas, puisqu'il n'a pas
« reçu la persévérance? Car on ne peut pas dire de
« lui que ce don lui a manqué parce qu'il n'a pas
« été séparé par la grâce de la masse de perdition;
« puisque, avant son péché, il n'y avait pas dans le
« genre humain cette masse de perdition qui fait
« que les hommes sont viciés et corrompus dès
« leur naissance. »

Saint Augustin répond qu'il faut d'abord se convaincre que « Dieu, seigneur et maître de toutes
« choses, qui n'a rien créé que de bon et d'excel-
« lent, qui a prévu les maux qui devaient sortir des
« êtres qu'il a faits bons, et qui savait qu'il était plus
« digne de sa bonté toute-puissante de tirer le bien
« du mal que de ne permettre aucun mal, a ar-
« rangé sur ce plan la vie des anges et des hommes.
« Il a donc voulu faire voir d'abord en eux ce que
« pouvait leur libre arbitre, et ensuite ce que pou-
« vaient le don de sa grâce et le jugement de sa jus-
« tice. Le premier homme n'a pas eu une grâce qui
« ait fait qu'il ne voulût jamais être méchant; mais
« il a eu une grâce avec laquelle il n'aurait jamais

« été méchant s'il avait voulu y persévérer, et sans
« laquelle il ne pouvait, même avec son libre ar-
« bitre, continuer à être bon; mais il pouvait aban-
« donner cette grâce par son libre arbitre. Dieu n'a
« donc pas voulu qu'Adam lui-même subsistât sans
« sa grâce divine; mais il a laissé cette grâce à la
« disposition du libre arbitre d'Adam. . . . Le
« premier homme a pu ne pas pécher; il a pu ne
« pas mourir, il a pu ne pas abandonner le bien.
« Mais dira-t-on de lui qu'il n'a pas pu pécher, lui
« qui avait, comme je l'ai dit, un libre arbitre ca-
« pable de se porter au bien et au mal ? . . . .
« Si le premier homme n'avait point abandonné la
« grâce par son libre arbitre, il aurait toujours été
« bon; mais il l'a abandonnée, et en conséquence il
« en a été abandonné; car ce secours était tel que
« l'homme était maître de l'abandonner quand il
« voulait, et d'y demeurer s'il voulait. — Telle est la
« première grâce donnée au premier Adam. Mais
« celle qui nous est donnée dans le second Adam
« est bien plus puissante. Car l'effet de la première
« est que l'homme conserve la justice s'il le veut.
« La seconde a bien plus de force, puisqu'elle fait
« même que l'homme veut persévérer dans le bien,
« et qu'il le veut si fortement, et avec une si grande
« ardeur de charité, qu'il surmonte par la volonté
« de l'esprit, la volonté et les désirs de la chair. . .
« Ainsi le premier homme qui, ayant été créé dans

« la justice, avait reçu en même temps l'avantage
« de pouvoir ne pas pécher, ne pas mourir, ne pas
« perdre l'innocence, avait de plus un secours pour
« persévérer, dont l'effet n'était pas de le faire per-
« sévérer par lui-même, mais sans lequel l'homme
« ne pouvait pas persévérer avec son libre arbitre
« seul. Mais maintenant, le secours que Dieu
« donne à ses saints qu'il a prédestinés par grâce
« au royaume éternel, pour les faire persévérer
« dans la justice, n'est plus de la même nature.
« C'est un secours par lequel la persévérance leur
« est donnée; un secours, non-seulement sans le-
« quel ils ne pourraient pas persévérer, mais qui les
« fait persévérer infailliblement. »

Depuis longtemps saint Augustin nous avait dit que la grâce était nécessaire pour bien vivre; il nous enseigne maintenant qu'elle est irrésistible. « A l'égard de ce que dit l'Écriture, continue-t-il,
« *que Dieu veut que tous les hommes soient sauvés*,
« quoique tous ne le soient pas, on peut l'entendre
« en plusieurs sens. Quand saint Paul dit que *Dieu*
« *veut que tous les hommes soient sauvés*, par *tous*
« *les hommes* il entend tous les prédestinés; parce
« que, dans le nombre des prédestinés, il y a des
« hommes de tout genre. C'est dans ce même sens
« que J.-C. disait aux Pharisiens, *qu'ils donnaient*
« *la dîme de tous les légumes*, ce qui ne doit s'en-
« tendre que de ceux qu'ils avaient, étant bien

« certain qu'ils ne donnaient pas la dîme de tous
« les légumes qui étaient dans l'univers. . . .
« On peut aussi l'entendre en ce sens que Dieu
« nous fait vouloir le salut de tous les hommes
« comme il est dit *qu'il a envoyé l'esprit de son*
« *fils qui crie : Mon Père ! mon Père !* c'est-à-dire
« qui nous fait crier. . . . . Si donc l'Écriture dit
« très-bien que *l'Esprit crie*, parce qu'il fait que
« nous crions, elle peut dire par la même raison
« que *Dieu veut que tous les hommes soient sau-*
« *vés*, parce qu'il nous le fait vouloir. »

Cette explication de saint Augustin ne lui est pas arrachée par l'entraînement de la discussion. Elle part d'un esprit convaincu, et elle se retrouve dans la lettre que ce docteur écrivit peu après à un membre du clergé de Carthage nommé Vital, qui fut un des premiers fauteurs du semi-Pélagianisme. On y lit ces propres paroles (*Lettre à Vital*, ch. vi, p. 432) : « Comment peut-on dire que tous
« recevraient la grâce, si ceux à qui elle n'est pas
« donnée ne la rejetaient pas par leur propre vo-
« lonté, attendu que Dieu veut que tous les hommes
« soient sauvés ; puisqu'il y a un si grand nombre
« d'enfants à qui elle n'est pas donnée. . . .
« Il est donc bien évident que ceux qui résistent à
« une vérité si claire, n'entendent pas le véritable
« sens de cette expression de l'Apôtre : *Dieu veut*
« *que tous les hommes soient sauvés ;* puisqu'il y a

un si grand nombre d'hommes qui ne sont pas sauvés, non parce qu'ils ne le veulent pas, mais parce que Dieu ne le veut pas, ce qui se voit sans aucune obscurité dans les enfants. Ainsi il faut expliquer ce passage de saint Paul de la même manière dont on ne peut se dispenser d'en expliquer beaucoup d'autres. Le même apôtre dit, par exemple, que *tous les hommes seront vivifiés et revivront en J.-C.* Il est certain qu'il y a un très-grand nombre d'hommes qui ressusciteront pour être punis de la mort éternelle, et qui ne seront pas vivifiés en J.-C. Il faut donc entendre le texte de l'Apôtre en ce sens, que tous ceux qui ressusciteront pour la vie éternelle ne seront admis en cette nouvelle vie qu'en J.-C. et par J.-C. C'est dans le même sens que saint Paul dit que *Dieu veut que tous les hommes soient sauvés;* quoiqu'il y en ait un si grand nombre que Dieu ne veut pas qu'ils soient sauvés. Ces paroles signifient que tous ceux qui sont sauvés ne le sont que parce que Dieu veut qu'ils le soient. Rien n'empêche qu'on ne puisse encore donner quelque autre interprétation à ces paroles de saint Paul, pourvu qu'elle ne contredise pas cette vérité très-évidente qui nous fait voir un si grand nombre d'hommes qui ne sont pas sauvés, quoique les hommes le veuillent, parce que Dieu ne le veut pas. »

Saint Augustin revient, à la fin de son *livre sur la Correction et la Grâce*, à l'efficacité des remontrances et des châtiments. Il cite des textes par lesquels il est commandé de reprendre les pécheurs; et il termine en disant (*liv. de la Cor. et de la Gr.*, ch. xv, p. 399): « Si celui que nous reprenons est « un enfant de paix, la paix que nous lui annon-« çons reposera sur lui; s'il ne l'est pas, elle re-« viendra à nous. »

Cet ouvrage était peu propre à faire abandonner l'opinion que l'homme ne pouvait rien opérer pour son salut ni pour celui de ses frères. Les moines d'Adrumet se turent, probablement parce qu'aucun d'eux n'avait ni assez d'énergie, ni assez d'invention pour fonder une secte nouvelle. Mais d'autres héritèrent de leurs erreurs. Vers l'an 431, le fameux livre du *Prædestinatus* parut sous le faux nom de saint Augustin. Il était rempli des doctrines *prédestinatiennes*, et il encourut le blâme le plus sévère de l'Église. En 475, trente évêques s'assemblèrent à Arles pour y procéder au jugement du prêtre gaulois Lucide, qui ressuscitait l'hérésie du *prédestinationisme*. Le Germain Gottescalc la renouvela en 848, en disant qu'il y avait deux prédestinations, l'une des élus au repos éternel, l'autre des réprouvés à la mort; parce que, comme Dieu incommutable avait prédestiné immuablement, avant la création du monde, par sa grâce gratuite tous ses élus à la vie éternelle, de même en tout sens le même Dieu incommutable avait immuablement, par son juste jugement, prédestiné à la mort justement éternelle tous les réprouvés qui, au jour du jugement, seront condamnés pour leurs péchés.

Au commencement du xiv° siècle Thomas Bradwardine, frère-mineur anglais, soutint que le texte de l'Apôtre : *Dieu veut que tous les hommes soient sauvés*, ne devait s'entendre que dans le sens restreint aux seuls prédestinés, et que Dieu ne voulait rien de tout ce qui n'était pas; que la prédestination à la gloire et la prédestination aux supplices éternels, sont également antérieurs à tout mérite, et n'ont d'autre cause que la volonté de Dieu; que la conduite de Dieu envers les réprouvés n'est ni inique ni cruelle, attendu que Dieu est le souverain arbitre du sort de ses créatures, que sa volonté suprême est une loi très-juste, qui peut punir éternellement des innocents pour sa gloire, pour l'édification des élus et la décoration de l'univers; et que cependant Dieu ne punit que des pécheurs, non que leurs péchés soient la cause qui engage Dieu à les damner, mais parce qu'il se propose d'autres fins. Bradwardine établit aussi que Dieu peut en quelque sorte nécessiter toute volonté créée à produire un acte très-libre, ou à omettre très-librement une action ; qu'il y a donc une certaine nécessité antécédente, laquelle n'est contraire ni à la liberté, ni au mérite, ni au hasard; que la volonté de Dieu est elle-même cette nécessité antécédente, et qu'elle ne tombe pas seulement sur la fin à laquelle Dieu destine ses créatures, mais encore sur les moyens qui y conduisent. Bradwardine citait sans cesse les Pères, et particulièrement saint Augustin, dont il se disait l'un des plus fidèles disciples.

Wicleff fut son élève et son continuateur; mais il le laissa bien loin derrière lui. Les déréglements du clergé révoltaient Wicleff contre l'Église, et le mépris que lui inspiraient les gardiens de la loi déconsidérant à ses yeux la loi elle-même, il osa appliquer une critique peu respectueuse aux mystères de la présence réelle et de la transsubstantiation, aussi bien qu'à celui de la prédestination. Sur ce point même il exagéra les doctrines de ses prédécesseurs, car, non content de soutenir que le décret de Dieu n'a pas pour motif les bonnes ou les mauvaises actions de la créature, mais la volonté et le bon plaisir de Dieu; qu'il est absolument nécessaire que le réprouvé mette obstacle à son salut en péchant (1); il remonte plus haut, et affirme que Dieu lui-même ne peut agir autrement qu'il ne fait ou fera, et que c'est par une

---

(1) Wicleff, *Dialogues*, liv. IV, chap. 13.

nécessité fixe et immuable que toute chose sera ce qu'elle est. Selon Wicleff tout ce qui est possible est dans Dieu; il le connaît et le produit nécessairement. C'est donc par une nécessité absolue que la créature raisonnable se détermine avec choix à une telle action, et que Dieu concourt nécessairement à la production de cette même action, parce qu'il l'a prévue et prédéfinie, en sorte toutefois que ni Dieu ni l'homme ne peuvent et n'ont jamais pu agir autrement qu'ils n'agissent ou qu'ils n'agiront.

Disciple de Jérôme de Prague et de Jacobel, qui à leur tour l'étaient de Wicleff, Jean Huss devint le chef des Wicleffistes de Bohême, et développa le prédestinationisme de ses maîtres, sans pourtant le dépasser. Il établit que la grâce de la prédestination est un lien qui attache indissolublement tout le corps de l'Église et chaque membre à J.-C. son chef; qu'il n'y a qu'une Église sainte et universelle, laquelle consiste dans l'universalité des prédestinés, la sainte Église universelle étant une comme le nombre des prédestinés est un; qu'un réprouvé n'est jamais du corps de l'Église, quoiqu'il soit en état de grâce selon la justice présente, et qu'un prédestiné demeure toujours membre de l'Église, parce qu'il ne perd jamais la grâce de la prédestination, quoiqu'il perde quelquefois la grâce passagère; que les actes humains se divisent immédiatement en vertueux et vicieux, parce que si l'homme est vicieux, tout ce qu'il fait est péché, attendu que le péché mortel corrompt toutes ses actions, et, s'il est vertueux, la vertu vivifie toutes ses actions, d'où il paraît que toute la vie est vertueuse par la charité.

Tout le monde connaît le prédestinationisme mitigé de Luther, et celui plus absolu de Calvin, aussi bien que les querelles des Jansénistes et des Molinistes. Aucun de ces partisans exclusifs de la grâce ne répudiait saint Augustin, dont ils suivaient, ou croyaient suivre les doctrines. Mais s'ils purent se figurer qu'ils demeuraient fidèles aux principes de saint Augustin, l'Église eut soin de les avertir qu'ils s'éloignaient des dogmes reçus par elle, et sa constante sagesse sut la préserver des excès de ses propres serviteurs, tout en lui permettant de profiter de leurs bons offices, et d'honorer la pureté de leurs intentions. Dès les premières annonces de l'hérésie *prédestinatienne*, l'Église s'émut, et, malgré la préoccupation dans laquelle la tenait l'erreur pélagienne, elle ne négligea pas de combattre l'erreur contraire. Le livre du *Prædestinatus* n'avait pas encore paru que déjà le pape Célestin, averti des pernicieuses doctrines qui se répandaient secrètement, écrivit une longue lettre aux évêques des Gaules, où, après avoir réfuté les opinions pélagiennes et semi-

pélagiennes, il expose en dix articles la foi catholique sur le libre arbitre et sur la grâce, et termine ainsi : « Pour ce qui regarde les questions plus pro-
« fondes et plus difficiles, qui ont été traitées plus
« au long par ceux qui ont combattu les hérétiques,
« comme nous n'osons les mépriser, nous ne
« croyons pas nécessaire de les autoriser, parce
« que nous jugeons que tout ce que les souverains
« pontifes nous ont enseigné, selon les règles qu'on
« vient de rapporter, est insuffisant pour confesser
« la grâce de Dieu, dont il ne faut en rien dimi-
« nuer l'opération et la dignité. De sorte que nous
« ne regardons pas comme catholique tout ce qui
« paraîtra contraire aux susdites règles. »

Bientôt le livre du *Prædestinatus* vint offrir à Célestin une nouvelle occasion de déclarer le sentiment de l'Église. Il la saisit en interdisant la lecture de ce livre et en le rejetant avec horreur.

Lorsque, en 475, un concile se fut assemblé à Arles sous la direction de Fauste, évêque de Riez, pour y prononcer sur l'orthodoxie des opinions du prêtre Lucide, celui-ci fut d'abord sur le point d'encourir une condamnation sévère. Quoique semi-pélagien, Fauste jouissait d'une grande considération dans l'Église, et il était difficile de lui rien refuser. Aussi, à peine eut-il demandé au concile d'accorder à l'accusé un délai pendant lequel lui-même essaierait de le convertir, que les évêques suspendirent le cours de leur procédure. Fauste possédait une éloquence douce et insinuante, une rare et compatissante bonté, un esprit calme et lumineux. Il vint aisément à bout de ramener Lucide, et obtint de lui, après plusieurs entretiens et une lettre qu'il lui adressa, dans laquelle il lui exposait quels devaient être ses principes, une rétractation que le Prédestinatien envoya au concile. L'anathème y est prononcé contre les erreurs passées dans les termes les plus formels. « Je condamne, dit-il, ceux qui prétendent « qu'il ne faut pas joindre à la grâce divine le tra- « vail de l'obéissance humaine;

« Qu'après la chute du premier homme, le libre « arbitre a été entièrement éteint;

« Que J.-C., notre Seigneur et Sauveur, n'a pas « souffert la mort pour le salut de tous;

« Que la prescience de Dieu fait violence à « l'homme pour le précipiter dans la mort, ou que « ceux qui périssent, périssent par la volonté de « Dieu;

« Que quiconque pèche après avoir reçu le bap- « tême meurt en Adam;

« Que les uns sont prédestinés à la mort, et les « autres à la vie;

« Que depuis Adam jusqu'à J.-C., nul des hommes « n'a été sauvé par la foi en la venue de J.-C. avec

« le secours de la première grâce de Dieu, qui est
« la loi de la nature, parce qu'ils avaient perdu le
« libre arbitre en Adam. . . . .

« Et pour décharger entièrement ma conscience,
« ajoute-t-il, dans des choses si importantes, je me
« souviens d'avoir dit auparavant que J.-C. n'était
« venu que pour ceux qu'il avait prévu devoir
« croire en lui, suivant ces paroles du Seigneur :
« *Le Fils de l'homme n'est pas venu pour être*
« *servi, mais pour servir et pour donner sa vie*
« *pour les autres.* . . . .
« . . . . Mais à présent que je suis mieux
« instruit par l'autorité des témoignages qu'on
« trouve en grand nombre dans les divines Écri-
« tures, selon l'interprétation et la doctrine des
« anciens, je reconnais volontiers que J.-C. est venu
« aussi pour ceux qui se sont perdus, parce qu'ils
« se sont perdus malgré lui ; n'étant pas permis de
« restreindre à ceux qui ont été sauvés les bienfaits
« de Dieu et les richesses de son immense bonté. »

Cinquante ans ne s'étaient pas encore écoulés depuis que saint Augustin avait enseigné qu'il ne fallait pas, sur toute chose, *contredire cette vérité très-évidente qui nous fait voir un si grand nombre d'hommes qui ne sont pas sauvés, quoiqu'ils le veuillent, parce que Dieu ne le veut pas* (1) ; et

---

(1) Chap. VI, p. 433.

déjà l'Église se déclarait satisfaite d'une profession de foi dans laquelle on disait *que ceux qui se sont perdus se sont perdus malgré J.-C.* Lucide fut absous.

Vers l'année 529, le concile d'Orange jugea nécessaire d'atteindre quelques *Prédestinatiens* qui se cachaient dans le midi de la Gaule, et il condamna ceux qui niaient que *tous ceux qui ont été baptisés, étant aidés du secours et de la coopération de J.-C., peuvent et doivent, s'ils veulent, être fidèles à la grâce, et accomplir tout ce qui appartient au salut.*

Gottescalc ne fut pas plus heureux que ses prédécesseurs. Condamné d'abord par un concile des évêques d'Allemagne assemblé à Mayence en octobre 848, d'après l'ordre de Louis, roi de Germanie; renvoyé à Hincmar de Reims, évêque de son diocèse; amené de nouveau devant un concile convoqué par le roi Charles-le-Chauve, à Kiersy, en 849, et jugé hérétique incorrigible, il résista.

La querelle s'envenima, et plusieurs docteurs y prirent une part active. Loup Servat et Ratram écrivirent chacun un ouvrage qu'ils présentèrent à Charles-le-Chauve, en défense de Gottescalc. Servat soutenait qu'il ne faut pas prendre dans un sens général ce texte de l'apôtre: *Dieu veut que tous les hommes soient sauvés;* que tous ceux que

Dieu veut sauver sont sauvés, et qu'il n'en veut point sauver d'autres que ceux qui le sont en effet. Ratram évitait de se prononcer sur cette question, et se bornait à reconnaître l'existence et l'infirmité du libre arbitre, ainsi que la nécessité de la grâce. Chargé par Charles-le-Chauve de répondre à ces deux ouvrages, Hincmar crut pouvoir transmettre cette tâche à Amalarius, diacre de Trèves, et à Jean Érigène, dit Scott. L'ouvrage du premier est perdu; celui du second ne remplit pas les vues d'Hincmar et des catholiques. Prudence, évêque de Troyes; Venilon, archevêque de Sens, le réfutèrent aussitôt. Un livre qui parut en même temps sous le nom de l'église de Lyon, et qui fut attribué à Florus, diacre de cette ville, attaquait Hincmar à l'occasion du livre de Scott, et défendait Gottescalc. Les lettres et les traités se multiplièrent entre Gottescalc, Amolon, archevêque de Lyon, Hincmar, Remy, successeur d'Amolon, et Pardulus, ami d'Hincmar. L'erreur profitait des disputes, et la vérité s'abîmait. Charles-le-Chauve, voulant mettre fin à un état de choses qui semblait empirer de jour en jour, assembla à Kiersy, en 853, les évêques et les abbés qui étaient à sa cour, et les pria de régler dogmatiquement les questions agitées par Gottescalc. Hincmar présida cette assemblée et rédigea les quatre articles qu'elle approuva et souscrivit, et qui furent ensuite publiés en forme de capitulaire par ordre du roi. Voici quels furent ces articles :

Article premier. Il n'y a en Dieu qu'une seule prédestination.

Dieu tout-puissant créa l'homme sans péché dans la justice avec le libre arbitre, et le plaça dans le paradis terrestre, voulant qu'il y persévérât dans la sainteté qu'il avait reçue. L'homme, usant mal de sa liberté, pécha, déchut de l'état de grâce et devint la masse de perdition de tout le genre humain ; mais Dieu, également bon et juste, choisit dans cette masse de perdition selon sa prescience, un certain nombre d'hommes qu'il prédestina à la vie, et il leur prédestina la vie éternelle. Quant aux autres que sa justice laissa par un jugement équitable dans cette masse de perdition, Dieu connut par sa prescience qu'ils périraient, mais il ne les prédestina pas à périr ; néanmoins, parce qu'il est juste, il leur prédestina les peines éternelles. Ainsi nous disons qu'il n'y a qu'une seule prédestination qui a pour objet ou les dons de sa grâce, ou la rétribution de sa justice.

Article II. Que la grâce guérit le libre arbitre.

Nous avons perdu le libre arbitre par le péché du premier homme ; nous le recouvrons par la grâce de J.-C. Prévenus et aidés de cette grâce, nous sommes libres pour le bien ; sans elle nous sommes libres pour le mal : or, nous sommes libres pour le bien parce que la grâce a délivré et guéri notre libre arbitre de sa corruption.

Article III. Que Dieu veut sauver tous les hommes.

Dieu tout-puissant veut sauver tous les hommes sans exception, quoique tous ne soient pas sauvés. Ceux qui sont sauvés le sont par sa grâce, ceux qui ne le sont pas périssent par leur faute.

Article IV. Que J.-C. a souffert pour tous les hommes.

Comme il n'est aucun homme, qu'il n'y en eut et n'en sera jamais dont Notre Seigneur J.-C. n'ait pris la nature, aussi n'en est-il point, il n'y en eut et n'en sera jamais aucun pour lequel J. C. n'ait pas souffert. Quoique tous ne soient pas en effet rachetés par le mystère de sa passion, ce défaut ne vient pas du prix de ses souffrances qui est très-grand et très-abondant; mais de la faute des infidèles, et de ceux qui n'ont pas cette foi qui opère par la charité, parce que le breuvage salutaire, composé de notre infirmité et de la vertu divine, a tout ce qu'il faut pour être utile aux hommes, mais il ne guérit pas ceux qui ne le prennent pas.

Ces décisions excitèrent quelque mécontentement. Prudence envoya aux évêques assemblés à Sens pour procéder à l'élection de l'évêque de

Paris, ces quatre propositions qu'il leur demandait de signer :

1° Le libre arbitre, perdu par la désobéissance d'Adam, est tellement rendu et délivré par la grâce de J.-C., que nous avons toujours besoin de son secours pour pouvoir penser, dire ou faire le bien.

2° Dieu, par sa miséricorde gratuite, avant tous les siècles, a prédestiné les uns à la vie et les autres aux supplices, par le secret jugement de sa justice.

3° J.-C. a versé son sang pour tous les fidèles, et non pour ceux qui n'ont pas cru, ne croient pas ou ne croiront pas en lui.

4° Dieu tout-puissant sauve tous ceux qu'il veut sauver; hormis ceux qu'il sauve, personne ne peut en aucune manière être sauvé : or, tous ceux-là sont sauvés qu'il veut sauver; par conséquent, Dieu ne veut aucunement sauver quiconque n'est pas sauvé.

Il ne paraît pas qu'aucun évêque ait signé les propositions de Prudence, et les décisions du second concile de Kiersy furent adoptées sans contestation dans les états de Charles-le-Chauve.

Mais il n'en fut pas de même dans ceux de Lothaire. Mal disposé envers son frère et envers ceux qu'il croyait lui être attachés, Lothaire s'éleva contre les décisions de Kiersy. Ses courtisans, dociles à son exemple, se disputaient l'honneur de blâmer Hincmar, et ils répandirent, secrètement d'abord, et plus tard ouvertement, un livre contre les décisions du concile. On ne pouvait pourtant opposer un ouvrage à un concile, et Lothaire, qui le savait bien, convoqua, en 855, les évêques de son empire à Valence en Dauphiné. Ceux-ci adoptèrent les six canons suivants :

1er canon. Le concile déclare qu'il fuit les nouveautés de paroles et les disputes présomptueuses qui ne causent que du scandale, pour s'attacher à l'Écriture et à la doctrine des Pères qui en sont les interprètes; qu'à l'égard de la prescience et de la prédestination, et des autres questions qui troublent l'Église, il s'en tient à ce qu'il a pris dans le sein de l'Église.

2e canon. Dieu, de toute éternité, a connu, par sa prescience, et le bien que les bons feraient, et les péchés que commettraient les méchants; que les uns seraient bons par la grâce, et par elle recevraient la récompense éternelle; que les autres seraient méchants par leur propre malice, et condamnés aux peines éternelles par sa justice. La prescience n'impose à personne la nécessité de pécher; personne n'est condamné par jugement antérieur de Dieu, mais à cause de ses propres iniquités. Les méchants ne périssent point pour n'avoir pu être bons, mais parce qu'ils n'ont pas voulu être bons, et qu'ils sont demeurés, par leur faute originelle ou actuelle, dans la masse de perdition.

3ᵉ canon. Nous confessons hautement la prédestination des élus à la vie, et la prédestination des autres à la mort. Néanmoins, dans le choix de ceux qui doivent être sauvés, la miséricorde précède le mérite; et dans la réprobation, le démérite précède le juste jugement de Dieu qui ne prédestine que ce qu'il opère. Ainsi il prévoit seulement les crimes des méchants et ne les prédestine pas; il ne prédestine personne au mal par sa puissance. Nous anathématisons, avec le concile d'Orange, quiconque ose soutenir une telle impiété.

4ᵉ canon. Quant à la rédemption du sang de J.-C., il s'est élevé une erreur monstrueuse contenue dans les écrits de certaines gens, qui osent avancer que J.-C. a versé son sang pour les impies morts dans leur impiété, et damnés depuis la création du monde jusqu'à la passion du Sauveur. Nous déclarons qu'il faut s'en tenir sur cette question à ce qui est écrit dans le nouveau Testament, que ce sang a été répandu pour tous ceux qui croient en J.-C. Nous rejetons comme inutiles, nuisibles et contraires à la vérité, les quatre articles qu'une assemblée de nos frères les évêques a approuvés avec peu de circonspection. Nous rejetons encore les dix-neuf articles qui sont des conclusions de très-mauvais raisonnements, et des inventions diaboliques plutôt que des dogmes de foi.

5ᵉ canon. Nous croyons très-fermement que tous les fidèles régénérés dans les eaux du baptême, et par là véritablement incorporés à l'Église, sont véritablement lavés de leurs péchés par le sang de J.-C., parce qu'ils n'auraient pu être véritablement régénérés s'ils n'avaient été véritablement rachetés; et qu'il n'y a rien de vain, rien d'illusoire, dans les sacrements où tout est réel et effectif; cependant, de cette multitude de fidèles rachetés, les uns sont sauvés, parce qu'ils persévèrent avec le secours de la grâce; les autres sont damnés parce qu'ils ont rendu inutile, par leur propre choix, la grâce de leur rédemption, en se livrant à l'erreur ou à la corruption des mœurs.

6ᵉ canon. Touchant la grâce par laquelle tous ceux qui croient sont sauvés, et sans laquelle personne n'a jamais bien vécu, et touchant le libre arbitre affaibli par le péché du premier homme, et guéri dans les fidèles par la grâce de J.-C., nous embrassons avec une foi pleine et constante les décrets des saints Pères, des conciles d'Afrique et d'Orange, et des souverains pontifes.

Hincmar répondit à ces canons par un grand ouvrage intitulé *De la Prédestination et du libre Arbitre*. Nous l'avons perdu, mais nous pouvons juger de l'effet qu'il produisit par la décision des évêques signataires des six canons, lesquels, s'étant de nouveau rassemblés à Langres en 859, voulurent relire ces six canons, et en effacèrent la condamnation des quatre articles de Kiersy. Quinze jours après ce concile, il s'en tint un autre à Savonnières, près de Toul, composé des évêques de douze provinces, tant des états de Charles-le-Chauve, que de ceux de Charles et de Lothaire, ses neveux, auquel ces trois princes assistèrent, et qui porte le titre de concile général ou national. Remy, archevêque de Lyon et ennemi d'Hincmar, dirigeait les débats. Mais il ne put obtenir que les quatre articles du second concile de Kiersy y rencontrassent aucune opposition, pas plus qu'il ne réussit à faire adopter les six canons du concile de Valence, ni à empêcher qu'ils ne fussent renvoyés au prochain concile.

Aussitôt après que les évêques rassemblés à Langres se furent séparés, Hincmar publia un nouvel ouvrage sur la prédestination, au moyen duquel il disposa les esprits en faveur de ses quatre articles, et contre les six canons de Valence. En effet, le concile tenu à Tourzi, en 860, et choisi pour juger les articles et les canons, ne parla directement ni des uns ni des autres, mais rédigea une déclaration qui, tout en évitant de toucher aux points les plus délicats de la question, tels que la double prédestination, se rapprochait beaucoup plus du sens des premiers que de celui des seconds. Après avoir parlé du libre arbitre, du péché originel et de la grâce, dans les mêmes termes dont se servaient également les Prédestinatiens et les catholiques, le concile de Tourzi établit qu'il ne se fait rien sur la terre ni dans le ciel que Dieu ne fasse lui-même ou ne permette qu'il soit fait, lui qui veut que tous les hommes soient sauvés et qu'aucun ne périsse. Mais, étant un maître plein d'équité, également amateur de la justice et ennemi du crime, il n'a pas voulu, après le péché d'Adam, priver de leur libre arbitre les hommes qu'il a formés à son image et à sa ressemblance, parce qu'il veut les traiter selon leurs mérites... J.-C. a souffert la mort pour tous ceux qui ont été condamnés à la mort, seul libre entre les morts, seul exempt de cette mort, étant prédestiné, fils de Dieu, et né d'une femme pour être le chef, le guide et le modèle de tous les prédestinés.

La mort de Gottescalc contribua à éteindre ces dissensions. Son parti fut dissous; mais le germe de ses erreurs ne pouvait être étouffé, puisqu'il se trouvait dans les livres mêmes de saint Augustin, et que ce docteur avait donné l'exemple de la dangereuse prétention de résoudre des questions insolubles.

En 1240, Guillaume, évêque de Paris, et en

1270, Étienne, évêque de la même ville, assemblèrent chacun les docteurs de la faculté de théologie, et obtinrent d'eux la condamnation des propositions suivantes, qui étaient encore enseignées malgré les arrêts des conciles :

1° La volonté de l'homme veut et choisit par nécessité.

2° La volonté de l'homme est nécessitée par la connaissance comme l'appétit des brutes.

3° Le libre arbitre n'est pas une faculté active, mais passive.

4° La volonté, dans ses actions, suit toujours l'appétit le plus fort.

5° Il ne se fait rien par voie contingente, mais tout arrive par nécessité. Toutes les choses qui seront arriveront par nécessité, et celles qui ne seront pas sont impossibles.

Jean de Mercœur, de l'ordre de Cîteaux, en ajoute d'autres que la Faculté de théologie de Paris censura en 1247; les voici : De quelque manière que Dieu veuille, il veut efficacement. Dieu fait que l'homme pèche, et veut qu'il soit pécheur, et il le veut d'une volonté de plaisir. Aucun ne pèche qu'en se conformant à la volonté du bon plaisir de Dieu, qui le fait tomber dans le péché et veut qu'il pèche. Dieu est en quelque façon la cause de l'action déméritoire, en tant qu'elle est déméritoire. Dieu est la cause du péché.

L'obscurité des doctrines de Thomas Bradwardine, sa grande soumission à l'autorité du Saint-Siége, la faveur dont il jouit à la cour du roi Édouard III et sa modestie naturelle, lui évitèrent les honneurs et les agitations qu'une éclatante renommée entraîne toujours après elle. Mais son disciple Wicleff fut mieux compris, excita plus d'enthousiasme chez quelques-uns, et s'attira le blâme sévère du plus grand nombre. Dépouillé de la dignité de recteur du collége d'Oxford, par Langham, archevêque de Cantorbery, à la sollicitation des moines; débouté de ses prétentions par le pape Urbain V, auquel il avait appelé de la sentence de son archevêque, il crut n'avoir plus de ménagements à garder, et il prêcha inconsidérément sa doctrine. Les Anglais paraissaient peu soucieux des controverses religieuses, et ils eussent peut-être toléré les enseignements de Wicleff, comme ils avaient écouté ceux de Bradwardine, si le bruit des paroles de Wicleff ne se fût pas répandu jusqu'aux lieux où siégeaient les représentants sérieux de l'Église. Grégoire XI reprocha aux Anglais leur coupable indifférence, et adressa trois brefs à l'archevêque de Cantorbéry et à l'évêque de Londres, pour leur ordonner d'abord de procéder sans délai contre Wicleff, et de l'enfermer jusqu'à ce que le Saint-Siége eût prononcé sur les informations; pour citer ensuite Wicleff au tribunal du pape, et pour enjoindre enfin à ces évêques d'instruire le roi Édouard et les seigneurs zélés des excès de Wicleff. Celui-ci parvint, grâce à la protection du roi et du duc de Lancastre, à se soustraire quelque temps aux synodes qui le poursuivaient de leurs citations ; mais, en 1382, ses protecteurs lui ayant manqué, il fut jugé par le concile tenu à Londres, qui condamna neuf de ses propositions comme hérétiques, et quatorze comme erronées. Plus tard, Boniface IX obtint encore que l'on prononçât la même condamnation contre le *Trialogue* de Wicleff, et notamment contre dix-huit propositions extraites de ce livre.

En 1409, le pape Alexandre V ordonna à Sbinsko, archevêque de Prague, d'arrêter les prédications de Jean Huss, qui reproduisait les erreurs de Wicleff. Jean Huss en appela au pape Jean XXIII, qui l'excommunia, et du pape au futur concile; puis, ayant continué ses enseignements à Prague, et ayant été interdit de nouveau par Conrad, évêque d'Olmutz, il se retira dans le lieu de sa naissance, d'où il écrivit son fameux traité de l'Église, et un autre petit ouvrage intitulé *Les six Erreurs*. Cependant le concile œcuménique, auquel Jean Huss en avait appelé, s'étant assemblé à Constance, il y fut cité et condamné.

En 1520, Léon X se flatta d'arrêter les entre-

prises de Luther, en publiant une bulle dans laquelle plusieurs de ses propositions étaient censurées comme hérétiques, fausses, scandaleuses, séduisant les âmes pieuses, et contraires à la foi catholique. En voici quelques-unes : « Nier que le
« péché demeure dans l'enfant après le baptême,
« c'est fouler aux pieds Paul et le Christ ensemble.

« Le levain du péché, quoiqu'il n'y ait dans le
« moment aucun péché, demeure attaché à l'âme
« jusqu'à son entrée dans le ciel.

« Dans toute bonne œuvre, le juste pèche ; une
« bonne œuvre bien faite est un péché véniel. Per-
« sonne n'est certain de ne pas pécher mortelle-
« ment à cause du vice très-caché de l'orgueil.

« Le libre arbitre après le péché n'est qu'un mot ;
« et, en faisant ce qui est en lui, l'homme pèche
« mortellement. »

Cette bulle ne pouvait porter un remède suffisant aux innombrables plaies dont l'Église était atteinte. En effet, la doctrine de Luther se développa, s'agrandit, se subdivisa, et fit plus que de menacer la catholicité. Le concile de Trente, assemblé en 1545, s'ouvrit le 13 décembre de cette année, et s'occupa, entre autres choses, de régler les croyances sur la grâce, le libre arbitre, le péché originel et la prédestination. Les Luthériens, et plus encore les Zuingliens, avaient donné la mesure de l'abîme où l'on pouvait tomber en suivant de trop près et avec trop de confiance saint Paul et saint Augustin. Les Pères du concile voulaient admettre les bases fondamentales de la doctrine chrétienne, et en retrancher tout ce que les hommes y avaient ajouté d'inutile, de messéant et de pernicieux. Le choix était difficile à faire, mais les Pères du concile ne manquaient ni de lumières ni de courage, et ils se mirent hardiment à l'œuvre.

On commença par examiner la doctrine de Luther sur le péché originel, et ces propositions dans lesquelles elle est contenue :

« 1° Qu'Adam, par la transgression du commandement, a perdu la justice et encouru la colère de Dieu et la mort; mais que, bien qu'il fût empiré et dans l'âme et dans le corps, il n'a point transmis de péché à sa postérité, mais seulement les peines corporelles;

« 2° Que le péché d'Adam s'appelle originel parce qu'il a passé de lui à sa postérité, non par transfusion, mais par imitation;

« 3° Que le péché originel est une ignorance ou un mépris de Dieu, qui fait que l'homme est sans crainte, sans confiance et sans amour pour Dieu, sujet à la concupiscence et à des désirs déréglés; qu'enfin ce péché est une corruption générale de l'homme dans la volonté, dans l'âme et dans le corps;

« 4° Qu'il y a dans les enfants une inclination

« au mal qui produit en eux, à mesure que la rai-
« son leur vient, un dégoût des choses divines, et
« un amour déréglé de celles du monde, et que
« c'est là le péché originel.

« 5° Que les enfants, du moins ceux qui naissent
« de parents fidèles, n'apportent au monde aucun
« péché d'Adam, bien qu'ils soient baptisés pour
« la rémission des péchés.

« 6° Que le baptême n'efface point le péché ori-
« ginel, mais fait qu'il ne nous est point imputé ;
« ou que ce péché, par le moyen du baptême,
« commence à diminuer en cette vie, et se déra-
« cine entièrement dans l'autre.

« 7° Que ce péché restant dans les baptisés, re-
« tarde leur entrée dans le ciel.

« 8° Que la concupiscence qui reste après le bap-
« tême est véritablement un péché.

« 9° Que la peine principale due au péché ori-
« ginel est le feu de l'enfer, outre la mort corporelle
« et les autres imperfections auxquelles l'homme
« est sujet en cette vie. »

Les Pères du concile discutèrent longtemps ces articles et les désapprouvèrent tous sans en excepter le dernier. Les scholastiques avaient distingué deux sortes de peines éternelles, dont l'une, ne consistant que dans la privation de la béatitude, était réservée au péché originel. Dans la session du concile où cette question fut agitée, les

Dominicains soutenaient que les enfants morts sans baptême avant l'usage de raison, resteraient après la résurrection dans les limbes, en un lieu souterrain et ténébreux, mais sans feu; et les Franciscains, qu'ils seraient sur la terre et jouiraient de la lumière. Quelques-uns ajoutaient qu'ils philosopheraient sur les choses naturelles, avec tout le plaisir qui se goûte en satisfaisant la curiosité. Ambroise Catarin, Franciscain siennois, renchérissait encore en disant qu'ils seraient visités et consolés par les anges et les bienheureux. Mais les Augustins, pour l'honneur de leur saint, prièrent instamment que l'article 9, bien que faux, ne fût point déclaré hérétique, comme le demandait Catarin, pour réprimer, disait celui-ci, l'audace et l'ignorance de quelques prédicateurs qui enseignaient cette doctrine au grand scandale des âmes, tandis que saint Augustin avait parlé de la sorte, emporté par la chaleur de la dispute contre les Pélagiens, plutôt que persuadé que ce fût une vérité. Les égards pour la personne de saint Augustin l'emportèrent encore sur le besoin de déclarer la vérité, et les anathèmes furent ainsi rédigés et acceptés :

« Anathème à ceux qui ne reconnaissent pas
« qu'Adam, par sa transgression, est déchu de l'état
« de sainteté et de justice, a encouru la colère de
« Dieu et la peine de la mort avec la captivité sous

« la puissance du diable, et est devenu de pire con-
« dition selon le corps et selon l'âme.

« A ceux qui disent qu'Adam n'a nui qu'à lui
« seul, et n'a transmis à la postérité que la mort
« du corps, et non pas le péché qui est la mort de
« l'âme.

« A ceux qui assurent que le péché d'Adam, qui
« est un en son origine et devient propre à chacun
« comme transmis par la génération et non par
« imitation, peut être effacé autrement que par le
« mérite de J.-C., ou qui nient que le mérite de
« J.-C. soit appliqué, tant aux adultes qu'aux en-
« fants, par le baptême conféré selon la forme et
« l'usage de l'Église.

« A ceux qui nient que les enfants nouveau-nés,
« dont les parents sont chrétiens, aient besoin d'être
« baptisés; ou qui disent que véritablement ils sont
« baptisés pour la rémission des péchés, mais non
« pour avoir contracté d'Adam aucun péché ori-
« ginel.

« A ceux qui nient que la tache du péché ori-
« ginel soit remise par la grâce du baptême, ou
« qui disent que tout ce qu'il y a de péché n'est
« pas ôté, mais est seulement rayé et non imputé.
« Après quoi le concile confesse que la concupis-
« cence reste pourtant dans les baptisés, pour les
« exercer, mais sans nuire à ceux qui lui résistent;
« et déclare que quand saint Paul l'appelle péché,

« il ne l'appelle ainsi que parce qu'elle vient du
« péché et qu'elle porte au péché; puis, dit que
« son intention n'est point de comprendre la Vierge
« dans ce décret. Voulant que les constitutions de
« Sixte IV soient observées. »

Il avait été question, pendant les conférences, de déterminer la nature du péché originel; les uns soutenant, avec saint Paul et saint Augustin, que l'essence de ce péché est la concupiscence; d'autres, avec saint Anselme, que c'est la privation de la justice originelle; d'autres, avec saint Thomas et saint Bonaventure, que c'est la double rébellion de notre esprit contre Dieu et de nos sens contre l'esprit, ou l'injustice et la concupiscence. Quelques pères demandaient comment l'on pouvait prétendre arrêter les esprits curieux dans leurs recherches sur la nature du péché originel, sans rien dire de cette nature. Mais la crainte de ne pouvoir éviter tant d'erreurs diverses et même contraires, et de paraître encourager les unes en combattant les autres, prévalut dans le sage conseil des Pères. La nature du péché originel garda sa place parmi les choses inconnues, et l'on passa à examiner la question de la grâce ou le remède du péché.

Voici quels furent les articles extraits des ouvrages luthériens, et soumis au jugement du concile.

« 1° La foi seule suffit au salut, et justifie toute
« seule.

« 2° La foi qui justifie est la confiance par où
« l'on croit la rémission des péchés par les mérites
« de J.-C., et les justifiés sont tenus de croire cer-
« tainement que leurs péchés leur sont remis.

« 4° Avec la foi seule nous pouvons comparaître
« devant Dieu qui ne se soucie point de nos œuvres.
« La seule foi rend les hommes purs et dignes de
« recevoir l'Eucharistie, croyant qu'ils y doivent
« recevoir la grâce.

« 4° Ceux qui font des choses honnêtes sans le
« Saint Esprit, pèchent parce qu'ils les font avec
« un cœur impie; et c'est un péché que d'observer
« les commandements de Dieu sans la foi.

« 5° La bonne pénitence est de mener une vie
« nouvelle. La pénitence de la vie passée n'est point
« nécessaire, et le repentir des péchés actuels ne
« dispose pas à recevoir la grâce.

« 6° Il ne faut aucune disposition à la justifica-
« tion, et la foi justifie non parce qu'elle dispose
« l'homme, mais parce que c'est un moyen ou un
« instrument pour recevoir la promesse ou la grâce
« divine.

« 7° La crainte de l'enfer ne sert point à acqué-
« rir la justice; au contraire, c'est un péché qui
« rend les pécheurs pires qu'ils ne sont.

« 8° La contrition qui naît du souvenir et de la
« détestation du péché, et en fait peser l'énormité,
« la laideur et la multitude avec la damnation éter-

« nelle qui les suit, rend l'homme hypocrite et
« encore plus grand pécheur.

« 9° Les erreurs dont les pécheurs sont tour-
« mentés intérieurement par Dieu, ou extérieure-
« ment par les prédicateurs, sont des péchés jusqu'à
« ce que la foi les surmonte.

« 10° La doctrine des dispositions détruit celle
« de la foi, et ôte la consolation aux consciences.

« 11° La foi seule est nécessaire. Le reste n'est
« ni commandé ni défendu; et il n'y a point d'autre
« péché que l'incrédulité.

« 12° Qui a la foi est libre de la loi, et n'a nul
« besoin d'œuvre pour être sauvé, parce que la foi
« donne tout abondamment, et remplit seule toutes
« les obligations. Et nulle œuvre de celui qui a la
« foi n'est si méchante qu'elle le puisse condamner.

« 13° Le baptisé ne se peut damner par aucun
« péché, sinon par l'incrédulité qui seule sépare de
« la grâce de Dieu.

« 14° La foi et les œuvres sont contraires entre
« elles; et enseigner les œuvres c'est détruire la foi.

« 15° Les œuvres extérieures de la seconde table
« sont une pure hypocrisie.

« 16° Les hommes justifiés sont quittes de toute
« faute et de toute peine, et n'ont pas besoin de
« satisfaire en cette vie ni après la mort, si bien
« qu'il n'y a point de purgatoire.

« 17° Quoique les justifiés aient la grâce de Dieu,

« ils ne sauraient accomplir la loi, ni éviter de pé-
« cher mortellement.

« 18° Leur obéissance à la loi est faible et im-
« pure en soi-même, et ne devient agréable à Dieu
« que par la foi qu'ils ont que les restes du péché
« leur sont pardonnés.

« 19° Le juste pèche dans toutes ses œuvres, et
« il n'y en a pas une qui ne soit péché véniel.

« 20° Toutes les actions des hommes de la plus
« sainte vie sont des péchés. Les bonnes œuvres
« du juste en sont de véniels par la miséricorde de
« Dieu, mais de mortels selon la rigueur de ses
« jugements.

« 21° Bien que le juste doive croire que ses ac-
« tions sont des péchés, il doit aussi être certain
« que ces péchés ne lui sont point imputés.

« 22° La grâce et la justice ne sont autre chose
« que la volonté divine, et les justes n'ont aucune
« justice *inhérente* en eux, et leurs péchés ne sont
« point effacés, mais seulement remis et non imputés.

« 23° Notre justice n'est rien que l'imputation
« de la justice de J.-C., et les justes ont besoin
« d'une continuelle justification et imputation de
« la justice du Sauveur.

« 24° Tous les justes sont admis au même de-
« gré de grâce et de gloire, et tous les chrétiens
« sont aussi grands en justice, en sainteté, que la
« mère de Dieu.

« 25° Les œuvres du juste ne méritent point la
« béatitude, et il n'y a point à se fier sur les
« œuvres, mais seulement sur la miséricorde de
« Dieu. »

L'on discuta longtemps sur la nature de la foi, sur sa nécessité et sur la part de l'homme dans sa propre régénération. Les Franciscains soutenaient, avec Scott leur maître, qu'il y a une sorte de mérite appartenant aux œuvres faites par les seules forces de la nature, et qui méritent la grâce *de congruo* par une certaine loi infaillible ; de sorte que l'homme, par sa seule vertu naturelle, peut avoir une douleur de son péché capable d'en mériter le pardon *de congruo*, conformément à cette sentence : *que Dieu ne manque jamais à celui qui fait tout ce qu'il peut.* D'autres voulaient que les œuvres faites sans le secours de la grâce pussent être indifférentes. Quelques-uns disaient, avec Luther, qu'elles étaient nécessairement mauvaises. Le mot de *justification* donna aussi lieu à plusieurs avis; devait-il être entendu dans un sens *effectif* ou seulement *déclaratif?* La grâce par laquelle nous sommes justifiés pouvait-elle être habituelle en nous? Qu'est-ce que cette grâce? Est-il bon, ou dangereux, ou nécessaire, de croire qu'on l'a reçue et que l'on ne peut la perdre?

Toutes ces questions ne pouvaient être résolues

isolément et sans toucher aux autres parties du système chrétien sur les rapports de l'homme avec Dieu. Aussi, reconnaissant qu'il fallait s'occuper du libre arbitre en même temps que de la grâce, les Pères du concile examinèrent la doctrine de Luther sur ce sujet, et tirèrent de ses livres les articles suivants :

« 1° Dieu est la cause de nos œuvres, soit
« bonnes ou mauvaises, et la vocation de Paul n'est
« pas moins l'œuvre de Dieu que l'adultère de
« David, la cruauté de Manlius et la trahison de
« Judas.

« 2° Personne n'est maître de penser ni bien ni
« mal, mais tout vient d'une nécessité absolue; et
« il n'y a point de libre arbitre en nous, si ce n'est
« par fiction et par imagination.

« 3° Le libre arbitre est perdu depuis le péché
« d'Adam, et n'est que le nom d'une chose qui
« n'existe point; et quand l'homme fait ce qu'il
« peut, il pèche mortellement.

« 4° Le libre arbitre n'est que pour le mal, ne
« pouvant faire le bien.

« 5° C'est un animal inanimé qui ne coopère à
« rien, ou comme un animal sans raison.

« 6° Dieu ne convertit que ceux qu'il lui plaît,
« et les convertit bien qu'ils ne le veuillent pas, et
« qu'ils se raidissent contre lui. »

Les deux premiers articles excitèrent l'indignation générale et furent condamnés presque sans discussion. Il n'y eut de difficulté que pour décider si l'homme avait ou n'avait pas la liberté de croire. Les Franciscains disaient d'après Scott que, comme les démonstrations sont une cause nécessaire de la science, de même les persuasions font de nécessité naître la foi; et que cette foi est dans l'entendement, qui est un agent naturel et mu naturellement par son objet. Les Dominicains prétendaient au contraire que rien n'est plus au pouvoir de la volonté que de croire; mais dans cette dispute il n'était nullement question de l'intervention divine. Les Franciscains soutenaient aussi que la volonté peut d'elle-même se préparer à la grâce et la recevoir ou la refuser. Parmi les Dominicains, les uns, comme Soto, disaient que la grâce prévient toujours l'homme, mais que celui-ci peut toujours la repousser; et les autres, par l'organe de Louis de Catane, affirmaient qu'il y a deux sortes de grâce, l'une suffisante, l'autre efficace, et que l'homme peut s'opposer aux effets de la première, mais est impuissant contre le don de la seconde. L'opinion de Soto prévalut, et Louis de Catane soutint en vain que dans ce système, la distinction des élus d'avec les réprouvés viendrait du côté de l'homme; et que celui qui se sauve ne serait pas plus obligé à Dieu que celui qui se damne, si Dieu les traitait tous deux également ; et que la prédestination ne serait pas un pur effet de la volonté divine, mais serait déterminée par la seule prescience de nos mérites. Le mot de prédestination jeté dans la discussion suffit pour que l'on remontât à ce point de la doctrine des protestants avant de rien décider sur le reste de leur foi.

Les écrits des Zuingliens présentèrent les propositions que l'on va lire.

« 1° Dans la prédestination et la réprobation il « n'y a rien de la part de l'homme, mais tout vient « de la volonté divine.

« 2° Les prédestinés ne peuvent jamais se dam-« ner, ni les réprouvés se sauver.

« 3° Il n'y a que les élus et les prédestinés qui « soient véritablement justifiés.

« 4° La foi oblige les justifiés de croire qu'ils « sont du nombre des prédestinés.

« 5° Les justifiés ne sauraient perdre la grâce.

« 6° Ceux qui sont appelés et ne sont pas « du nombre des prédestinés ne reçoivent jamais « la grâce.

« 7° Le juste doit croire de certitude, de foi, « qu'il persévérera toujours dans la justice,

« 8° Et tenir pour assuré, que s'il perd la grâce, « il la recouvrera toujours. »

Les théologiens se partagèrent sur le premier de ces articles. Les plus subtils soutenaient la doctrine de saint Paul et de saint Augustin et approuvaient l'article; ceux dont l'esprit s'appliquait mieux aux affaires de ce monde rejetaient cette doctrine comme dure, cruelle, inhumaine, impie, faisant Dieu partial et injuste. Catarin proposa une opinion conciliatrice qui rallia les esprits agités, et qui est assez belle pour mériter d'être rapportée en entier.

« Dieu, disait ce Dominicain, a élu par sa bonté
« un petit nombre d'hommes qu'il veut absolu-
« ment sauver, et, pour cet effet, leur a préparé
« des moyens efficaces et infaillibles. Quant aux
« autres, il veut aussi qu'ils soient sauvés; et, à
« cette fin, leur a préparé un secours suffisant,
« qu'il leur est libre d'accepter, ce qui opère leur
« salut, ou de refuser, ce qui cause leur damna-
« tion. De ceux-ci quelques-uns se sauvent, bien
« qu'ils ne soient pas du nombre des élus, parce
« qu'ils acceptent ce secours; et les autres se
« damnent parce qu'ils refusent de coopérer à
« Dieu, qui les veut sauver. La cause de la prédes-
« tination des premiers est la seule volonté de
« Dieu; le salut des seconds vient de l'acceptation
« et du bon usage de sa grâce; et la réprobation
« des derniers, de la prévision du refus ou de
« l'abus qu'ils en doivent faire. Tous les passages
« de l'Écriture où tout s'attribue absolument à
« Dieu, se doivent entendre seulement des pre-

« miers. Les avertissements, les exhortations et les
« secours généraux se vérifient dans les autres
« qui sont dans la route commune, lesquels se
« sauvent s'ils coopèrent, et se perdent par leur
« faute s'ils ne le font pas. Le nombre des élus est
« réglé, mais celui des autres qui se sauvent par la
« voie commune, c'est-à-dire par leur propre vo-
« lonté, n'est point fixé, sinon en tant que les
« œuvres de chacun sont prévues. »

Catarin s'étonnait « de la stupidité de ceux qui
« disent que le nombre des sauvés est certain et
« déterminé, assurant néanmoins que les autres
« se peuvent sauver; ce qui est dire que le nombre
« est réglé, mais qu'il peut s'augmenter; et de l'ab-
« surdité de ceux qui disent que les réprouvés ont
« un secours suffisant pour se sauver, mais qu'il
« en faut un plus grand pour être sauvé, ce qui est
« dire qu'ils ont un secours suffisant qui ne suffit
« pas. L'opinion de saint Augustin, ajoutait-il,
« était inouïe avant lui, et ce père avoue qu'elle
« ne se trouvera point dans les écrits de ceux
« qui l'ont devancé; qu'il ne l'a pas toujours crue
« vraie, lui qui a attribué la cause de la volonté
« divine aux mérites. Il est vrai que depuis il parle
« autrement, se laissant emporter à la chaleur de
« la dispute contre les Pélagiens. De quoi tous
« les catholiques de ce temps-là furent scandalisés
« ainsi que saint Prosper le lui écrivit. Et cin-

« quante ans après, Gennadius de Marseille, dans
« le jugement qu'il fait des écrivains illustres, dit
« qu'il arriva à saint Augustin ce que dit Salomon,
« qu'à parler trop on se méprend toujours; mais
« que par bonheur sa faute, quoique exagérée par
« ses ennemis, n'avait point encore suscité de con-
« troverse à fonder une hérésie; par où ce bon
« père semblait entrevoir dans l'avenir les divi-
« sions que cette opinion cause maintenant. »

Les autres articles furent condamnés sans difficulté, excepté pourtant le second qui donna lieu à quelques distinctions subtiles de la part des disciples de saint Augustin. Enfin, et après de longues et orageuses discussions, le concile s'accorda sur les propositions à admettre ou à rejeter. Les premières, au nombre de seize, portaient le titre de *Chapitres*; les secondes, au nombre de trente-trois, celui d'*Anathèmes*. Les chapitres étaient précédés d'une préface dans laquelle on défendait d'enseigner autrement qu'il ne suit :

« 1° Que ni les gentils, par les forces de la na-
« ture, ni les Juifs, par la lettre de la loi de Moïse,
« n'ont pu se délivrer de l'esclavage du péché.

« 2° Que Dieu a donc envoyé son fils pour
« racheter les uns et les autres.

« 3° Que, bien que J.-C. soit mort pour tous, il
« n'y a néanmoins que ceux à qui le mérite de sa

« passion est communiqué qui jouissent du bien-
« fait de sa mort.

« 4° Que la justification de l'impie n'est autre
« chose qu'une translation de l'état de fils d'Adam
« à l'état de fils adoptif de Dieu, par le moyen de
« J.-C., laquelle, depuis la publication de l'Évan-
« gile, ne se peut faire sans le baptême, ou sans le
« désir de le recevoir.

« 5° Que le commencement de la justification
« dans les adultes vient de la grâce prévenante qui
« les excite et les aide à se convertir, en coopérant
« avec elle, leur étant libre de la rejeter.

« 6° Que la manière de se préparer à la grâce
« est premièrement de croire les révélations et les
« promesses divines; puis de passer de la crainte
« de la justice divine à l'espérance du pardon;
« commençant d'aimer Dieu et de haïr le péché;
« et enfin lorsqu'on veut recevoir le baptême, de
« commencer une vie nouvelle et de garder les
« commandements de Dieu.

« 7° Que cette préparation est suivie de la justi-
« fication qui n'est pas seulement la rémission des
« péchés, mais aussi la sanctification de l'homme;
« que la justification a cinq causes : pour finale,
« la gloire de Dieu et la vie éternelle; pour effi-
« ciente, Dieu même; pour méritoire, J.-C.; pour
« instrumentelle, le baptême, et pour formelle, la
« justice de Dieu, que nous recevons selon le par-

« tage qu'en fait le Saint-Esprit, comme il lui plaît,
« et selon la disposition et la coopération de
« chacun.

« 8° Que quand saint Paul dit que l'homme est
« justifié par la foi et gratuitement, c'est parce
« qu'en effet la foi est le commencement du salut,
« sans que pourtant la foi, ni tout ce qui précède
« la justification, mérite cette grâce.

« 9° Que les péchés ne sont pas remis à ceux qui
« se vantent et se reposent sur la seule certitude de
« la rémission; que, comme personne ne doit
« douter de la miséricorde de Dieu, du mérite de
« J.-C., ni de l'efficacité des sacrements; chacun
« venant à considérer ses propres faiblesses et son
« indisposition, a lieu de douter s'il est en grâce,
« ne le pouvant pas savoir de certitude de foi,
« c'est-à-dire d'une certitude infaillible.

« 10° Que les justes sont de plus en plus justi-
« fiés à mesure qu'ils continuent d'observer les
« commandements de Dieu et de l'Église.

« 11° Qu'il est téméraire de dire que l'observa-
« tion des commandements de Dieu est impossible
« au juste; que, bien que les justes tombent quel-
« quefois en des péchés véniels, ils ne cessent pas
« pour cela d'être justes; que personne ne doit
« s'applaudir pour avoir seulement la foi; que
« ceux-là contredisent la doctrine orthodoxe qui
« disent que les justes pèchent dans toutes leurs

« actions, s'ils le font en vue de la récompense
« éternelle.

« 12° Que personne ne doit présumer qu'il soit
« prédestiné, comme si, étant justifié, il ne pou-
« vait plus pécher, ou que, s'il péchait, il fût
« assuré de se relever.

« 13° Que nul ne se doit flatter de l'espérance
« de persévérer jusqu'à la fin, mais mettre toute
« sa confiance en Dieu, qui ne manque point à
« l'homme si l'homme ne manque à sa grâce.

« 14° Que ceux qui par le péché sont déchus
« de la grâce peuvent la regagner par la péni-
« nitence; que la pénitence du pécheur est bien
« différente de celle du baptême, parce que, outre
« qu'elle demande un cœur contrit et humilié, elle
« enferme encore la confession des péchés et l'ab-
« solution du prêtre, du moins en désir, avec une
« satisfaction pour la peine temporelle, qui n'est
« pas toujours entièrement remise comme dans le
« baptême.

« 15° Que la grâce se perd non-seulement par
« l'infidélité, mais encore par tout autre péché
« mortel, bien qu'on ne perde pas la foi. »

Le seizième chapitre « exhorte les justifiés à
« l'exercice des bonnes œuvres, par lesquelles s'ac-
« quiert la vie éternelle, comme une grâce pro-
« mise par miséricorde aux enfants de Dieu, et
« comme une récompense qui, selon la promesse

« divine, doit être donnée à leurs bonnes œuvres; » puis déclare « que le concile ne prétend point « dire que notre justice nous soit propre, ni « exclure la justice de Dieu, cette justice que nous « appelons nôtre parce qu'elle est inhérente en « nous, n'étant que celle de Dieu même, qui la « fait pénétrer en nous par le mérite de J.-C. Et « afin que chacun sache non-seulement la doc- « trine qu'il faut tenir, mais aussi celle qu'il faut « rejeter, sont insérés les anathèmes suivants contre « ceux qui diront :

« 1° Que l'homme peut être justifié par ses « propres œuvres, faites selon les lumières de la « nature, ou selon les préceptes de la loi sans la « grâce.

« 2° Que la grâce n'est donnée que pour aider à « vivre dans la justice et à mériter plus facilement « la vie éternelle; comme si le libre arbitre pou- « vait suffire pour cela, quoique avec peine et dif- « ficulté.

« 3° Que l'homme peut faire des actes de foi, « d'espérance, de charité et de repentir, sans être « prévenu ni aidé du Saint-Esprit.

« 4° Que le libre arbitre, excité par Dieu, ne « coopère en rien pour recevoir la grâce; et n'y « saurait résister quand il le voudrait.

« 5° Que depuis le péché d'Adam le libre arbitre « est perdu et éteint.

« 6° Qu'il n'est pas au pouvoir de l'homme de faire mal ; mais que Dieu opère les mauvaises œuvres, aussi bien que les bonnes.

« 7° Que toutes les actions qui se font avant la justification sont des péchés ; et que plus l'homme s'efforce de se disposer à la grâce, plus il pèche grièvement.

« 8° Que la crainte de l'enfer, qui nous fait abstenir de pécher ou recourir à la miséricorde de Dieu, est un péché.

« 9° Que l'impie est justifié par la seule foi, sans qu'il soit besoin qu'il se dispose par le mouvement de sa volonté.

« 10° Que l'homme est juste sans la justice de J.-C., ou que c'est par cette même justice qu'il est formellement juste.

« 11° Que l'homme est justifié par la seule imputation de la justice de J.-C., ou par la seule rémission des péchés, sans la grâce et la charité inhérente ; ou bien que la grâce de la justification n'est autre chose que la faveur de Dieu.

« 12° Que la foi justifiante n'est rien qu'une confiance en la miséricorde de Dieu, qui remet les péchés à cause de J.-C.

« 13° Que, pour obtenir la rémission des péchés, il est nécessaire de croire sans hésiter qu'ils nous sont remis.

« 14° Que l'homme en est absous et est justifié
« parce qu'il le croit ainsi sans en douter.

« 15° Qu'il est obligé, selon la foi, de croire
« qu'il est assurément du nombre des prédestinés.

« 16° Que l'on peut, sans une révélation parti-
« culière, se dire assuré du don de la persévé-
« rance.

« 17° Que la grâce de la justification n'est que
« pour les prédestinés.

« 18° Que les commandements de Dieu sont
« impossibles pour celui même qui est justifié.

« 19° Que l'Évangile ne nous ordonne rien que
« la foi.

« 20° Que le juste, quel qu'il soit, n'est pas
« obligé d'observer les commandements de Dieu
« et de l'Église, mais seulement de croire, comme
« si l'Évangile ne consistait qu'en la simple pro-
« messe de la vie éternelle, sans nulle obligation
« d'observer les commandements.

« 21° Que J.-C. nous a été donné seulement pour
« rédempteur, et non pour législateur.

« 22° Que l'homme justifié peut persévérer dans
« la justice sans l'aide particulière de Dieu ; ou
« qu'avec son assistance il ne le peut pas.

« 23° Que l'homme une fois justifié ne peut plus
« pécher, ou peut éviter tous les péchés, même les
« véniels, si ce n'est par un privilége spécial,
« comme l'Église le croit de la Vierge.

« 24° Que la justice n'est ni conservée ni augmen-
« tée par les bonnes œuvres, mais que ces œuvres
« en sont seulement des fruits et des marques.

« 25° Que le juste pèche dans toutes ses actions,
« au moins véniellement.

« 26° Que le juste ne doit point espérer de récom-
« pense de ses bonnes œuvres.

« 27° Qu'il n'y a point d'autre péché mortel que
« l'infidélité.

« 28° Que la foi se perd avec la grâce, ou que la
« foi qui reste n'est pas une vraie foi, ni de
« chrétien.

« 29° Que l'homme qui a péché depuis le bap-
« tême ne saurait se relever avec la grâce de Dieu ;
« ou qu'il la peut recouvrer par la seule foi sans
« le sacrement de la pénitence.

« 30° Qu'à tout pénitent l'offense est remise de
« manière qu'il ne lui reste point de peine tempo-
« relle à payer ni en ce monde, ni en l'autre.

« 31° Que le juste pèche s'il fait de bonnes
« œuvres en vue de la récompense éternelle.

« 32° Que les bonnes œuvres sont tellement les
« dons de Dieu, qu'elles ne sont point les mérites
« de l'homme justifié.

« 33° Si quelqu'un dit que par cette doctrine
« l'on déroge à la gloire de Dieu ou aux mérites
« de J.-C., lesquels au contraire on fait éclater da-
« vantage, qu'il soit anathème. »

Les mêmes attentats contre la véritable doctrine catholique rencontrèrent toujours dans l'Église la même résistance. En 1567, Le pape Pie V condamna, d'après la demande de la Faculté de théologie de Paris, soixante-seize propositions de Michel Baïus ou de ses disciples. En voici quelques-unes :

Proposition 27. Le libre arbitre sans la grâce de Dieu ne sert qu'à pécher.

28. C'est une erreur pélagienne de dire que le libre arbitre sert à éviter aucun péché.

29. Sont voleurs et larrons non-seulement ceux qui nient que le Christ est la voie et la porte de la vérité et de la vie, mais aussi ceux qui enseignent qu'on peut entrer dans la voie de la justice par un autre moyen que par le sien, ou que l'homme peut résister à aucune tentation sans le secours de sa grâce, de façon à n'y être pas induit ou à la surmonter.

37. Celui-là pense comme Pélage qui reconnaît quelque bien naturel, c'est-à-dire tirant son origine des seules forces de la nature humaine.

39. Ce qui se fait volontairement, quoiqu'il se fasse nécessairement, est cependant libre.

54. C'est faussement qu'on attribue à saint Augustin cette sentence définitive, que Dieu ne commande rien d'impossible, car elle est de Pélage.

65. Il n'y a que l'erreur des Pélagiens qui puisse reconnaître un bon ou un mauvais usage du libre

arbitre, et celui qui l'enseigne fait injure à la grâce de J.-C.

67. Dans ce que l'homme fait nécessairement, il ne laisse pas d'être coupable et de mériter la damnation.

68. L'infidélité purement négative dans ceux à qui J.-C. n'est pas connu, est un péché.

71. Quoiqu'on ait la contrition et la charité parfaite, avec le désir de recevoir le sacrement, le péché n'est point effacé, sinon en cas de nécessité ou par le martyre; mais il faut recevoir actuellement le sacrement.

La bulle de Pie V, confirmée en 1579 par son successeur Grégoire XIII, amena la rétractation de Baïus, mais n'empêcha pas les discussions sur la matière de la grâce. Paul V défendit, mais vainement, en 1611, d'écrire sur ce sujet. Urbain VIII renouvela cette défense en 1625; puis, ayant appris que les exécuteurs testamentaires de Cornélius Jansénius, évêque d'Ypres, venaient de publier un de ses ouvrages intitulé *Augustinus*, dans lequel la matière de la grâce était examinée avec étendue, il en interdit la lecture comme ayant paru malgré la défense générale, réitérée par le Saint-Siége, de rien écrire sur la matière *de Auxiliis*. Plus tard enfin, et après avoir pris connaissance du livre de Jansénius, Urbain VIII pensa qu'une condamnation spéciale pouvait être nécessaire, et il publia en 1641, une bulle dans laquelle il disait : « Que, « ayant reconnu, dans le livre intitulé *Augustinus*, « plusieurs propositions déjà condamnées par ses « prédécesseurs, il voulait qu'on le tînt pour dé- « fendu et condamné. » Deux ans après, le même pape écrivit à l'archevêque de Malines pour se plaindre que les disputes sur la matière *de Auxiliis*, continuassent encore malgré les décrets du Saint-Siége, et pour lui ordonner de tout employer afin de les faire cesser. En 1645, Innocent X confirma tout ce que ses prédécesseurs avaient arrêté touchant les discussions sur la grâce et la condamnation de l'*Augustinus*; mais bientôt, sollicité par un grand nombre d'évêques français, il indiqua quelles étaient les erreurs principales dont Jansénius avait entaché ses écrits. La célèbre constitution d'Innocent X parut en 1653, qui, déclarant téméraires, scandaleuses, fausses, impies, blasphématoires, anathématisées, hérétiques, les cinq propositions suivantes, les condamnait comme ayant été dénoncées par les évêques de France pour être contenues dans le livre de Jansénius :

1° Quelques-uns des commandements de Dieu sont impossibles aux hommes justes, malgré leur volonté et leurs efforts selon l'état présent de leurs forces. Il leur manque la grâce pour en rendre l'exécution possible.

2° On ne peut jamais résister à la grâce intérieure en l'état de la nature corrompue.

3° Pour mériter et démériter en l'état de la nature corrompue, la liberté de nécessité n'est point requise dans l'homme; il suffit de la liberté de coaction.

4° Les semi-Pélagiens admettaient la nécessité de la grâce intérieure, prévenante non-seulement pour chaque acte, mais pour le commencement de la foi; et étaient hérétiques en ce qu'ils voulaient que cette grâce fût telle que la volonté humaine pût lui résister ou lui obéir.

5° C'est être semi-Pélagien que de dire que le Christ est mort ou a répandu tout son sang pour tous.

Si Alexandre VII ne se borna pas, dans la constitution qu'il donna en 1656, à confirmer cette décision d'Innocent X, et s'il crut devoir déclarer que ces propositions se trouvaient réellement dans le livre de Jansénius, c'est que les partisans de la doctrine de cet évêque avaient imaginé de soutenir que jamais de semblables erreurs n'avaient été l'œuvre de l'esprit soumis de Jansénius. Des hommes recommandables par leurs vertus, admirables par leurs talents et par leur savoir, s'étaient fait les défenseurs non de la doctrine, mais du docteur. D'autres hommes plus puissants par leur union, quoique, pris séparément, ils fussent plus obscurs, enviés à cause de leur grandeur, redoutés à cause de leur aveugle soumission au chef de leur compagnie, suspects par leurs maximes relâchées et leur conduite souvent tortueuse, dénués de toutes les qualités brillantes qui éblouissent la multitude, jetaient sur les partisans austères et mal cachés des doctrines incriminées la faveur de la persécution. Port-Royal affirmait qu'aucune des cinq propositions condamnées n'était contenue dans le livre de Jansénius, et que par conséquent ce même livre de Jansénius échappait à la condamnation. Les Jésuites soutenaient que, le pape ayant déclaré que ces propositions se trouvaient dans Jansénius, et étant lui-même infaillible, il n'y avait que des hérétiques capables de contrôler ses arrêts. De là, la trop fameuse querelle sur la question de droit et la question de fait, qui agita les esprits sans les détourner, comme les Jansénistes l'espéraient, du véritable sujet de la contestation. Les défenseurs de Jansénius déployèrent, dans cette lutte, un talent sans égal, une grandeur d'âme étonnante et une profonde habileté. Les défenseurs de l'Église catholique, car tels étaient les Jésuites, firent preuve de bon sens et de bonne foi dans ce qui touchait à la question elle-même, mais ils employèrent de mauvais moyens. Ils se méprirent sur la nature du combat, et, tandis que par des ruses, des calomnies et de basses intrigues, ils persécutaient leurs adversaires et parvenaient à obtenir contre eux toutes sortes de condamnations, ils perdaient de vue qu'il ne s'agissait pas de conquérir le pouvoir, mais l'opinion, et que celle-ci leur échappait par le mauvais usage qu'ils faisaient de celui-là.

Les Jansénistes soutenait que le pape, infaillible dans l'appréciation d'un fait, ne l'était plus lorsqu'il n'était question que d'en constater l'existence, et ils avaient raison. Ils soutenaient que les cinq propositions condamnées n'étaient pas dans Jansénius, et ils avaient encore raison; mais ils ne disaient pas que le livre entier de Jansénius était rempli de passages dont le sens n'offrait aucune différence d'avec celui des cinq propositions. La première des cinq propositions condamnées est écrite dans le tome troisième, au chapitre XIII du troisième livre de l'*Augustinus* de Jansénins, en ces termes :

« Il y a certains commandements qui ne sont pas
« seulement impossibles aux infidèles, aux aveugles,
« aux endurcis, mais aux fidèles et aux justes qui
« veulent les accomplir, et qui s'efforcent de le
« faire selon l'état présent de leurs forces. La
« grâce par laquelle ils deviennent possibles leur
« manque. »

La seconde proposition ne se trouve pas dans Jansénius, qui, en effet, n'a pas dit « qu'on ne peut

« jamais résister à la grâce intérieure dans l'état de
« la nature corrompue; » mais il a dit (1) : « La diffé-
« rence de la grâce de santé et de la grâce médicinale
« consiste en ce que le secours de la grâce de santé
« aidait dans l'état d'innocence la volonté, de façon
« à ce que, avec son aide, elle opérait elle-même
« si elle voulait, tandis que maintenant, après la
« chute, le même secours fait qu'on veut, et il fait
« consentir, influer et vouloir la volonté. . . . .
« Il y a donc cette différence essentielle entre le
« secours propre à chacun de ces états, que le se-
« cours de l'état de santé influait ou n'influait pas
« avec la volonté, selon que la volonté voulait ou
« ne voulait pas, tandis que le secours médicinal
« force la volonté dégoûtée ou malade à bien faire. »

Et ailleurs (2) : « La grâce de la volonté saine
« était laissée au libre arbitre afin qu'elle pût, selon
« qu'elle le voudrait, la repousser ou s'en servir;
« tandis que la grâce de la volonté déchue et ma-
« lade n'est pas laissée au libre arbitre pour qu'il
« la prenne ou l'abandonne à son gré, mais plutôt
« comme une grâce suprême qui parvient invinci-
« blement à faire vouloir et ne peut pas être re-
« poussée par la volonté (3). . . . .
« Elle frappe en même temps à la porte, elle l'ouvre

---

(1) Tom. III, liv. II, chap. 4.
(2) Tom. III, liv. II, chap. 4.
(3) Tom. III, liv. II, chap. 24.

« ou la brise; elle dompte la volonté qui répugne;
« elle ôte toute sa résistance et l'entraîne avec elle.
« Saint Augustin, dit encore Jansénius (1), n'a ja-
« mais reconnu aucune grâce actuelle pour cette
« vraie grâce du Christ qu'il a apportée comme un
« médecin à la volonté infirme, si ce n'est celle
« qui opère et qui obtient son effet; toute autre
« grâce, quelle qu'elle soit, est reléguée par lui
« parmi celles qui appartiennent à la loi et à l'in-
« struction (2). Saint Augustin établit que la grâce
« de Dieu est tellement victorieuse qu'il dit sou-
« vent que l'homme ne peut résister à Dieu opé-
« rant par sa grâce. . . . .
« Il a été subvenu à l'infirmité de la volonté hu-
« maine de façon à ce que l'action de la grâce
« divine fût indéclinable et insurmontable (3). Le
« secours de la céleste délectation prévient la pré-
« détermination même de la volonté, en la pré-
« déterminant non-seulement moralement, mais
« réellement et physiquement (4). La délectation
« de la justice ou du péché est ce lien par lequel
« le libre arbitre est si fortement attaché à la
« justice ou au péché, et y est tellement retenu
« que, tant qu'il possède ou étreint avec cette

---

(1) Tom. III, liv. II, chap. 32.
(2) Tom. III, liv. II, chap. 24.
(3) Tom. III, liv. VIII, chap. 3.
(4) Tom. III, liv. VII, chap. 5.

« force, l'acte opposé est hors de son pouvoir. »

Jansénius n'a pas dit ces propres paroles qui lui étaient imputées, et qui formaient la troisième des propositions condamnées : « Pour mériter et démé-« riter en l'état de nature corrompue la liberté de « nécessité n'est point requise dans l'homme; il « suffit de la liberté de coaction. » Mais il a dit (1) : « La volonté est toujours libre, tant sous la grâce « que sous le péché, parce qu'elle est exempte de « violence et de la nécessité de contrainte. » Et (2) : « C'est pourquoi Augustin, Prosper, Fulgentius et « tous les anciens, insistaient contre les Pélagiens « qui s'écriaient que la destruction du libre arbitre « était la conséquence de la grâce, sur ce que la « grâce ne force pas la volonté, ne l'entraîne pas « malgré elle, ne lui impose ni contrainte ni vio-« lence; car, selon leurs principes, aucune effica-« cité de la grâce, aucune nécessité n'est redoutable « aux actes libres de la volonté; mais la seule con-« trainte, coaction, et nécessité de violence. »

Et ailleurs (3) : « Il est aussi impossible à la vo-« lonté de bien vouloir et de bien faire qu'à l'homme « aveugle de voir, au sourd d'entendre, au boiteux « de marcher droit. »

On lit encore, dans le tome Ier, au premier cha-

(1) Tom. III, liv. VIII, chap. 13.
(2) Chap. 19.
(3) Tom. III, liv. II, chap. 1.

pitre du second livre, que : « Les Pélagiens soute-
« naient que l'indifférence de contrariété pour
« faire le bien ou le mal était nécessaire. . . . .
« Ce qui revient à ce qu'ils disent souvent, que la
« liberté comprend le pouvoir de pécher ou de ne
« pas pécher (1). Les choses crient manifestement
« que la grâce, quelque efficace qu'elle soit, fût-
« elle telle qu'elle sera donnée avec grande délec-
« tation dans le ciel, n'enlève en aucune façon la
« liberté, parce qu'elle n'ôte pas la volonté, par
« cela seul qu'elle ne la contraint pas et ne l'en-
« traîne pas malgré elle. »

Jansénius n'a pas écrit ces mots : « Les semi-Pé-
« lagiens admettaient la nécessité de la grâce inté
« rieure prévenante, non-seulement pour chaque
« acte, mais pour le commencement de la foi ; et
« ils étaient hérétiques en ce qu'ils voulaient que
« cette grâce fût telle que la volonté humaine pût
« lui résister ou lui obéir ; » mais ceux-ci (2) : « Je
« pense qu'il est hors de doute que les Marseil-
« lais (ou semi-Pélagiens) admettaient, entre la pré-
« dication et les forces de la nature, une grâce
« véritable, intérieure et actuelle, qu'ils regardaient
« comme nécessaire à cette même foi qu'ils atta-
« chaient aux forces de la liberté et de la volonté

---

(1) Tom. III, liv. VIII, chap. 15.
(2) Tom. I, liv. VIII, chap. 3.

« humaines. . . . . . . C'est pourquoi l'erreur des
« Marseillais consistait proprement en ce qu'ils
« pensaient qu'il reste quelque chose de la liberté
« primitive par laquelle, de même qu'Adam aurait
« pu faire constamment le bien s'il l'eût voulu, de
« même l'homme tombé pouvait au moins croire
« s'il le voulait ; aucun des deux ne le pouvant ce-
« pendant sans le secours de la grâce intérieure,
« dont l'usage ou l'abus était laissé au libre ar-
« bitre ou au pouvoir de chacun. . . . Il resterait
« au moins à l'homme de pouvoir se repentir en
« croyant, après que, Dieu l'appelant, son cœur a
« été touché par l'inspiration de la grâce. La liberté
« même de sa volonté consisterait à choisir ou à
« rejeter le repentir, quoiqu'il ne le puisse pas
« sans le secours de la grâce. Il serait seulement
« libre en ce qu'il voudrait ou ne voudrait pas re-
« cevoir le remède. Il n'aurait pas perdu le droit
« de choisir, parce que la volonté, à cause de l'in-
« différence naturelle de sa liberté, choisit si elle
« veut, et, si elle ne veut pas suivre l'inspiration,
« elle la rejette. Voilà tout le mystère du semi-Pé-
« lagianisme dévoilé! Le lecteur ne peut pas hési-
« ter, et l'impiété de sa doctrine ne peut pas se
« cacher. Il veut qu'il soit de l'essence de notre
« pouvoir, de notre volonté, de notre liberté, d'ac-
« quiescer à l'inspiration qui procure le salut. »

Ici Jansénius commet une erreur de fait; car

l'opinion des semi-Pélagiens ne consistait pas en ce qu'il fût de l'essence de notre volonté ou de notre nature d'acquiescer à l'inspiration qui procure le salut, inspiration qui n'est pas autre chose que la grâce de J.-C., mais à attribuer à la nature humaine le premier mouvement de l'homme vers Dieu. Selon eux, le rôle du cœur humain, source première de la foi, ne se bornait pas à admettre ou à rejeter les inspirations divines ; il allait les chercher. Nous verrons bientôt l'histoire de ce parti.

Jansénius, enfin, n'avait pas dit : « C'est être « semi-Pélagien que de dire que le Christ est « mort, ou a répandu son sang pour tous les « hommes. » — Mais il avait dit (1) : « Les Mar- « seillais prétendaient que N. S. J.-C. est mort « pour tout le genre humain, et que personne n'a « été exempté de la rédemption de son sang... Ils « croyaient qu'il donne à tous une grâce actuelle « suffisante, par laquelle, excités et aidés, ils peu- « vent se sauver s'ils le veulent ; et (2) c'est une « fausse doctrine que celle par laquelle on dit que « Dieu veut entièrement sauver tous les hommes ; « elle est contraire à la sincérité de la grâce divine... « Pélage est la source de cette erreur (3). Car

---

(1) Tom. I, liv. VIII, chap. 3.
(2) Tom. III, liv. III, chap. 20.
(3) Tom. III, liv. III, chap. 21.

« selon la doctrine des anciens, J.-C n'a pas souf-
« fert, n'est pas mort, n'a pas répandu son sang
« généralement pour tous, puisqu'ils enseignent
« qu'on doit rejeter cette opinion comme une
« erreur que déteste la foi catholique... Il est tout
« à fait contraire aux principes de saint Augustin
« que le Seigneur J.-C. soit mort, ait répandu son
« sang, se soit donné en rachat, ait prié son père
« pour le salut éternel ou des infidèles qui meurent
« dans leur infidélité, ou des justes qui ne persé-
« vèrent pas... Il est arrivé, d'après le très-saint
« docteur, que J.-C. n'a pas plus prié son père
« pour la délivrance éternelle de tous ceux-là que
« pour celle du diable. Mais s'il a demandé à son
« père quelque chose pour eux, ce n'a été que
« quelques effets temporels de la justice, et afin
« de les leur obtenir il a offert et répandu son
« sang. »

Pouvait-on, de bonne foi, reprocher au pape d'avoir condamné, comme étant de Jansénius, des propositions qui ne se trouvaient pas dans ses écrits? D'où venait aux Jansénistes ce zèle ardent pour la justification de l'évêque d'Ypres, qui, lui-même, prévoyant les clameurs que ses opinions soulèveraient, n'avait pas voulu, de son vivant, faire imprimer son ouvrage, et qui, dans l'épilogue de son *Augustinus*, reconnaissant d'avance les torts dont on pouvait l'accuser, déclarait qu'il ne se flattait point d'avoir toujours bien pris la pensée de saint Augustin. « Je suis homme, disait-« il, sujet à me tromper comme les autres, et je « soumets mon ouvrage au jugement du saint-siége « de l'Église romaine, ma mère; dès maintenant « je reçois, je rétracte, je condamne, j'anathématise « tout ce qu'elle décidera que je dois recevoir, ré- « tracter, condamner, anathématiser. »

Le pape avait eu le tort ou le malheur de s'en rapporter à l'assemblée des évêques français qui avaient soumis à son jugement les cinq propositions comme étant de Jansénius. Plus tard, et lorsque la querelle fut engagée, le pape se trouva dans l'impossibilité de revenir sur ses pas; s'il eût reconnu que les cinq propositions ne se trouvaient pas en effet dans Jansénius, il eût affaibli son autorité en avouant son erreur, et accordé à Jansénius une sorte de réparation que ses écrits ne méritaient pas. L'accusation n'était pas exacte, mais la condamnation était juste. Les deux partis opposés le savaient également bien, et essayaient de confondre l'accusation et la condamnation pour les faire admettre ou rejeter comme solidaires l'une de l'autre. Les jansénistes s'étaient emparés d'un défaut de procédure pour attaquer la sentence et pour défendre un auteur dont les opinions leur convenaient. Les jésuites soutenaient la légalité de la procédure pour maintenir l'arrêt qui condamnait des doctrines contraires à la foi catholique. Ni les uns ni les autres n'usaient de franchise; mais la dissimulation de ceux-ci s'exerçait sur la forme, celle des autres sur le fond. Le temps a prononcé : les talents et les vertus des Jansénistes ne sont plus contestés; les défauts, je dirai même les vices des Jésuites, ont reçu leur châtiment. La question dogmatique s'est séparée des attachements et des répugnances pour les personnes.

Jansénius est demeuré l'auteur de la doctrine qui porte encore son nom, et cette doctrine n'est point celle de l'Église.

L'examen de la doctrine de saint Augustin et de ses conséquences directes nous a naturellement conduits jusqu'à Jansénius. Revenons maintenant à la source des erreurs que nous avons rapidement parcourues, et voyons les troubles nouveaux auxquels elle a donné lieu.

Nous avons vu saint Augustin arriver pas à pas jusqu'à soutenir que le genre humain n'étant qu'une masse de perdition, Dieu choisissait gratuitement quelques hommes pour leur donner sa grâce, laquelle était aussi irrésistible qu'indispensable. Cette doctrine, rendue tolérable pour la plupart des catholiques, par le besoin de combattre l'hérésie pélagienne, rencontra pourtant de nombreux opposants. Déjà Vital avait essayé en Afrique de se tenir à une égale distance de Pélage et de saint Augustin. Cassien, à Marseille, et les moines de son monastère de Saint-Victor, se révoltèrent ouvertement contre les opinions de saint Augustin, et entraînèrent avec eux tout le midi de la Gaule. Cassien n'était pas un ennemi ordinaire, car l'éclat de ses vertus et de son talent le plaçait au premier rang parmi les docteurs de l'Église. De toutes parts on venait à lui pour le consulter sur les règles à imposer aux communautés religieuses, et pour entendre de sa bouche le récit des vies illustres et saintes qui s'écoulaient en Orient, où lui-même avait longtemps vécu. Les amis de saint Augustin conçurent de vives alarmes à l'aspect de ce nouvel et imposant adversaire, et ne trouvant pas en eux-mêmes des forces suffisantes pour le combattre, ils en demandèrent à leur maître.

Saint Prosper, et un laïque nommé Hilaire, écrivirent à saint Augustin pour l'informer de l'opposition que ses derniers ouvrages excitaient dans les Gaules, et pour le conjurer de leur fournir des armes victorieuses contre ces derniers novateurs. Les opinions des prêtres de Marseille y sont définies avec détail, mais sans discernement. « Quel-
« ques-uns, dit saint Prosper, confessent que tous
« les hommes ont péché en Adam, et que per-
« sonne n'est sauvé par ses propres œuvres, mais
« par la grâce de Dieu et par la régénération spiri-
« tuelle. Mais ils prétendent que la rédemption

« que J.-C. a méritée aux hommes par le mystère
« de sa mort est proposée à tous sans exception, en
« sorte que tous ceux qui veulent recevoir la foi et
« recourir au baptême puissent être sauvés. Ils
« ajoutent que Dieu, avant la création du monde,
« a connu par sa prescience quels sont ceux qui
« croiront et qui persévéreront dans cette foi, qu'il
« a résolu d'aider ensuite du secours de sa grâce....
« Que c'est pour cela que les saintes Écritures
« invitent tous les hommes à la foi et aux bonnes
« œuvres, afin que personne ne désespère d'arriver
« à la vie éternelle, puisque c'est une récompense
« préparée à quiconque voudra se porter au bien.
« D'autres, dit encore saint Prosper, ne recon-
« naissent d'autre grâce que celle de la création ;
« grâce selon eux, par laquelle, sans que l'homme
« l'ait méritée puisqu'il n'existait pas auparavant,
« Dieu l'a créé raisonnable et l'a doué du libre ar-
« bitre, afin qu'étant capable de discerner le bien
« et le mal, il puisse déterminer sa volonté à
« acquérir la connaissance de Dieu et à observer
« ses commandements, et parvenir à la grâce de la
« renaissance en J.-C. par le bon usage de ses fa-
« cultés naturelles, en demandant, en cherchant,
« en frappant à la porte. »

La première de ces opinions n'était pas à la vérité celle de saint Augustin, mais elle s'approchait
de la doctrine qui devint plus tard la foi de l'église

catholique. La grâce y était proposée à tous les hommes sans exception, et il dépendait d'eux de la repousser ou de la recevoir. Elle n'appartenait ni au pélagianisme ni au semi-pélagianisme, puisqu'elle reconnaissait que le commencement de la foi venait de Dieu; ni au prédestinationisme, puisqu'elle voulait que cette foi ou cette grâce fût proposée à tous les hommes.

La seconde n'était pas de Cassien, mais de Pélage. La lettre de saint Prosper ne nous apprend donc presque rien, et elle ne nous offre que peu d'intérêt, excepté dans la prière qu'il adresse en la terminant à saint Augustin pour lui demander de décider cette question importante : « Si la pres-
« cience est une suite du décret de Dieu, en sorte
« que ce que Dieu a prévu, soit ce qu'il a résolu
« et arrêté dans son décret; ou s'il y a sur cela de
« la variété, selon la diversité des objets ou la diffé-
« rence des personnes; ou si, enfin, il faut dire
« qu'à l'égard de tous les hommes sans distinction,
« le décret de Dieu est postérieur à la prescience et
« fondé sur elle. »

Si saint Prosper eût bien pénétré le sens de la doctrine de saint Augustin, il n'eût pas attaché autant d'importance à une question qui se résout d'elle-même. Hilaire nous explique avec plus de précision quelle était la doctrine des Marseillais. « Ils conviennent, dit-il, que, par le péché,

« tous les hommes sont blessés et renversés par
« terre, et que jamais ils ne se relèveront par leurs
« propres forces. Quand, ajoutent-ils, on leur an-
« nonce l'Évangile, c'est une occasion d'obtenir le
« salut qu'on leur offre. S'ils conçoivent alors une
« bonne volonté, et qu'ils croient que la grâce de
« J.-C. peut les guérir de leur maladie, par le mé-
« rite de ce commencement de foi, ils en obtiennent
« l'augmentation, et tout ce qui est nécessaire pour
« opérer leur entière guérison. Au reste, ces per-
« sonnes demeurent d'accord que, qui que ce soit
« n'est capable par lui-même de commencer, en-
« core moins d'achever aucune bonne action. Car
« elles ne croient point qu'on doive compter parmi
« les remèdes qui opèrent la guérison spirituelle,
« la frayeur que tout malade a de son état, et
« l'humble désir qu'il conçoit d'être guéri. Quand
« donc il est dit dans l'Écriture : *Croyez et vous se-*
« *rez sauvé*, ils pensent que Dieu exige de l'homme
« l'une de ces deux choses, et lui offre l'autre ; en
« sorte que si l'homme fait ce que Dieu exige de
« lui, Dieu en conséquence lui accorde le salut
« qu'il lui avait offert. D'où il s'ensuit, selon eux,
« qu'il faut que l'homme fasse, pour ainsi dire, les
« avances de la foi, selon le pouvoir inséparable
« de la nature qu'il a reçue du Créateur. Car, quel-
« que affaiblie et corrompue que soit notre nature,
« elle ne l'est pas, disent-ils, à un tel point qu'elle

« ne doive ou ne puisse désirer sa guérison. D'où
« il arrive que celui qui veut être guéri ne manque
« pas de l'être, et que celui qui ne le veut pas,
« non-seulement reste malade, mais est puni très-
« justement pour avoir rejeté le remède qui lui
« était offert; qu'au reste, ce n'est pas nier la né-
« cessité de la grâce, que de dire qu'elle est pré-
« cédée par un mouvement de la volonté qui se
« termine uniquement à désirer et à chercher le
« médecin, et qui ne peut pas faire un seul pas
« au-delà. »

Hilaire ajoute que les prêtres de Marseille appuyaient leur doctrine sur le témoignage de saint Augustin, dont ils citaient quelques passages tirés du livre contre Porphyre et de l'exposition de l'épître aux Romains. Ils les alléguaient en faveur de l'opinion qui explique l'injustice apparente dont les décrets de Dieu portent souvent l'empreinte par sa prescience. Ainsi, un enfant meurt-il sans baptême, c'est parce que Dieu a prévu qu'il ferait un mauvais usage des dons que le baptême lui conférerait. Des nations entières demeurent-elles privées du bienfait de l'instruction? C'est que Dieu a connu que leurs oreilles et leur cœur seraient fermés à tout enseignement. Conservateurs fidèles de la foi en la justice et la la bonté infinie de Dieu, les Marseillais rejetaient tout ce qui pouvait y porter atteinte, soutenaient que le nombre des élus n'est pas déterminé, et s'indignaient contre l'explication donnée par saint Augustin à ce texte de l'Apôtre : « Dieu veut que « tous les hommes soient sauvés. »

Voilà ce qu'Hilaire rapporte à saint Augustin. Hilaire comprend mieux que ne le fait saint Prosper l'état de la question; aussi est-il moins assuré et implore-t-il avec humilité mais avec ardeur saint Augustin, afin qu'il fasse cesser des doutes qui l'affligent, mais qu'au fond du cœur il ne peut se défendre de partager.

En réponse à ces deux lettres saint Augustin écrivit deux ouvrages, dont l'un porte pour titre : *De la Prédestination des saints*, et l'autre: *Du don de la Persévérance*. Il a recours à ses moyens accoutumés pour prouver que le choix de Dieu précède tout mérite de la part de l'homme; que le commencement de la foi vient de Dieu aussi bien que tout le reste, et qu'il n'est pas plus au pouvoir de tous les hommes d'en provoquer le don qu'à ceux auxquels la foi est offerte par Dieu de la repousser. Il s'étonne que l'on puisse assigner pour cause à certains décrets de Dieu, sa prescience; car J.-C. a dit que *si les miracles qui ont été faits au milieu des Juifs avaient été faits à Tyr et à Sidon, ces villes auraient fait pénitence dans le sac et dans la cendre.* Et pourtant les miracles qui auraient touché le cœur des Sidoniens n'ayant pas été opérés devant eux, ces peuples seront punis pour ne pas avoir cru à ce qu'ils ne pouvaient connaître, aussi bien que les Juifs, pour avoir refusé de se rendre aux miracles dont ils ont été les témoins. Dieu savait que les mêmes leçons frapperaient, chez les Sidoniens, des oreilles attentives, et seraient en vain adressées aux Juifs endurcis. Il laisse donc les Sidoniens dans l'ignorance, et il répand ses libéralités sur les Juifs, bien assuré de les perdre tous. Il damne les Sidoniens parce qu'ils ne savent pas ce qu'il n'a pas voulu leur apprendre; et les Juifs parce qu'ils n'ont pas cru en ce qu'il n'a pas voulu leur persuader. On éprouve une terreur involontaire en écrivant de pareils blasphèmes : mais l'âme mieux aguerrie de saint Augustin n'est point exposée à ces secrètes défaillances, et il admet sans embarras la vérité des faits qui prouveraient l'injustice de Dieu, croyant avoir assez fait en lui donnant le nom de *choix gratuit*. Le choix de Dieu ! A-t-on réfléchi à ce qu'est le choix de Dieu dans le cas dont il s'agit ici ? Dieu considère les Sidoniens et les Juifs ; il sait que, sans employer d'autres moyens que les moyens extérieurs, c'est-à-dire, en exécutant aux yeux des Sidoniens les merveilles qu'il opère en la présence des Juifs, il sait, disons-nous, qu'il peut sauver le premier de ces peuples, et il les perd tous les deux. De ces deux peuples, l'un ferme les yeux à la lumière, l'autre cherche à pénétrer l'obscurité qui l'entoure : c'est à celui-là que Dieu se présente. Voilà le choix de Dieu, tel que l'entend saint Augustin.

Célestius niait le péché originel et la damnation des enfants. Quelques-uns de ses disciples, toujours opposés au dogme du péché originel, craignaient, en contestant la condamnation des enfants, de porter atteinte à la foi dans l'efficacité, ou du moins dans la nécessité du baptême. Saint Augustin avertit les Marseillais qu'en expliquant, au moyen de la prescience divine, les jugements de Dieu, ils tirent les Pélagiens d'embarras.

« En effet, dit-il, les Pélagiens n'auraient qu'à
« dire, en supposant la pensée chimérique que je
« combats ici, que la nécessité du baptême pour
« les enfants ne prouve nullement qu'il y ait en eux
« un péché originel; que c'est en conséquence de
« ce que ces enfants mériteraient, s'ils parvenaient
« à l'âge de raison, que les uns sont baptisés, et
« que les autres meurent sans baptême (1) ».

Saint Augustin semble méconnaître, à cette occasion, la nature des dogmes religieux. Le péché originel est un dogme religieux, c'est-à-dire l'une des pierres fondamentales de l'édifice commencé par le Christ. Quel est ce péché? Par qui a-t-il été

---

(1) *De la Prédestination des Saints*, chap. XIII.

commis? en quel temps? en quel lieu? Toujours est-il que l'âme humaine est captive, et qu'elle témoigne par ses souffrances de son origine et de sa chute. Le péché originel n'est donc pas seulement une hypothèse qui serve à prouver la condamnation des enfants et la nécessité du baptême, c'est un dogme. Quand même le christianisme n'aurait pas besoin, pour être démontré, du péché originel, ce dogme ne subsisterait pas moins, car les dogmes sont des faits. On ne les choisit pas d'après leur utilité; on les admet ou on les rejette; mais on ne peut pas objecter à une doctrine qu'elle rend inutile tel ou tel dogme, vu qu'un dogme ne doit point être apprécié d'après le degré plus ou moins grand d'utilité qu'il présente; telle doctrine peut être bonne, tel dogme vrai, et tous deux peuvent se maintenir indépendamment l'un de l'autre. Pour saint Augustin, au contraire, le péché originel, comme presque toutes les vérités chrétiennes, n'est qu'un échelon pour arriver à établir le choix gratuit de Dieu. Il répond ensuite à la demande que saint Prosper lui avait adressée touchant la prescience et la prédestination. Sa réponse se présente d'elle-même. Dans le système qui respectait la liberté humaine, l'action de Dieu était la prescience; dans celui qui faisait tout dépendre de la volonté divine, elle devenait la prédestination; car Dieu prévoit les événements qui

lui sont étrangers; il prédestine ses propres actes. Aussi saint Augustin dit-il (1): « Que la prédesti-
« nation de Dieu, quand il s'agit de faire du bien
« aux hommes, n'est autre chose que la prépara-
« tion de la grâce; et la grâce est l'effet de cette
« prédestination (2). Les apôtres ont été choisis
« avant la création du monde par une sorte de pré-
« destination dans laquelle Dieu a vu ce qu'il de-
« vait faire lui-même. Ils ont été choisis et séparés
« de ce monde par cette sorte de vocation, au
« moyen de laquelle Dieu exécute dans le temps ce
« qu'il a prédestiné avant le temps. »

Passant enfin à parler du don de la persévérance, saint Augustin déclare qu'il est impossible
de concevoir aucune sécurité à cet égard, puisque
aussi longtemps que l'homme est sur cette terre, et
quelles que soient ses vertus et sa piété, il ne peut
connaître si ce précieux don lui est accordé, ou
si, Dieu lui retirant tout à coup son aide, il ne
tombera pas dans le péché.

On peut perdre tous les dons de Dieu excepté
celui-là, dit saint Augustin (3). « Car encore une
« fois, quand on a persévéré jusqu'à la fin, on ne
« peut plus perdre ni le don de la persévérance,
« ni aucun des autres dons qu'on pouvait perdre

---

(1) *De la Prédestination des Saints*, chap. x.
(2) *Id.*, chap. xvii.
(3) *Du don de la Persévérance*, chap. vi.

« avant la mort (1). Cet attachement persévérant
« à Dieu ne vient pas des forces du libre arbitre
« telles qu'elles sont maintenant, comme il en ve-
« nait dans le premier homme avant son péché.
« On a vu dans les bons anges ce que pouvait en
« cet heureux état la liberté de la volonté créée.
« Mais depuis la chute de l'homme, Dieu a voulu
« que ce ne fût que par le don de sa grâce que
« l'homme s'approche de lui, et que ce ne fût de
« même que par l'opération de sa grâce que
« l'homme ne s'éloigne pas de lui et ne l'abandonne
« pas. »

Saint Augustin avoue enfin que cette doctrine, aussi bien que celle de la prédestination, doit paraître odieuse. Voici comment il s'exprime : « Quant
« à ce qu'on ajoute immédiatement après, je ne
« crois pas qu'aucun de ceux qui sont encore faibles
« parmi les fidèles pût le supporter en aucune fa-
« çon : car ne semble-t-il pas que ce soit les charger
« de malédictions, ou tout au moins leur prophé-
« tiser le plus grand de tous les malheurs que de
« leur tenir ce langage. Et vous qui rendez à Dieu
« l'obéissance qui lui est due, si vous êtes de ceux
« qui doivent être rejetés selon le décret de la pré-
« destination éternelle de Dieu, le secours qui vous
« fait obéir vous sera ôté afin que vous cessiez de

---

(1) *Du don de la Persévérance*, chap. VII.

« le faire ? Si l'on veut donc ou s'il est nécessaire
« de parler de ceux qui ne persévèrent pas, que ne
« s'y prend-on d'une autre façon? En sorte, sur-
« tout, qu'on n'adresse pas le discours directe-
« ment aux personnes à qui on parle, et qu'au
« lieu de dire : Vous qui obéissez maintenant à
« Dieu, etc., etc.; l'on dise simplement : Ceux qui
« obéissent. . . . et le reste, parlant toujours à la
« troisième personne et jamais à la seconde ; il n'y
« a rien de plus dur et de plus choquant que de
« dire en face aux personnes à qui l'on parle, en
« les apostrophant directement : Vous qui obéissez
« maintenant à la loi de Dieu, etc., etc. »

Ces deux ouvrages sont les derniers de saint Augustin ; déjà il était arrivé aux extrémités de son système, et les livres dont nous venons de parler portent souvent l'empreinte de cette fatigue qui naît du besoin de trouver des formes nouvelles pour rendre les mêmes pensées. Aussi longtemps que saint Augustin eut des ennemis à combattre et du chemin devant lui, il marcha trop vite, et en s'égarant peut-être, mais entraînant le lecteur à sa suite par l'attrait de la curiosité qu'inspire toujours le spectacle d'un bel esprit en travail. Lorsqu'il eut atteint le terme de ses doctrines et qu'il en eut rempli toutes les lacunes, sans avoir satisfait les exigences de ses adversaires, il s'agita, revint sur ses pas, releva ses arguments vieillis, crut les ranimer en les répétant, s'imagina que l'opposition qu'ils rencontraient toujours venait de ce qu'ils n'avaient pas été compris, tandis que, bien au contraire, on les repoussait parce qu'on les comprenait. Enfin les ressources de son esprit s'épuisèrent, et il ne lui resta que les forces de son caractère, qui, n'ayant à bien dire ni chaleur, ni emportement, ni véritable grandeur, ne pouvait se suffire à lui-même. Les Vandales assiégèrent Hyppone vers le printemps de l'année 430, et portèrent l'affliction dans le cœur de saint Augustin, qui ne pouvait apprendre sans douleur la dévastation de son pays et les malheurs de ses semblables. Ce n'étaient plus là des ennemis contre lesquels on pût employer le raisonnement. Saint Augustin demeura accablé de tristesse: il pleura, il pria, et il mourut enfin le 28 août de l'an 430, dans la soixante-seizième année de son âge et la trente-cinquième de son épiscopat.

Pour ne pas interrompre l'examen de sa doctrine sur la grâce et le libre arbitre, nous avons passé sous silence quelques-uns des ouvrages de saint Augustin, qui se rapportent à d'autres sujets. Les principaux d'entre eux sont ses *Quinze livres sur la Trinité*, et son ouvrage de *la Cité de Dieu*.

Les premiers, célébrés par tous les admirateurs de saint Augustin comme un magnifique chef-d'œuvre de science et de génie, offrent pourtant peu d'importance. Le problème avait été résolu par saint Athanase et par les pères de Nicée, et saint Augustin pouvait exercer sur ce sujet son abondante subtilité sans que l'Église en profitât ni en souffrît.

L'idée générale qui présida à l'ouvrage de *la Cité de Dieu* est fort belle. La cité de Dieu, c'est la société des justes, et saint Augustin entreprend d'en faire l'histoire, en même temps que celle de la cité opposée, c'est-à-dire de la société des méchants. Il commence par combattre la religion, les mœurs et les lois des gentils. Les dieux des païens n'ont pas su éviter à leurs adorateurs les plus grands désastres, et ils sont incapables de procurer aux hommes le bonheur éternel. Voilà ce que saint Augustin démontre dans les dix premiers livres de sa *Cité de Dieu*, par des raisons puisées dans l'histoire d'abord, et dans la nature même des divinités païennes ensuite. Les douze suivants sont employés à raconter la naissance, le progrès et la fin des deux cités. Saint Augustin commence son récit à la création du monde, et il ne le termine qu'après le jugement dernier. On trouve dans ce livre plus de grandeur que dans les autres écrits de saint Augustin. Le plan de l'ouvrage est magnifique; l'exécution, dans ses détails, est peu digne de la beauté du sujet. Dans la partie surtout qui traite de la fin des deux cités, saint

Augustin se perd dans de minutieuses recherches en voulant suivre l'Apocalypse et l'expliquer mot à mot. Il faut de l'imagination pour savoir employer un langage mystérieux; de la pénétration pour le comprendre; une haute intelligence pour discerner, parmi les images, celles dont on peut rendre le sens, et celles auxquelles il ne convient pas de s'attacher. De ces trois qualités saint Augustin ne possédait que la seconde. La première ne lui était pas indispensable, mais le défaut de la troisième se fait trop sentir dans la dernière partie de sa *Cité de Dieu*. Rien n'est négligé de ce qui se lit dans l'Apocalypse; il interroge minutieusement chaque animal, chaque fléau, chaque parole. Saint Augustin va même plus loin : il se pose des questions que l'auteur de l'Apocalypse a probablement jugées trop futiles pour s'arrêter à les examiner. Il se demande si les enfants morts dans le sein de leur mère ressusciteront; le sort des enfants qui n'ont pas dépassé leurs premières années l'occupe encore plus, et il voudrait savoir s'ils ressusciteront avec le petit corps qu'ils avaient en mourant, ou s'ils obtiendront toute la taille qu'ils auraient eue si leur vie eût été plus longue. Mais, après un mûr examen, il se décide pour cette dernière opinion. Les ongles, les cheveux des ressuscités ne sont pas oubliés dans les curieuses recherches de saint Augustin. Il résout toutes les difficultés de la manière la plus affirmative, et il prie même que l'on ne s'inquiète pas de savoir comment des hommes, qui auraient été mangés par d'autres hommes, et dont la chair serait par conséquent devenue la chair de deux personnes, pourront reprendre ce qui leur appartient et ne pas s'emparer du bien d'autrui. Ce serait faire preuve d'un mauvais esprit, que de s'arrêter à ces taches d'un bel ouvrage, si elles n'en défiguraient une partie considérable. D'ailleurs on s'aperçoit facilement que saint Augustin attache à ces pauvres détails autant d'importance qu'aux plus graves questions. Quant à ces dernières, elles sont parfois traitées avec sagesse dans la *Cité de Dieu*. Quelques passages sur la non-existence du mal rappellent les beaux commencements de saint Augustin. Mais lorsqu'on a suivi ce docteur jusque dans ses derniers écrits, on ne peut retrouver ces semences destinées à être si fécondes, sans se souvenir que si plus tard il ne les a pas arrachées et dispersées, il les a du moins condamnées à ne rien produire.

Quoique nous ayons tâché de rendre fidèlement, et à mesure qu'elles se formaient et se développaient, les doctrines de saint Augustin, le récit des événements auxquels elles ont donné lieu, et l'examen des opinions contraires qu'elles ont soulevées, peuvent avoir jeté quelque obscurité sur l'exposition que nous avons faite. C'est pourquoi nous allons passer rapidement en revue tout le système de ce docteur.

Selon lui, Dieu avait créé l'homme et l'ange avec le libre arbitre, pouvant choisir le bien, et s'y maintenir, ou le mal, et y tomber. L'homme et certains anges firent un mauvais choix. Le péché de ceux-ci fut peut-être l'orgueil, celui de l'homme fut sans doute la concupiscence. La femme lui avait été donnée pour compagne, et comme la source du genre humain; mais il ne devait pas se livrer avec elle aux attraits de la volupté. S'il n'y eût pas cédé, il eût fini par ne plus les ressentir, et ses descendants ne les eussent pas connus. L'on n'aurait pas eu plus de peine, dit saint Augustin, à réprimer les désirs de la chair que nous n'en avons aujourd'hui à ouvrir ou à fermer les yeux, selon que nous le voulons. Adam pécha avant de donner la vie à ses enfants, et il pécha précisément dans la manière de leur donner la vie; de sorte que le péché s'introduisit dans la nature humaine, ou, pour mieux dire, dans la nature de cette impulsion qui donne lieu à la naissance de l'homme. Personne ne naissant que par l'effet du péché, nul n'est exempt de sa souillure. Le péché originel est donc comme un mal héréditaire, qui se contracte par la manière même dont on est introduit dans la vie.

Jusqu'ici tout se suit assez bien, et le corps humain pourrait être soumis à des infirmités de toute espèce, sans que nous eussions le droit de rien conclure contre la justice divine. Ne voit-on pas tous les jours des enfants hériter des souffrances de leurs parents, et ne doit-on pas se dire, pour se consoler de ce triste spectacle, que si ces innocents souffrent dans leur corps, ils sont probablement heureux d'ailleurs. Car les ressources de Dieu sont infinies, et notre pénétration a d'étroites bornes. Que le corps paie donc pour les fautes du corps; qu'ils soient solidaires les uns des autres; qu'un père infirme ne puisse donner la vie à un fils bien portant; que le genre humain, renfermé pour ainsi dire en germe dans le premier homme, ait participé à sa faute et en subisse les résultats, tout cela peut s'admettre; mais l'âme de chaque enfant d'Adam se trouvait-elle aussi présente à la chute de celui-ci? Était-elle en lui? Saint Augustin le croyait, et il ne pensait pas que l'on pût autrement justifier la peine portée contre le genre humain, non-seulement en cette vie où l'âme attachée au corps doit se sentir mal à l'aise dans sa demeure imparfaite, mais aussi dans la vie éternelle, où la séparation de l'âme et du corps étant opérée, celle-là ne doit plus souffrir que dans sa nature même. Saint Jérôme était d'un avis contraire, et soutenait que Dieu créait chaque âme à mesure qu'il se trouvait un corps disposé à la recevoir. L'Église dont la prudente coutume était de ne point imposer de lois superflues, ne se prononçait pas encore sur cette question, mais penchait ouvertement vers l'opinion de saint Jérôme. Aussi saint Augustin n'osa-t-il rien affirmer sur la propagation des âmes, et ne proposa-t-il sa pensée que comme une simple hypothèse; mais sa conviction n'en était pas moins établie.

La culpabilité du genre humain étant donc démontrée, il fallait encore en déduire les conséquences. Le péché introduit dans le monde était double dans sa nature et dans ses effets. Il était d'abord la peine de la désobéissance du premier homme, puis il était imputable à chaque homme en particulier. On était puni par le péché et pour le péché, lequel était le châtiment et méritait le châtiment. Le genre humain tout entier n'avait droit qu'à la damnation éternelle; mais Dieu, dans sa prescience, avait prévu le mauvais usage que le premier homme ferait de son libre arbitre, et il avait décidé de sauver néanmoins quelques-uns de ses descendants, les prédestinant ainsi de toute éternité à la gloire éternelle. Pour cela il envoya son fils au monde; mystère qui s'accomplit par l'incarnation du Verbe et sans la coopération du mariage humain, de sorte que le corps de J.-C. étant le seul qui eût reçu la vie autrement que par l'usage de la concupiscence, l'homme-Christ fut aussi le seul qui ne fût pas soumis aux suites du péché originel. Dès lors il fut digne de recevoir le Verbe, et de s'immoler pour le rachat de cette partie du genre humain que Dieu ne voulait pas livrer aux peines éternelles.

J.-C. institua lui-même les sacrements comme de secrets moyens de communication de Dieu à l'homme. Le premier de ceux-ci était destiné à ôter au péché dont nous naissons tous tachés, son caractère de culpabilité, et à ne plus lui laisser que celui de châtiment. Par le baptême, l'homme est déchargé de la peine éternelle qui l'attendait pour le péché d'Adam, mais il est pourtant encore accessible au péché, et c'est là le châtiment de la première désobéissance. L'homme n'est plus considéré comme coupable; mais il est malade, et par conséquent sujet à tomber et à périr. Si tous les hommes ne reçoivent pas le bienfait du baptême, et si ceux qui le reçoivent en perdent souvent les fruits, c'est que Dieu ne veut pas le salut de tous les hommes, qu'il n'a pas envoyé son Fils pour le genre humain tout entier, qu'il laisse à quelques-uns la culpabilité du péché originel et à tous la maladie que le baptême ne guérit pas, et dont il n'est possible d'éviter les suites que par le moyen d'un remède nouveau, c'est-à-dire d'une grâce médicinale qui opère dans le cœur de l'homme. Celui-ci ne peut rien sans la grâce ni contre la grâce. Il n'a ni le pouvoir de la désirer, ni celui de la repousser. Le sort de chacun est fixé de toute éternité par la prédestination divine; les élus doivent remercier la miséricorde de Dieu, les damnés reconnaître sa justice; car les uns, aussi bien que les autres, méritaient les peines éternelles. Le genre humain est justement condamné pour la faute d'Adam, puisqu'il se trouvait enfermé en germe et comme en puissance dans celui-ci lorsqu'il pécha. Le libre arbitre n'est pas détruit, mais affaibli; il existe, mais il ne peut ni juger ni choisir. La volonté n'est pas anéantie, mais elle est partagée en bonne et en mauvaise. La première nous vient de Dieu; la seconde, de notre nature viciée. C'est nous qui voulons, dit saint Augustin, mais c'est Dieu qui nous fait vouloir lorsque nous voulons le bien, et qui nous laisse vouloir lorsque nous voulons le mal; c'est-à-dire que la volonté existe, mais que ce n'est plus en nous, et qu'à sa place il ne nous est resté que des penchants mauvais. Si l'on demande à saint Augustin pourquoi Dieu crée-t-il des hommes qu'il a résolu de laisser sans secours, et par conséquent dans l'impossibilité de faire leur salut; il répond d'abord qu'il ne sait pas si les peines qu'ils souffrent sont de telle nature qu'il eût mieux valu pour eux ne pas exister que de les subir; puis, que Dieu a voulu se donner l'occasion d'exercer sa justice; enfin, qu'il a souhaité d'accroître la reconnaissance de ses élus en leur faisant connaître les tourments auxquels sa miséricorde a voulu gratuitement les soustraire. Saint Augustin avait compris que la croyance dans la prédestination irrévocable de Dieu détruisait toute confiance dans la prière. En effet, pourquoi prier, puisque les décrets de Dieu sont sans retour? Pour améliorer notre âme, répondait saint Augustin; et la réponse, quoique insuffisante pour satisfaire aux exigences de son système, puisque, selon lui, l'homme ne pouvait rien dans l'intérêt de sa propre guérison, la réponse était plus belle que lui-même ne le pensait. La prière, selon saint Augustin, ne doit pas être autre chose qu'un désir continuel formé par la charité et soutenu par la foi et par l'espérance. Nous prions afin que nos désirs se réveillent et s'enflamment par l'exercice de la prière, et nous rendent capables de recevoir ce que Dieu nous prépare. La vie heureuse doit être le seul objet de nos prières; la demander ou la désirer ne sont qu'une même chose par rapport à Dieu, mais les paroles nous sont nécessaires pour nous remettre dans l'esprit quel doit être l'objet de tous nos vœux.

Dans sa première jeunesse, saint Augustin s'était livré à l'étude des lettres et de la philosophie. Il en conserva longtemps le souvenir, et ses écrits en portent les traces. Son opinion sur le mal qui lui semble n'être que la privation du bien, ou, pour mieux dire, une défaillance de l'âme fatiguée de tendre sans cesse vers un but éloigné; sa conviction de la bonté de toute nature, l'idée qu'il conçoit de la félicité parfaite des bienheureux, placent saint Augustin au premier rang des philosophes chrétiens. Mais, peu à peu, ces belles doctrines qu'il n'avait qu'acceptées subirent dans son esprit de mortelles altérations. Il commença par en nier les conséquences, puis par en admettre qui leur étaient contraires, et par prendre, dans la querelle qui s'engagea, le parti des dernières venues. On eût dit qu'il avait oublié les sources fécondes d'où il avait tiré ses premières pensées. Son esprit souple manquait de fermeté et de sûreté. Plus curieux que profond, plus froid que grave, plus raisonneur encore que convaincu, plus infatigable que fort, saint Augustin, auquel les études purement spéculatives ne convenaient pas, avait autant besoin de mouvement que de réflexion, d'adversaires que de disciples. Il ne savait pas parler à des égaux, et son langage respirait toujours soit l'humilité, soit la discussion, soit l'autorité; jamais l'aisance et l'affection. A force d'employer le raisonnement, il crut pouvoir se passer de tout autre moyen, et il vint jusqu'à soutenir, en argumentant, des choses indignes de son esprit.

Son caractère manquait aussi de cette chaleur et de cet entraînement qui font commettre des fautes, mais qui leur prêtent un charme en faveur duquel on les pardonne aisément. S'il se jeta d'abord dans les débordements d'une jeunesse dissipée, ce fut par curiosité; les pertes qu'il éprouva le préoccupèrent plus qu'elles ne l'affligèrent. Jamais ni pendant ses déréglements, ni après sa conversion, il ne ressentit d'affections puissantes. Approuvant ou blâmant, éprouvant du goût ou de l'éloignement, son esprit ne s'égara jamais à la suite de son cœur; l'un et l'autre étaient froids. Inaccessible aux passions haineuses, le premier acquit une réputation de tendresse qu'il ne méritait pas; incapable de se fatiguer, et éprouvant un besoin continuel de mouvement, le second passa, mais à tort, pour être doué d'énergie et d'ardeur. Plus que toutes choses il aima Dieu, mais d'un sentiment qui tenait autant de la crainte et de l'admiration que de l'amour. Il comprit sa toute-puissance, et il méconnut sa bonté. Pour lui Dieu était surtout un maître; et, s'il était la source intarissable de tout bien, c'est que le bien et la vie n'étaient qu'une seule chose. Au Dieu que les abstractions des philosophes lui apprirent à connaître il n'appliqua qu'un seul des caractères du Dieu plus positif des chrétiens : la vengeance. D'après cela pouvait-il aimer véritablement Dieu? C'est-à-dire, pouvait-il éprouver ce mélange indéfinissable et unique de respect et d'étonnement pour des perfections qui surpassent notre entendement, de tendre reconnaissance et de profonde admiration pour cette bonté infinie et inaltérable qui s'étend à toutes les créatures animées ou non, et de confiance absolue dans les desseins de celui dont le but final est de nous conduire à travers les siècles, les mondes et les souffrances, à la perfection et au bonheur? Ce sentiment, que l'on nomme à bon droit adoration, ne se trouvait pas dans le cœur de saint Augustin comme dans celui de saint Clément et d'Origène.

Saint Augustin rendit à l'Église de brillants services, et lui porta de graves blessures. Il apaisa les révoltes des Donatistes, et il mit fin aux rêveries des Manichéens. Mais les Manichéens et les Donatistes n'avaient pas en eux ce qui fait vivre de longs jours. Les uns se soutenaient par la force matérielle, les autres se nourrissaient de chimères. La fatigue du corps et celle de l'imagination les eussent bientôt réduits à se soumettre. L'hérésie de Pélage, que l'opposition de saint Augustin servit à rendre plus absolue et plus extravagante, devint par cela même moins dangereuse et se priva de l'appui qu'elle avait pu d'abord se flatter de trouver dans la raison humaine. Saint Augustin triompha de cette erreur; mais nous avons vu à quel prix, et que ce ne fut qu'en introduisant une doctrine dont les plus chauds partisans furent Gottescalc, Wicleff, Jean Huss, Luther, Calvin et Jansénius. Personne ne connaît quel eût été le sort du pélagianisme si saint Augustin ne l'eût combattu; mais personne n'ignore quels terribles coups le calvinisme a portés à la société catholique, et nous avons montré que cette effrayante doctrine a puisé son dogme principal dans les écrits de saint Augustin.

Heureusement pour les chrétiens de plusieurs siècles, saint Augustin ne termina pas la querelle sur la grâce et le libre arbitre, et ses opinions demeurèrent toujours livrées à la controverse. Le bon sens protecteur de l'église catholique semblait s'élever contre les arrêts de saint Augustin, et déclarer que le dernier mot n'avait pas encore été prononcé. Le pélagianisme était détruit; car les vains essais tentés en Orient par Nestorius, et à plusieurs reprises, dans la Grande-Bretagne, par des hommes obscurs, pour le ranimer, méritent à peine d'être mentionnés. Mais le semi-pélagianisme avait le double avantage de se présenter comme le conciliateur de deux doctrines opposées et absolues, et de compter parmi ses partisans et ses chefs des saints et des docteurs. Bientôt après la mort de saint Augustin, les prêtres de Marseille publièrent quinze articles qu'ils lui attribuèrent.

Nous allons les rapporter fidèlement, laissant à ceux qui ont lu les ouvrages de saint Augustin de juger si ces articles ou d'autres équivalents peuvent s'y rencontrer.

1° Qu'en vertu de la prédestination de Dieu, les hommes sont contraints au péché par une fatale nécessité, et condamnés à la mort.

2° Que la grâce du baptême n'efface point le péché originel dans ceux qui ne sont pas prédestinés à la vie.

3° Qu'il ne sert de rien, à ceux qui ne sont pas prédestinés à la vie, fussent-ils baptisés, de mener une vie juste et sainte, mais qu'ils sont réservés jusqu'à ce qu'ils tombent et périssent, et qu'ils ne sont pas enlevés de ce monde qu'ils ne soient tombés.

4° Que tous les hommes ne sont pas appelés à la grâce.

5° Que tous ceux qui sont appelés ne sont pas appelés également, mais que les uns sont appelés à croire, et les autres à ne pas croire.

6° Que le libre arbitre ne fait rien dans les hommes, mais que c'est la prédestination divine qui agit en eux, soit pour le bien, soit pour le mal.

7° Que Dieu refuse la persévérance à quelques-uns de ses enfants qu'il a régénérés en J.-C. et auxquels il a donné la foi, l'espérance et la charité, et qu'il la leur refuse, précisément parce qu'ils n'ont pas été séparés de la masse de perdition par la prescience et la prédestination de Dieu.

8° Que Dieu ne veut pas le salut de tous les hommes, mais seulement d'un petit nombre de prédestinés.

9° Que le Seigneur n'a pas été crucifié pour la rédemption de tout le monde.

10° Qu'il y a des hommes à qui Dieu empêche qu'on ne prêche l'Évangile, de peur qu'ils ne soient sauvés par la prédication de l'Évangile.

11° Que Dieu, par sa puissance, contraint les hommes au péché.

12° Que Dieu ôte la grâce de l'obéissance à des justes qu'il a appelés, afin qu'ils cessent de lui obéir.

13° Qu'il y a des hommes qui n'ont pas été créés de Dieu pour la vie éternelle, mais seulement pour servir à l'ornement de ce monde et à l'utilité des autres hommes.

14° Que ceux qui sont incrédules à l'Évangile le sont par la prédestination de Dieu; qu'il a fait un décret pour empêcher de croire ceux qui ne croient pas.

15° Que la prescience et la prédestination ne sont qu'une même chose.

Saint Prosper, héritier de toutes les opinions de saint Augustin, et mettant à les défendre autant de chaleur que son maître y employait de subti-

lité, cria au scandale et à la calomnie contre les prêtres de Marseille. Il fit plus; car il entreprit de répondre, toujours au nom de saint Augustin, aux quinze objections des Gaulois. Il dit que « celui
« qui ne meurt pas en état de grâce ne sera pas
« condamné pour le péché originel; mais, en pu-
« nition de ses derniers péchés, il sera condamné
« à la mort éternelle, qu'il avait déjà méritée par
« les péchés qui lui ont été remis, et parce que la
« prescience de Dieu n'a pas ignoré cela, Dieu ne
« l'a pas choisi et ne l'a point prédestiné. . . .
« . . . . . . Que les justes qui tombent
« dans le péché n'ont pas été abandonnés de Dieu
« afin qu'ils abandonnassent Dieu; mais qu'ils l'ont
« abandonné et en ont été abandonnés. . . . .
« . . . Que c'est une grande absurdité de
« prétendre que quelque nécessité porte l'homme
« soit au bien, soit au mal. . . . .
« Que Dieu a soin de tous les hommes, et qu'il n'y
« a personne qui ne soit averti ou par la prédi-
« cation de l'Évangile, ou par le témoignage de la
« loi, ou par la nature elle-même. . . . .
« Que le Sauveur a donné son sang pour le monde,
« et que le monde n'a pas voulu être racheté. »

Ainsi, selon saint Prosper, J.-C. est mort pour tous; le salut des hommes dépend d'eux-mêmes, et ils ne sont soumis à aucune nécessité ni pour le bien ni pour le mal; et si Dieu accorde aux uns de plus grands secours qu'aux autres, c'est qu'il a prévu l'usage que chacun d'eux en ferait.

Est-ce là la doctrine de saint Augustin, et n'est-ce pas un frappant exemple de la fragilité des grandes réputations, que de voir ce disciple et cet admirateur passionné de saint Augustin traiter de calomniateurs ceux qui rapportent ses paroles, et à peine les cendres de son maître sont-elles refroidies, l'abandonner pour le défendre? Bientôt, pourtant, il se rapprocha de saint Augustin dans la réponse qu'il entreprit de faire au livre de Cassien, intitulé : *Des Conférences*. Cassien y soutenait que « le soin de chercher et de frapper peut
« venir de la seule volonté et de la nature sans la
« grâce : que l'homme a par lui-même le désir de
« la vertu, et que les louables mouvements qui le
« portent au bien doivent être attribués au libre
« arbitre; qu'il faut embrasser deux sentiments
« contraires, l'un qui assure que la bonne volonté
« est produite par la grâce, et l'autre que la grâce
« dépend de la bonne volonté; que la grâce et le
« libre arbitre, qui paraissent contraires, s'ac-
« cordent ensemble, et que la piété nous oblige
« de les admettre également; qu'Adam, par le pé-
« ché, n'a point perdu la science du bien; qu'il ne
« faut pas tellement rapporter à Dieu le mérite des
« saints, qu'on n'attribue que ce qui est mauvais à
« la nature; qu'il y a naturellement dans l'âme des

« semences de vertus, et que si ces semences ne sont
« cultivées par la grâce de Dieu, elles ne pourront
« arriver à la perfection. » Cassien disait encore que
« Job, par ses propres forces, a vaincu le démon ; que
« la foi que J.-C. admira dans le centurion n'était
« pas un don de Dieu, parce qu'il n'eût pas loué ce
« qu'il eût donné ; enfin que J.-C. n'est pas le sauveur
« de tous les hommes, c'est-à-dire qu'il en a sauvé
« une partie qui avaient péri et qu'il a reçu l'autre,
« entendant que J.-C. est sauveur de ceux qu'il
« traîne à lui malgré eux par la grâce, et qu'il re-
« çoit ceux qui viennent à lui d'eux-mêmes. »

Les semi-Pélagiens avaient espéré servir de médiateurs entre les Pélagiens et les catholiques, mais ils n'avaient pas saisi ce point où les deux doctrines adverses pouvaient se rencontrer et se confondre. Les Pélagiens niaient la grâce intérieure et spéciale. Les disciples de saint Augustin voulaient non-seulement que l'homme ne pût rien, ni sans la grâce ni contre la grâce ; mais aussi que cette grâce ne fût accordée qu'à un petit nombre choisi d'après le bon plaisir de Dieu.

Cette seconde partie de leur foi n'était que la conséquence de la première, et ils l'admettaient avec résignation plutôt qu'avec confiance. Voyant dans le monde les effets incontestables des mauvaises passions, et ne voulant pas accorder que l'on pût résister aux impulsions de la grâce divine, ils se voyaient forcés de soutenir que les hommes tombaient dans le péché parce que Dieu ne voulait pas leur donner la force nécessaire pour y résister.

Les semi-Pélagiens crurent tout concilier en enseignant que, le commencement de la foi venant de nous, pouvait naître dans le cœur de tous et nous rendre dignes de mériter, en les demandant, toutes les grâces nécessaires et subséquentes. Mais ils avaient touché maladroitement à la partie de la doctrine de saint Augustin à laquelle ce docteur et ses disciples tenaient le plus ; ils semblaient amoindrir l'action de Dieu et accroître l'indépendance de l'homme. Les partisans de saint Augustin les décrièrent comme prêts à tomber dans l'hérésie, et comme faisant à la doctrine catholique autant de mal que les Pélagiens mêmes.

Un livre qui parut en ce temps sembla prouver qu'il existait quelqu'un capable de mieux comprendre la difficulté et de la résoudre. L'auteur de *la Vocation de tous les Gentils* déclare que « la
« grâce de J.-C. n'a point manqué au monde dans
« les siècles précédents. Car quoique les israélites
« aient été spécialement choisis de Dieu,. . . .
« . . . . . la bonté éternelle du Créateur ne
« s'est pas tellement éloignée des hommes qu'elle
« ne leur ait donné aucune marque pour le con-
« naître et pour le craindre. Ceux qui ont cru sont

« aidés afin qu'ils persévèrent dans la foi, et ceux
« qui n'ont pas cru sont aidés afin qu'ils croient.
« . . . . Ceux qui viennent sont
« dirigés par le secours de Dieu, et ceux qui ne
« viennent pas résistent par leur opiniâtreté. . .
« . . . . . Il y a eu des dons généraux dont
« les hommes ont pu s'aider pour chercher le vrai
« Dieu, et ceux qui dans tous les siècles se sont
« servis de ces dons pour connaître le Créateur ont
« reçu avec abondance une grâce spéciale. »

Cette doctrine, qui devint plus tard celle de l'Église, ne produisit, à l'époque dont nous parlons, qu'un médiocre effet. Les jugements passionnés s'attachent aux hommes bien plus qu'aux choses, et dans les temps d'exaltation et de controverse il y a peu de personnes disposées à se faire les disciples d'un anonyme. Il fallait, pour attirer l'attention, suivre ou le parti d'Augustin, ou celui de Pélage, ou celui de Cassien; ou bien encore, à l'aide d'un nom connu, faire passer une idée nouvelle. L'idée seule pouvait intéresser les intelligences studieuses et tranquilles; mais elle ne mettait pas en mouvement les esprits prévenus qui faisaient servir leurs doctrines d'armes et de boucliers. Le livre de *la Vocation des Gentils* ne fit pas autant de bruit qu'un ouvrage publié en 434 par Vincent de Lerins, et qui dut son importance au nom vénéré de son auteur beaucoup plus qu'à sa propre valeur; car au lieu de contenir, comme le livre de *la Vocation des Gentils*, un système complet et satisfaisant sur la grâce et le libre arbitre, il se bornait à réfuter les hérésies déjà connues et les doctrines qui, sans avoir encore subi de condamnation, devaient nécessairement conduire à des erreurs pernicieuses.

Les partisans de saint Augustin prétendent que Vincent de Lerins ne les a point désignés lorsqu'il a dit que « quelques hérétiques osent promettre
« et enseigner que, dans leur église, c'est-à-dire
« dans les conventicules de leur communion, il se
« trouve une grande grâce de Dieu, une grâce
« spéciale et personnelle; en sorte que tous ceux
« qui sont de leur parti, sans aucun travail ni vigi-
« lance de leur part, quoiqu'ils ne demandent ni
« ne cherchent, sont tellement protégés du ciel
« qu'étant portés sur les mains des anges, c'est-à-
« dire conservés par leurs soins, ils ne peuvent
« jamais heurter contre la pierre de scandale qui
« les ferait tomber. »

Mais les adversaires de saint Augustin, déjà très-nombreux à cette époque, comptèrent Vincent de Lerins comme un des leurs; et quelques disciples trop zélés de saint Augustin et de saint Prosper encouragèrent cette prétention en s'élevant contre les opinions exposées par Vincent.

Le parti de Cassien avait perdu son chef. Cassien était mort dans son immuable réputation de sainteté, et l'Église lui avait décerné les honneurs qu'elle accorde à ses pères. Un autre docteur d'un mérite aussi grand, d'une vie aussi irréprochable et d'un talent aussi brillant, vint remplacer Cassien. Fauste de Riez acquit de si bonne heure un si grand renom, que n'étant encore qu'abbé, il fut invité par saint Hilaire, d'Arles, à prendre place à un concile entre deux évêques et lui-même, et que le pape Hilaire le chargea de présider un nombreux concile qui se tint à Rome. Élevé dans le monastère de Lerins et appelé, en 475, à connaître et à juger l'hérésie *prédestinatienne*, il ne résista pas à la force d'une première éducation, à l'horreur qu'inspirait l'hérésie *prédestinatienne* et à l'entraînement des idées généralement répandues dans les Gaules, et il se rangea du côté du semi-pélagianisme. L'Église lui en fournit les moyens en le chargeant d'écrire un ouvrage contre le *prédestinatianisme*; et Fauste, en effet, dans ses deux livres sur *la Grâce et le libre arbitre*, après avoir reconnu que ce dernier *ne peut se suffire à lui-même sans le secours de la grâce,* découvre aussi qu'il ne considère pas la grâce prévenante comme nécessaire pour le commencement de chaque bonne action.

Cependant l'Église ne s'était pas encore prononcée. Les semi-Pélagiens avaient part à la communion universelle, et les plus zélés partisans de saint Augustin parlaient des disciples de Cassien comme de leurs frères, et des disputes soulevées par cette nouvelle doctrine comme de troubles excités au dedans de l'Église. Mais la faveur que les semi-Pélagiens acquéraient de jour en jour, les éloges que leurs chefs s'attiraient de toutes parts, les noms illustres qu'ils comptaient parmi eux, et plus que toute chose peut-être le blâme que leurs écrivains, et principalement Gennade, se permirent de jeter sur les écrits de saint Augustin et de saint Prosper éveillèrent l'attention du pape Gélase. Ce pape, dans le concile qui se tint à Rome, en 494, contre les restes du Pélagianisme, régla quels seraient désormais les livres reçus par l'Église comme renfermant ses véritables dogmes. Les ouvrages de saint Augustin et de saint Prosper furent admis à cet honneur, et les livres de Cassien et de Fauste furent rangés parmi les livres apocryphes avec les canons des apôtres, la lettre de J.-C. à Abgare et plusieurs autres que l'Église ne reçoit pas, mais qu'elle est loin de condamner. Les clameurs qui s'élevèrent quelque temps après à Constantinople, chez les moines scythes, contre les livres de Fauste ne purent arracher du pape Hormidas une sentence plus sévère que celle prononcée par son prédécesseur Gélase. « L'Église ne « les reçoit pas, écrivait-il, mais on ne peut pas

« vous faire un crime de les connaître. » — Il ajoutait aussi en s'adressant à Possesseur, évêque africain, alors réfugié à Constantinople : « Quoiqu'on
« puisse connaître dans divers écrits de saint Au-
« gustin, et surtout dans ses livres à Hilaire et à
« Prosper la doctrine que l'église catholique suit
« et enseigne sur la grâce et le libre arbitre, il y a
« cependant dans les archives un recueil d'articles
« que je vous enverrai si vous ne l'avez pas et que
« vous le jugiez nécessaire. »

Plus tard, saint Césaire, évêque d'Arles, sorti du monastère de Lerins, mais sans y avoir puisé les opinions de Vincent et de Fauste, entreprit d'effacer dans les Gaules les traces encore formidables du semi-pélagianisme. Après avoir composé sur la grâce et le libre arbitre un ouvrage qu'il jugea propre à opposer aux livres de Fauste, et n'avoir pu réussir à enlever à ceux-ci la faveur dont ils étaient depuis si longtemps en possession, saint Césaire eut recours à l'autorité du saint-siége, et obtint du pape Félix plusieurs articles ayant rapport aux points contestés, que lui-même proposa au concile tenu à Orange le 11 juillet 529, et qu'il y fit souscrire. Voici ceux de ces articles qui concernent le semi-pélagianisme et le prédestinationisme :

III.

« Si quelqu'un dit que la grâce de Dieu peut être

« donnée à la prière de l'homme, et que ce n'est
« pas la grâce même qui fait que nous la deman-
« dons, il contredit ces paroles du prophète Isaïe
« et de l'Apôtre : *Ceux qui ne me cherchaient pas*
« *m'ont trouvé, et je me suis montré à ceux qui ne*
« *me consultaient pas.*

IV.

« Si quelqu'un prétend que Dieu attend la vo-
« lonté de l'homme pour nous justifier du péché,
« et ne reconnaît point que l'infusion et l'opéra-
« tion du Saint-Esprit font que nous désirons
« d'être justifiés, il contredit le Saint-Esprit qui dit
« par Salomon : *La volonté est préparée par le Sei-*
« *gneur;* et à ce que dit l'Apôtre : *C'est Dieu qui*
« *nous fait vouloir et exécuter selon sa volonté*
« *bienfaisante.*

V.

« Si quelqu'un dit que le commencement de la
« foi et l'affection à croire aussi bien que l'accrois-
« sement de cette foi est en nous naturellement et
« non par un don de la grâce. . . . . il contredit
« les dogmes apostoliques.

VI.

« Si quelqu'un dit que la miséricorde est accor-
« dée à ceux qui croient, qui veulent, qui désirent,
« qui s'efforcent, qui travaillent, qui demandent,
« qui cherchent, qui frappent sans la grâce, et ne
« reconnaît pas que l'infusion et l'opération du
« Saint-Esprit nous fait croire, vouloir et faire
« toutes choses de la manière qu'il convient, il ré-
« siste à l'Apôtre, etc., etc.

VII.

« Si quelqu'un dit que par les forces de la na-
« ture nous pouvons faire quelque bien qui con-
« cerne le salut de la vie éternelle, penser ou choi-
« sir comme il faut, et croire à la prédication de
« l'Évangile sans les lumières et l'inspiration du
« Saint-Esprit. . . . . il est séduit par un esprit
« d'hérésie. . . . .

« Nous croyons aussi, selon la foi catholique,
« qu'après avoir reçu la grâce par le baptême, tous
« ceux qui ont été baptisés peuvent et doivent,
« avec le secours de J.-C., s'ils veulent travailler
« facilement, remplir tous les devoirs du salut. Et

« non-seulement nous ne croyons pas qu'il y ait
« des hommes qui soient prédestinés au mal, par
« la divine puissance, mais même s'il y en a qui
« croient un si grand mal, nous leur disons ana-
« thème avec toutes sortes d'exécrations. »

On ne lira peut-être pas sans intérêt une lettre d'Ennode, évêque de Paris au xe siècle, dans laquelle il se plaint de l'hérésie *prédestinatienne*.

« Il s'est donc trouvé quelqu'un, s'écrie-t-il,
« pour dire qu'on n'a de liberté que pour choisir le
« mal : ô la schismatique proposition, et qui, selon
« l'Apocalypse, porte écrit le blasphème sur le
« front ! Qu'il nous dise, s'il peut, quelle est cette
« liberté qui ne donne le pouvoir que de faire ce
« qui sera puni. Si cela était, Dieu ne pourrait pas
« nous juger, car quel bien pourrait-il exiger de
« nous après nous avoir ôté de la volonté le désir du
« bien ?..... Je vois où s'étend le poison de
« cette contagion africaine ; ce serpent a d'autre
« venin qu'il ne découvre pas ; ce qu'il en montre
« fait assez juger de ce qu'il cache. Il veut en venir
« à établir que personne n'est damné par sa faute
« et par sa négligence, si l'homme n'a point le
« pouvoir de faire le bien et le mal. Il prétend qu'il
« n'y a de sauvés que ceux qu'une faveur particu-
« lière du ciel sauve sans qu'il leur en coûte rien,
« et sans qu'ils observent les commandements, et

« par conséquent, ce qui revient au même, que
« ceux qui sont damnés le sont parce que la grâce
« divine n'a pas voulu les délivrer. »

Nous avons essayé de montrer que non-seulement l'Église n'a jamais adopté sans restriction les doctrines de saint Augustin, mais encore que l'hérésie résultant de ces doctrines lui a toujours inspiré plus d'horreur que le semi-pélagianisme lui-même. Le système catholique sur la grâce, le libre arbitre et la prédestination, s'est formé lentement et à mesure que les intelligences chrétiennes lui apportaient le produit de leurs méditations. L'Église assistait au spectacle de ce travail ; elle corrigeait les écarts des ouvriers imprudents ; elle arrachait des mains des obstinés l'instrument du travail, préférant réduire le nombre de ses ouvriers plutôt que d'en conserver d'infidèles ; elle n'encourageait personne à se lancer dans la voie toujours dangereuse des théories, et elle semblait assurée que son chef invisible la conduirait infailliblement là où elle avait besoin d'arriver. Dès le premier instant où la lutte entre les partisans de la grâce et ceux du libre arbitre s'établit, l'Église posa les bornes dans lesquelles elle permit à ses enfants de chercher la solution du problème. Ces bornes étaient la toute-puissance et la miséricorde infinie de Dieu ; puis les faits racontés par l'Écriture. Il fallait admettre la chute du premier homme que Dieu eût pu empêcher et qu'il permit néanmoins; reconnaître qu'il avait envoyé au monde son propre fils pour effacer les traces du premier péché, et que, malgré ce puissant secours, l'homme qui, ayant perdu sa liberté, n'agissait plus que d'après les impulsions de Dieu, agissait souvent mal, et en était justement puni.

Voilà ce que l'Église ordonnait de croire; mais elle permettait à chacun de chercher à concilier ses principes en apparence contradictoires, et elle promettait son adhésion à l'heureux esprit qui eût su tout expliquer. Le prix a été remporté. Les Thomistes, le concile de Trente et les Jésuites ont enseigné que Dieu propose à tous les hommes une grâce suffisante pour faire leur salut. Cette grâce remplace la nature humaine telle que l'entendait Pélage, puisqu'elle est donnée à tous les hommes; et elle satisfait les partisans de saint Augustin, puisqu'elle nous est donnée gratuitement par Dieu, qui pourrait, s'il le voulait, nous la refuser ou nous la retirer. Cette grâce générale n'est pourtant pas le seul don que Dieu nous accorde. Il fait usage quelquefois d'une grâce irrésistible, et qui, par cela même, acquiert le nom d'efficace, au moyen de laquelle il arrache les hommes au péché, et les fait entrer, malgré la résistance de leur volonté corrompue, dans la béatitude éternelle.

Ces hommes sont, à proprement parler, les élus de Dieu, ceux qu'il veut sauver en dépit de leur endurcissement. Si la volonté expresse de Dieu est de sauver ceux-ci, son désir est que tous se sauvent. Le salut des hommes vient toujours plus ou moins de Dieu; les obstacles ne viennent jamais que de l'homme.

Il resterait encore quelques points à déterminer, selon les besoins actuels du cœur et de l'esprit humain, l'éternité du mal par exemple. Les recherches ne sont pas plus interdites aujourd'hui qu'elles ne l'ont été depuis dix-huit siècles; que l'on trouve moyen de détruire cette affligeante objection à la toute-puissance et à la bonté de Dieu, sans toucher aux vérités fondamentales du christianisme, et l'Église, fidèle à ses antiques coutumes et à sa mission, applaudira.

FIN DU TOME SECOND.

TABLE DES MATIÈRES

CONTENUES DANS LE TOME SECOND.

	Pages.
CHAP. Ier. — Réaction païenne	1
— II. — Saint Ambroise.	33
— III. — Saint Jérôme, ve siècle après Notre Seigneur Jésus-Christ.	87
— IV. — Saint Augustin.	144

FIN DE LA TABLE.

ERRATA
DU TOME SECOND.

Pages.	lignes.	au lieu de :	lisez :
7	23	Joseph	Josèphe
20	17	ne pourait	ne pouvant
29	20	les Galiléens ;	des Galiléens
37	28	causaient	causait
38	3	qui combattait	que combattait
40	16	Damase et Valens	Damase, et Valens
64	6	y entrez-vous ?	y entriez-vous ?
84	5	de si admirables	de ses admirables
105	9	sainte Alype s'était rendue	saint Alype s'était rendu
181	7	Colame	Calame
187	19	fit paraître	ne fit paraître
243	21	Volurien	Volusien

Lightning Source UK Ltd.
Milton Keynes UK
UKHW030803150719
346184UK00007B/455/P